실전 예제로 배우는
AWS Lambda

실전 예제로 배우는
AWS Lambda

서버리스 애플리케이션 구축 방법

요한 와디아, 우디타 굽타 지음
장준호 옮김

│ 지은이 소개 │

요한 와디아^{Yohan Wadia}

클라우드 업계에서 7년 이상 경험을 쌓은 고객 중심의 에반젤리스트이자 기술자로, 고객이 클라우드 환경에서 성공할 수 있게 돕는 데 주력한다. 세계 유수 IT 기업의 기술 컨설턴트로서 아마존 웹 서비스, 윈도우 애저, 구글 클라우드 플랫폼을 기반으로 클라우드 컴퓨팅을 활용하고자 하는 고객에게 구현 서비스와 실천 지침을 제공, 기업 발전에 실용적인 솔루션을 고안할 수 있도록 도움 준다. 『Learning VMware vCloud Air』(Packt, 2015), 『AWS Administration – The Definitive Guide』(Packt, 2016)를 저술했다.

클라우드 플랫폼과 기술을 이야기하고, 블로그를 운영하며 사람들에게 관련 교육을 제공하는 것을 즐긴다.

너무나 사랑하는 우리 가족에게 이 책을 바치는 것으로 감사의 말을 시작하고 싶습니다. 어머니와 아버지, 누나, 프레드! 여러분의 따뜻한 사랑과 격려에 감사드립니다.

다시 한 번 책을 출판할 좋은 기회를 주신 팩트출판사 관계자 여러분께도 감사의 말을 전합니다. 특히 샤론 레이^{Sharon Raj}는 제시간에 각 장을 끝마칠 수 있도록 지속적인 후원과 격려를 아끼지 않았습니다. 여러모로 신세를 많이 졌습니다. 이 책의 탄탄한 구성을 위해 큰 도움과 지원을 준 헤람브 바사르^{Heramb Bhavsar}, 정말 잊지 못할 겁니다. 내 가장 친한 친구이자 경쟁자인 미테쉬 소니^{Mitesh Soni},

존경하는 롤모델이 돼줘서 고마워! *(추신: 이제 함께 책을 쓸 시기가 된 것 같아.)*

마지막으로 우디타에게 특별한 감사의 말을 전합니다. 우디타의 코드가 없었다면 이 책은 텅텅 비어 있었을지도 모릅니다. 우디타, 이 책에 쏟아부은 당신의 노력과 코드에 진심으로 감사합니다.

우리가 할 수 있는 건 주어진 시간에 무엇을 할지 결정하는 것뿐이다.

— J. R. R. 톨킨

우디타 굽타^{Udita Gupta}

아마존 웹 서비스 클라우드 플랫폼에서 맞춤형 솔루션을 개발하는 열정 있고 노련한 클라우드 엔지니어다. AWS 공인 솔루션 아키텍트로, 신기술을 개발 탐구하고 재사용 가능한 구성 요소와 솔루션 설계를 즐긴다. IoT와 AI와 같은 다가올 기술과 더불어 서버리스 패러다임을 좋아한다. 매우 활발한 창작가이자 열혈 독서가로 다양한 종류의 책을 읽으며 시간을 보낸다. 특히 셰릴 샌드버그^{Sheryl Sandberg}와 할레드 호세이니^{Khaled Hosseini}의 책을 좋아한다.

무엇보다 먼저 우리 가족에게 이 책을 바치고 싶습니다. 친애하는 부모님과 사랑하는 여동생의 사랑과 격려가 없었다면 이 책을 쓸 수 없었을 겁니다.

또한 책을 쓸 기회를 주고 모든 저술 과정에 도움을 준 팩트출판사 팀 모두에게도 감사의 말을 전하고 싶습니다.

기술을 검토해주신 검토자 여러분에게도 감사의 말을 전합니다. 여러분의 훌륭한 제안과 권고 사항, 그리고 여러분이 들인 많은 노력과 시간 덕분에 이 책을 완성할 수 있었습니다. 여러분이 없었다면 불가능했을 겁니다!

끝으로 이 책을 쓰는 동안 귀중한 도움과 지원, 통찰력을 준 AWS 커뮤니티에도 감사의 말을 전합니다.

레고리 라잔 Legorie Rajan

은행과 보험 업계의 기업 고객사와 일하는 클라우드 컨설턴트다. 컴퓨터를 좋아해 CS 학위를 취득했다. 메인프레임 개발자로 경력을 시작했으며, 현재 클라우드 환경에서 솔루션을 마이그레이션하고 설계하고 있다. 신기술에 대한 관심이 끝이 없어 틈틈이 Node.js, Mongo, Kubernetes 등을 탐구한다. 폰디체리 대학교 Pondicherry University에서 기술 학사를, 그리노블 경영대학원 Grenoble School of Business에서 경영학 석사를 취득했다.

바위처럼 든든한 아내 아니타 소피 Anitha Sophie와 검토 기회를 준 팩트출판사 팀에게 감사의 말을 전합니다.

| 옮긴이 소개 |

장준호(rainhelper@gmail.com)

배우고 학습하는 것을 즐기는 평범한 개발자다. 장인 개발자로 한 걸음 더 도약하기 위해 늘 노력하고 있다.

서버리스^{serverless}를 이야기하면 AWS Lambda가 빠질 수 없다. AWS Lambda는 요청 수에 따라 요금을 내는, 서버리스 서비스 개발에 특화된 실속 있는 서비스다. 불과 몇 년 전만 해도 클라우드 컴퓨팅의 시대라고 여겼지만 이제는 서버리스 컴퓨팅이 새로운 패러다임으로 떠오르고 있다.

서버리스는 무궁무진하게 활용할 수 있지만, 만능이 아니라는 점을 기억해야 한다. 아직 서버리스 생태계는 성숙과 진화의 단계에 놓여 있다. 서버리스 서비스에 특화된 모니터링 도구가 부족해 장애 대처에 어려움을 겪거나 함수 자원 사용에 명확한 기준이 없어 난항을 겪을지 모른다. 하지만 서버리스 생태계는 급속도로 성장하고 있으며, 세계 유수 기업에서 AWS Lambda를 운영 환경에 도입해 사용 중이다. 사실상 서버리스 생태계에서 부족한 부분은 기술이 아니라, 적재적소에 사용하는 기준일지도 모른다. 요구 사항을 명확히 하고 필요한 상황에 서버리스 아키텍처를 도입한다면 확장성과 비용 측면에서 큰 효과를 얻을 수 있는 것은 두말할 필요도 없다. 아무리 좋은 도구라도 잘못 사용하면 흉기가 될 수 있듯, 적절히 서버리스를 활용해 그 진가를 발휘하도록 힘써야 한다.

게다가 AWS는 무서운 속도로 성장하고 있다. 이 책이 출간된 지 3개월만에 AWS Lambda에 다양한 업데이트 소식이 들려왔다. 함수 최대 메모리 용량 2배 증가, 동시성 한도 설정, 클라우드 기반 통합 개발 환경인 Cloud9 지원 등 지속해서 AWS Lambda 업데이트가 이뤄지고 있다. 무엇보다 AWS Lambda 함수를 손쉽게 편집할 수 있도록 웹 콘솔 UI가 대폭 변경됐다. 번역을 마무리한 시점에 콘솔 환경이 업데이트됐지만, 독자 여러분이 예제를 따라 하기 쉽도록 다시 한 번 캡처해 일일이 편집했다. 혹여나, 부족한 부분이 있다면 미리 양해를 구하며 잘못된 사항은 지적해주길 바란다. 아울러 이 책을 밑거름 삼아 AWS 한국 사용자 모임AWSKRUG에서 주최하는 각종 학술회와 소모임, 커뮤니티를 이용하면 AWS Lambda의 지식을 한층 더 넓혀 갈 수 있으리라 생각한다. 모쪼록 이 책이 서버리스 컴퓨팅 세계에 입문할 수 있는 훌륭한 지침서가 되길 기원한다.

이 책은 많은 분의 도움을 받아 출간됐다. 번역에 많은 조언을 해주신 아버지, 항상 사랑하고 감사드린다. 그리고 사랑하는 우리 가족과 하루의 절반 이상을 함께하는 동료 여러분이 있기에 지치지 않고 번역을 끝마칠 수 있었다. 아울러 출간까지 많은 도움을 주신 에이콘출판사 권성준 대표님과 편집 팀, 편집해주신 정재은 님께도 진심으로 감사의 인사를 전한다.

| 차례 |

7장   AWS Lambda 모니터링과 트러블슈팅   235

8장   서버리스 애플리케이션 프레임워크 소개   265

AWS는 클라우드 컴퓨팅 시장을 주도하는 선두 기업이라 할 수 있다. EC2와 S3 등 기본적인 서비스를 제공하기 시작한 후, 많은 발전을 이룩했다. 오늘날 AWS는 IoT에서 머신러닝, 이미지 인식, 챗봇 프레임워크에 이르기까지 폭넓은 서비스를 지원한다. 최근 이목을 끌고 있는 서비스는 AWS Lambda다. Lambda는 사용하기 쉽고 간단하며, 매우 효과적으로 확장 가능한 컴퓨팅 서비스다. 게다가 서버리스 이벤트 중심 시스템과 애플리케이션을 개발할 수 있는 강력한 플랫폼을 제공한다.

이 책은 서버리스 컴퓨팅의 상세한 개념과 장점, 사용 사례를 소개하고 AWS Lambda를 자세히 알아본다. 또한 AWS Lambda가 개발자에게 제공하는 서비스인 Lambda 함수의 설계, 작성, 테스트, 모니터링, 트러블슈팅 방법을 배운다. 실제로 사용할 수 있는 다양한 예제와 사용 사례를 바탕으로 샘플 코드를 함께 제공하므로 서버리스 애플리케이션을 빠르게 접해볼 수 있다.

이 책을 읽고 나면 AWS Lambda 서비스를 능숙하게 다룰 수 있고 필요한 기술을 터득할 수 있을 것이다.

■ 이 책의 구성

1장, AWS Lambda 소개   서버리스 컴퓨팅이 도입된 계기와 일반적인 장점을 살펴보고 AWS Lambda를 상세히 다룬다. AWS 관리 콘솔과 AWS CLI를 사용해 AWS Lambda를 시작하기 위한 첫 번째 단계인 Lambda 함수 배포법을 알아본다.

2장, AWS Lambda 함수 작성 Lambda 함수 작성 방법과 구성 요소의 기본 개념을 다룬다. 버전 관리와 별칭, 환경변수 등을 쉽게 따라 할 수 있는 예제와 함께 살펴본다.

3장, AWS Lambda 함수 테스트 코드 결함과 버그와 관련해 함수 테스트의 전반적인 중요성을 설명한다. Mocha와 Chai라는 훌륭한 테스트 프레임워크를 소개하고, 함수를 Lambda에 배포하기 전 로컬에서 테스트하는 방법을 알아본다.

4장, 이벤트 중심 모델 이벤트 중심 시스템의 개념을 소개하고 실제로 동작하는 방식을 설명한다. 이벤트 매핑과 일부 손쉽게 복사해 사용할 수 있는 실제 사용 사례를 기반으로 Lambda의 이벤트 중심 모델이 어떻게 동작하는지 자세히 관찰한다.

5장, 외부 서비스를 사용한 AWS Lambda 확장 웹훅의 개념과 중요성을 소개하고, 타사 서비스와 서버리스 함수를 연결하는 방법을 설명한다. Lambda 함수를 실 환경에서 사용하는 Teamwork, GitHub, Slack 서비스와 통합하는 방법을 살핀다.

6장, AWS Lambda와 서버리스 애플리케이션 구축 및 배포 SAM과 Step Functions와 같은 AWS 서비스를 사용해 확장 가능한 서버리스 애플리케이션 구축 예제를 실습해본다.

7장, AWS Lambda 모니터링과 트러블슈팅 서버리스 애플리케이션을 AWS CloudWatch와 X-Ray를 사용해 모니터링하는 방법을 설명한다. 또한 Datadog와 Loggly라는 타사 도구를 소개하고 함수를 효과적으로 모니터링하고 로깅하는 방법을 다룬다.

8장, 서버리스 애플리케이션 프레임워크 소개 서버리스 프레임워크의 개념과 이점을 간략히 소개하고, 실습 예제를 통해 서버리스 프레임워크를 사용한 개발 및 배포에 중점을 둔다.

9장, AWS Lambda 사용 사례 따라 하기 쉬운 예제 코드와 함께 실제 서버리스 사용 사례를 폭넓게 보여준다.

10장, AWS Lambda의 미래 서버리스 애플리케이션의 발전에 대한 다음 단계를 요약하고, 곧 새롭고 개선된 Lambda의 모습을 예상해본다.

준비 사항

로컬 데스크톱에 다음과 같은 소프트웨어를 설치해야 한다.

- PuTTY와 같은 SSH 클라이언트, PuTTYgen과 같은 키 생성기, WinSCP와 같은 파일 전송 도구
- VirtualBox를 사용해 리눅스에서 개발/샌드박스 서버를 설정해도 무방하다.
- 모든 현대 웹 브라우저, Mozilla Firefox를 추천한다.

이 책의 대상 독자

서버리스 컴퓨팅을 속속들이 배우고 AWS Lambda를 활용해 서버리스 컴퓨팅을 구현하고자 하는 독자를 위한 책이다. Java와 Node.js 등 기본적인 개발 지식과 리눅스 환경에서 실습 예제를 따라 할 수 있는 실력을 갖추고 있으며 AWS EC2와 IAM 등에 대한 이해가 있다면 수월할 것이다.

편집 규약

이 책은 각기 다른 종류의 정보를 구분하는 문장 표기법으로 구성된다. 여기에서는 표기법에 관해 몇 가지 예제를 소개하고 의미하는 바가 무엇인지 설명한다. 본문 내의 코드, 데이터베이스 테이블 이름, 디렉터리 이름, 파일 이름, 파일 확장자, 경로 이름, 임시 URL, 사용자 입력은 'describe-log-groups 명령은 접두사가 /aws/lambda인 모든 로그 그룹을 출력한다.'와 같이 표기한다.

본문 내의 코드 블록^{code block}은 다음과 같이 표기한다.[1]

```
exports.myHandler = function(event, context, callback) {
  console.log("value = " + event.key);
  console.log("functionName = ", context.functionName);
  callback(null, "Yippee! Something worked!");
};
```

코드에서 특정 부분을 강조하고 싶은 경우 굵게 표시한다.

```
exports.myHandler = (event, context, callback) => {
  console.log('remaining time =', context.getRemainingTimeInMillis());
  console.log('functionName =', context.functionName);
  console.log('AWSrequestID =', context.awsRequestId);
  console.log('logGroupName =', context.logGroupName);
  console.log('logStreamName =', context.logStreamName);
```

명령행 입력 또는 출력은 다음과 같이 표기한다.

```
# aws lambda list-functions
```

새로운 용어와 **중요한 단어**는 굵게 표시된다. 또한 예제로 나오는 그림 화면에서의 메뉴 혹은 대화 상자는 '**검토** 페이지에서 **함수 생성** 옵션을 선택하자'와 같이 표기한다.

 경고 또는 중요한 노트는 이와 같이 나타낸다.

---

1   본문에서 특정 함수를 이어서 설명할 때는 마지막 코드 블록('}')이 생략될 수 있으니 당황하지 말자. 전체 코드는 이 책의 예제 파일을 참고하자. - 옮긴이

▌ 독자 의견

독자 의견은 언제나 환영한다. 좋은 점 또는 고쳐야 할 점에 대한 솔직한 의견을 말해주길 바란다. 독자 의견은 우리에게 매우 중요하다. 앞으로 더 좋은 책을 발행하는 데 큰 도움이 되기 때문이다.

일반적인 의견을 보내려면 전달하고자 하는 내용에 책 제목을 달아 feedback@packtpub.com으로 이메일을 보내면 된다.

여러분이 전문 지식을 가진 주제가 있고 책을 내거나 만드는 데 기여하고 싶다면 http://www.packtpub.com/authors에서 저자 가이드를 참조하길 바란다.

▌ 고객 지원

독자에게 최대의 혜택을 주기 위한 몇 가지 서비스를 제공받을 수 있다.

예제 코드 다운로드

이 책에서 사용된 예제 코드는 http://www.packtpub.com의 계정을 이용해 다운로드할 수 있다. 이 책을 다른 곳에서 구입했다면 http://www.packtpub.com/support를 방문해 등록하면 파일을 이메일로 직접 받을 수 있다.

다음 단계에 따라 코드 파일을 다운로드할 수 있다.

1. 이메일 주소와 암호를 사용해 웹사이트에 로그인하거나 등록한다.
2. 상단의 SUPPORT 탭에 마우스 포인터를 위치한다.
3. Code Downloads&Errata를 클릭한다.
4. **검색란**에 도서명을 입력한다.
5. 예제 코드 파일을 다운로드할 책을 선택한다.
6. 이 책을 구입한 드롭다운 메뉴에서 선택한다.
7. **코드 다운로드**를 클릭한다.

팩트출판사 웹사이트의 책 웹 페이지에서 코드 파일 버튼을 클릭해 코드 파일을 다운로드할 수도 있다. 해당 페이지는 도서명을 검색해 접근할 수 있다. 단, 팩트출판사 계정으로 반드시 로그인해야만 한다. 파일을 다운로드한 후 다음의 최신 버전의 파일 압축 응용 프로그램을 사용해 폴더 또는 파일 압축을 해제한다.

- WinRAR/7-Zip for Windows
- Zipeg/iZip/UnRarX for Mac
- 7-Zip/PeaZip for Linux

이 책의 전체 코드는 https://github.com/PacktPublishing/Mastering-AWS-Lambda에서 찾을 수 있다. https://github.com/PacktPublishing/에서 다양한 도서 및 비디오 카탈로그에 포함된 다른 예제 코드를 제공하고 있다. 한번 방문해 확인해보자!

한국어판은 업데이트한 코드 파일을 제공한다. 에이콘출판사 도서정보 페이지 http://www.acornpub.co.kr/book/aws-lambda-master에서 다운로드할 수 있다.

컬러 이미지 다운로드

이 책에서 사용하는 컬러 이미지를 제공한다. 컬러 이미지는 출력 결과의 변화를 더 잘 이해하는 데 도움이 될 것이다. 에이콘출판사 도서정보 페이지 http://www.acornpub.

co.kr/book/aws-lambda-master에서 다운로드할 수 있다.

원서의 이미지를 확인하고 싶다면 다음의 주소에서 볼 수 있다. https://www.packtpub .com/sites/default/files/downloads/MasteringAWS Lambda_ColorImages.pdf

오탈자

오타 없이 정확하게 만들기 위한 모든 수단을 동원해서 책을 만들지만 실수가 있을 수 있다. 문장이나 코드에서 문제를 발견했다면 우리에게 알려주기 바란다. 다른 독자들의 혼란을 방지하고 차후 나올 개정판을 개선하는 데 도움이 되기 때문이다. 오류를 발견했다면 http://www.packtpub.com/submit-errata에서 책 제목을 선택하고 Errata Submission Form 링크를 클릭해 자세한 내용을 입력할 수 있다. 보내준 오류 내용이 확인되면 웹사이트에 그 내용이 올라가거나 해당 서적의 정오표 부분에 그 내용이 추가될 것이다.

기존 오류 수정 내용은 https://www.packtpub.com/books/content/support 검색창에 책 제목을 입력해보라. Errata 절 하단에 필요한 정보가 나타날 것이다.

한국어판은 에이콘출판사 도서정보 페이지 http://www.acornpub.co.kr/book/aws-lambda-master에서 찾아볼 수 있다.

저작권 침해

인터넷에서의 저작권 침해는 모든 매체에서 벌어지고 있는 심각한 문제다. 팩트출판사에선 저작권과 라이선스 보호를 매우 심각하게 인식하고 있다. 어떤 형태로든 팩트출판사 서적의 불법 복제물을 인터넷에서 발견했다면 적절한 조치를 취할 수 있도록 해당 주소나 사이트명을 알려주길 바란다.

의심되는 불법 복제물 링크를 copyright@packtpub.com으로 보내주길 바란다. 저자를 보호하고 가치 있는 내용을 계속 만들 수 있도록 도와주는 독자 여러분의 마음에 깊은 감사의 뜻을 전한다.

질문

이 책과 관련해서 어떠한 종류의 질문이라도 있다면 questions@packtpub.com으로 문의하길 바란다. 최선을 다해 질문에 답하겠다. 한국어판에 관한 질문은 이 책의 옮긴이나 에이콘출판사 편집 팀(editor@acornpub.co.kr)으로 문의해주길 바란다.

01

AWS Lambda 소개

불과 몇 년 전만 하더라도 IT 개발자와 시스템 관리자 사이에는 건널 수 없는 강이 있었다. 각자의 역할은 분명히 나뉘어져 있었고, 개발자가 워크스테이션에 단순한 소프트웨어 플랫폼이나 환경을 설치하려면 가장 먼저 요청 사항을 기록한 다음 시스템 관리자를 하염없이 기다리곤 했다. 종종 요청 사항과 다른 소프트웨어 버전을 제공하던 관리자를 미심쩍어 하며 말이다. 자바와 톰캣 같은 단순한 소프트웨어 설치에도 일주일이나 기다리는 수고를 감수해야 할까? IT 업계 종사자라면 한 번쯤 이러한 상황을 겪어봤을 것이다. 하물며 어디선가는 여전히 악순환의 고리를 끊지 못하고 고군분투하고 있을지도 모른다. 그런데 이런 상황을 타개할 방법이 있다면 믿을 수 있겠는가? 개발자가 코드 실행에 필요한 소프트웨어 플랫폼이나 운영체제, 하드웨어를 신경 쓰지 않고 그저 간단히 코드만 작성해 실행할 수 있는 방법, 즉 유연성을 갖게 된다면 어떨까? 너무 그럴듯해 보이는가? 하지만 걱정할 필요는 없다. 바로 그 해답이 이 책에 모두 담겨 있기 때문이다. 개발자는 클라우드 기반 서비스를 활용해 애플리케이션을 개발하고 테스트할 수 있을 뿐만 아니라 심지어 호스팅까지 할 수 있다. 그 어떤 것도 관리할 필요 없이 말이다!

자, 서버리스 컴퓨팅 세계에 입문한 것을 환영한다! 1장에서 다루는 내용은 다음과 같다.

- 서버리스 컴퓨팅의 개념과 장단점
- AWS Lambda 서비스 소개와 동작 방식
- AWS 관리 콘솔과 CLI 도구를 이용해 AWS Lambda 시작하기
- AWS Lambda의 가격 정책과 일부 제약 사항

그럼 소개는 이쯤 해두고 본격적으로 AWS Lambda의 세계로 들어가보자!

▌ 서버리스 컴퓨팅이란?

서버리스 컴퓨팅의 개념과 동작 방식을 이해하기에 앞서 우선 메인 프레임과 전통적인 데이터 센터를 사용하던 시절을 떠올려보자. 호랑이 담배 피우던 시절 이야기처럼 들릴지 모르겠다. 하지만 너무 깊게 들어가진 않을 테니 걱정하지 말자. 아마 대부분의 IT 조직이 엔터프라이즈 애플리케이션과 서비스를 호스팅할 수 있는 거대한 사내 데이터 센터를 보유하고 있던 시절이었을 것이다. 초기에는 물리 서버에서 애플리케이션을 직접 호스팅했지만 결국에는 가상화 환경으로 이동했다. 이러한 가상화 환경 덕분에 효율적으로 자원을 활용하고 전체 비용 또한 줄일 수 있었다. 게다가 배포 시간도 수개월에서 며칠로 단축할 수 있었다. 이제 가상화 시대가 도래함에 따라 애플리케이션을 손쉽게 배포하기 위한 도구를 개발하고 사용하기 시작했다. 하지만 애플리케이션 구동에 필요한 운영체제와 소프트웨어 플랫폼은 여전히 관리의 손길이 필요했다.

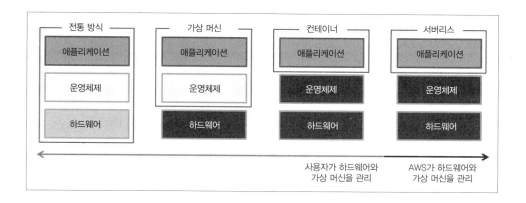

전통 방식	가상 머신	컨테이너	서버리스
애플리케이션	애플리케이션	애플리케이션	애플리케이션
운영체제	운영체제	운영체제	운영체제
하드웨어	하드웨어	하드웨어	하드웨어

사용자가 하드웨어와
가상 머신을 관리

AWS가 하드웨어와
가상 머신을 관리

가상화가 완벽한 해결책은 아니었기에 사람들은 더 간단한 애플리케이션 배포 방식을 찾기 시작했고 그 결과 컨테이너를 발견했다. 컨테이너는 가상 머신과 달리 운영에 많은 자원이나 오버헤드를 요구하지 않는다. 게다가 배포는 훨씬 간편하고 빨라 수일이 걸리던 전체 애플리케이션 배포 시간도 단 몇 분으로 단축됐다!

컨테이너를 사용하면 신규 기능이 있을 때마다 애플리케이션을 쉽게 배포할 수 있을 뿐만 아니라 요청 횟수를 기반으로 애플리케이션을 동적으로 확장할 수 있다. 게다가 방대한 컨테이너 관리 제품을 사용하면 여러 기능을 조율할 수도 있다. 하지만 여전히 컨테이너 관리 문제가 남아 있다. 컨테이너의 근간이 되는 물리 서버 수천 개를 관리하기란 결코 쉬운 일이 아니다. 따라서 컨테이너의 민첩성과 유연성을 갖고 있지만 귀찮고 번거로운 관리 문제는 신경 쓸 필요 없는, 더 효율적인 배포 모델이 필요하다. 자, 이제 서버리스 컴퓨팅을 만날 차례다!

서버리스 컴퓨팅은 운영체제 종류나 소프트웨어 플랫폼, 하드웨어에 신경 쓸 필요 없이 오직 CPU와 메모리만을 사용해 애플리케이션 코드를 실행한다. 단순히 코드만 있으면 충분하다. 그냥 실행하기만 하면 된다! 정말 간단하지 않은가? 요즘은 아마존 웹 서비스, 구글 클라우드 플랫폼, 마이크로소프트 애저^azure 같은 대부분의 공용 클라우드 업체에서 서버리스 컴퓨팅을 제공한다. 심지어 IBM마저 IT 자원 제공 및 운영과 관리를 해주는 매니지드 서비스^managed service로 서버리스 컴퓨팅을 제공한다. 서버리스 컴퓨팅을 쉽게 설명하면 특정 작업을 수행하는 코드나 함수를 작성한 다음, RAM과 같이 실행에 필요한 자원을 선택해 서버리스 클라우드 컴퓨팅 서비스에 전달해 코드를 실행하는 것을 의미한다. 서버리스 클라우드 컴퓨팅은 코드 실행에 필요한 메모리와 CPU 사이클이 충분한지 확인한다. 이러한 접근법을 FasS^{Function as a Service}라고 부른다.

서버리스 컴퓨팅의 장단점

이제 개발자가 서버리스 컴퓨팅을 통해 얻을 수 있는 주요 이점을 간략히 살펴보자.

- **관리할 필요 없음**: 서버리스 컴퓨팅이 화두가 된 가장 큰 이유 중 하나는 하드웨어나 소프트웨어를 전혀 관리할 필요가 없단 점일 것이다. 서버리스 컴퓨팅 환경에서는 클라우드 제공 업체가 직접 운영체제의 하드웨어부터 애플리케이션 플랫폼까지 모두 관리한다.

- **빠른 실행 시간**: 일반적으로 함수를 실행하기까지 걸리는 시간이 표준 클라우드 인스턴스에서는 1~2분 정도 소요되는 반면 서버리스 컴퓨팅에서는 보통 수초면 충분하다. 함수가 컨테이너 플랫폼 위에서 실행하도록 만들어졌기 때문에 가능한 일이다.

- **적은 비용**: 서버리스 컴퓨팅 운영 비용은 거의 들지 않는다고 봐도 무방하다. 클라우드 인스턴스의 호스팅과 관리 비용에 견줘도 상당히 저렴한데, 서버리스 컴퓨팅의 가격 모델은 전통적인 클라우드와 다소 차이가 있다. 일반적으로 비용은 함수 실행 소요 시간과 실행하는 동안 사용한 메모리 양을 토대로 청구된다. 실행 시간은 코드 실행을 시작한 시점부터 종료할 때까지 측정한 다음 100ms 단위에 근접한 값을 반올림해 계산한다.

- **다양한 프로그래밍 언어 지원**: 현재 서버리스 컴퓨팅 프레임워크를 제공하는 대다수의 클라우드 제공 업체가 Java, Node.js, Python, C#과 같은 다양한 프로그래밍 언어를 지원한다. 마이크로소프트가 서비스하는 Azure Functions를 사용

하면 방금 언급한 언어와 더불어 F#, PHP, Bash, Batch 및 PowerShell 스크립트를 사용할 수 있다.

- **마이크로서비스 호환성**: 서버리스 컴퓨팅 함수는 특정 역할이나 활동을 수행하는 작고 독립적인 코드 단위다. 따라서 마이크로서비스의 전달 수단으로 사용할 수 있다. 클라우드 환경에서 효율적으로 확장하기 어려운 모놀리식 애플리케이션과 비교해보면 엄청난 이점이라 할 수 있다.

- **이벤트 중심 애플리케이션**: 서버리스 함수는 특정 이벤트에 반응하고 몇몇 동작을 수행하는 이벤트 중심 애플리케이션을 설계하고 실행하는 데 제격이다. 예를 들어 클라우드 스토리지에 이미지를 업로드하면, 원본 이미지에 대한 섬네일 이미지를 생성하는 기능을 트리거하는 셈이다.

지금쯤 서버리스 컴퓨팅이 지닌 장점에 매혹됐을지 모르겠다. 그러나 아직 속단하진 말자! 이번에는 서버리스 컴퓨팅의 단점과 주의 사항을 알아보겠다.

- **실행 소요 시간**: 서버리스 함수는 짧은 시간 동안 실행하도록 설계됐다. 이상적인 실행 시간은 300초 미만이다. 이는 대부분의 클라우드 제공 업체의 제약 사항이지만 몇 가지 해결책이 존재한다.

- **상태 없음**^{Stateless}: 서버리스 함수에서 상태는 완전히 존재하지 않는다. 즉 함수 실행을 완료하거나 특정 이유로 종료되더라도 데이터를 로컬 디스크에 저장하지 않는다.

- **복잡성**: 함수를 작게 만들수록 복잡도는 증가한다. 특정 작업을 수행하는 함수 작성은 취지는 좋지만 전체 시스템 관점으로 바라본다면 복잡성 문제를 일으킬 수 있다. 하나의 거대한 애플리케이션을 각각의 작업을 수행하는 10개의 함수로 분리한다면 1개가 아니라 총 10개의 서로 다른 함수를 관리해야 한다. 함수가 1,000개라면 어떨지 상상해보자.

- **부족한 도구**: 서버리스 컴퓨팅이 화두가 돼 선전하고 있음에도 여전히 관리와 배포, 심지어 모니터링을 위한 다양한 도구가 부족한 상황이다. 현재 사용하는 대

부분의 모니터링 도구는 장기간 실행되는 복잡한 애플리케이션을 위해 설계돼 수초만에 실행되는 간단한 함수에는 적합하지 않다.

- **벤더 락인**lock-in: 클라우드 제공 업체는 서버리스 컴퓨팅에 각기 고유한 도구와 서비스를 제공하기 때문에 특정 벤더에 종속적인 경향이 있다. 다시 말하면 작성한 함수를 수정하지 않고서는 클라우드 제공 업체를 바꿀 수 없다.

이러한 사항을 염두에 두고 앞으로 이 책의 전반에 걸쳐 살펴볼 서버리스 컴퓨팅 서비스의 핵심, AWS Lambda를 알아보자.

▌ AWS Lambda 소개

드디어 재미있는 시간이 다가왔다! 이번에는 Lambda가 무엇인지 알아보고 Lambda의 핵심 특징과 동작 방식, 아울러 첫 번째 Lambda 함수를 시작하는 데 필요한 절차를 살펴보자.

AWS Lambda는 2014년 라스베이거스에서 개최된 AWS re:Invent 행사에서 처음 소개됐다. Lambda는 특정 이벤트의 응답으로 코드를 실행하는 단순한 컴퓨팅 서비스로, 초기 아이디어는 오늘날까지도 변함없다. 이벤트는 S3 버킷에 객체를 업로드하는 작업부터 DynamoDB 테이블에 레코드를 삽입하거나 모바일 애플리케이션에서 트리거된 이벤트 형태일 수 있다. 아이디어는 단순히 AWS Lambda에 코드를 제공하는 것으로, Lambda는 코드를 성공적으로 배포하기 위해 내부 인프라 자원을 할당하고 적절히 배포한 다음 운영을 위한 준비와 관리를 한다. 게다가 코드의 확장성과 가용성까지 책임진다. 정말 놀랍지 않은가!

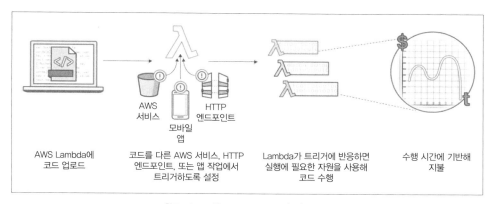

AWS Lambda에	코드를 다른 AWS 서비스, HTTP	Lambda가 트리거에 반응하면	수행 시간에 기반해
코드 업로드	엔드포인트, 또는 앱 작업에서	실행에 필요한 자원을 사용해	지불
	트리거하도록 설정	코드 수행	

참고 : https://aws.amazon.com/ko/lambda

Lambda는 EC2가 지닌 문제를 해결하기 위해 AWS에서 특별히 도입한 서비스다. EC2는 가장 널리 사용하는 AWS의 핵심 서비스 가운데 하나다. 하지만 최신 애플리케이션이 빈번히 요구하는 이벤트를 처리하거나 대응하도록 설계되지는 않았다. 예를 들어 S3 버킷에 간단한 이미지를 업로드하는 작업은 이미지의 실제 유효 여부 판별 및 악성 소프트웨어의 포함 여부 등 일련의 작업을 자동으로 수행하도록 트리거한다. 업로드한 이미지의 섬네일을 만들거나 웹사이트에 이미지를 업로드하는 요구 사항이 있을지도 모른다. 그럼 이제 EC2 인스턴스가 이러한 작업을 모두 수행한다고 상상해보자. EC2는 객체가 S3 버킷에 언제 업로드되는지 알 수 없다. 따라서 우선 S3 버킷을 주기적으로 검사해 EC2에 알림을 보내는 프로그램을 작성해야 한다.

게다가 EC2 인스턴스가 S3 버킷을 폴링하지 못하거나 특정 이유로 인스턴스가 종료할 때 발생할 수 있는 모든 장애 상황을 처리하고 관리해야 한다. 또한 확장성 문제도 갖고 있다. 단일 EC2 인스턴스가 처리하기 충분할 만큼 약 30~40개 이미지를 업로드한다고 가정해보자. 업로드 작업이 급증한다면 어떤 일이 벌어질까? EC2 인스턴스를 별 탈 없이 확장할 수 있을까? 비용은 대부분의 기업에서 가장 중대한 사항이다. 더구나 EC2 인스턴스는 S3 버킷에 업로드 작업이 없는 순간에도 실행된다. 물론 EC2 인스턴스를 지속적으로 폴링하는 별도의 EC2를 생성하거나 AWS SQS 또는 AWS SNS 서비스를 활용하는 등 여러 해결책이 있지만 단순 작업에 비해 너무 지나치다고 생각하지 않는가? 이것이 바로 오늘날 Lambda가 인기를 등에 업고 널리 사용되는 이유다. Lambda는 작업을 단순하게 만든다!

동작 방식

표준 EC2 인스턴스에서 코드를 실행하는 것과 비교하면 Lambda가 코드를 컨테이너 기술의 일부 형태로 제공하는 방식이 훨씬 빠르다. 컨테이너는 공통 이미지(Amazon Linux AMI: amzn-ami-hvm-2016.03.3.x86_64-gp2)로 제작된 EC2 인스턴스를 활용한다. 다시 한 번 말하지만, AWS가 직접 컨테이너 혹은 EC2 인스턴스를 관리하기 때문에 사용자가 확인하거나 제어할 수 없다.

 Lambda 함수는 실행하기까지 짧은 대기 시간이 존재한다. 이는 AWS가 코드를 실행하는 데 필요한 자원을 컨테이너에 제공하고 코드를 실행하도록 컨테이너를 부트스트랩하는 준비 단계가 필요하기 때문이다. 일반적으로 대기 시간은 맨 처음 함수를 호출하거나 갱신할 때 발생한다.

컨테이너 핵심부에 들어갈 코드는 대개 단일 작업이나 몇 가지 단순한 프로세스를 수행하기 위해서는 구체적으로 작성해야 하며 일반적인 함수를 작성하는 방법과 비슷하다. 따라서 각 Lambda 프로젝트를 Lambda 함수 또는 단순히 함수라고 지칭할 수 있다. 이 책을 쓰는 시점에서 AWS는 Lambda 함수를 Java, Python, Node.js, C# 프로그래밍 언어로 작성할 수 있다.[1] 각 함수는 요청할 때마다 호출되거나 특정 유형의 이벤트에 기반을 둬 동적으로 호출될 수 있다. 사용할 수 있는 몇 가지 이벤트 예제는 다음과 같다.

- **Amazon S3**: S3 버킷에 객체가 생성, 갱신, 삭제될 때 Lambda 함수를 트리거 한다.
- **DynamoDB**: 특정 DynamoDB 테이블에 행 삽입, 삭제 등과 같은 갱신 작업이

---

1   2018년 1월 15일부터 Go 언어도 지원한다. 자세한 사항은 공식 홈페이지를 참고하자. – 옮긴이

발생할 때 Lambda 함수를 트리거한다.

- **Amazon Simple Notification Service**(SNS): 메시지가 SNS 주제[topic2]에 발행될 때 Lambda 함수를 트리거한다.
- **Amazon CloudWatch Logs**: Lambda 함수를 사용해 CloudWatch Logs를 피드로 처리한다.
- **이벤트 스케줄링**: cron 작업과 같이 예약된 이벤트로 Lambda 함수를 실행한다.
- **AWS CodeCommit**: 새로운 코드가 기존 브랜치에 푸시될 때마다 Lambda 함수를 실행한다.

 Lambda 호출을 지원하는 AWS 서비스 전체 목록을 살펴보려면 http://docs.aws.amazon.com/ko_kr/lambda/latest/dg/invoking-lambda-function.html을 참고하자.

Lambda 함수를 생성할 때 함수가 필요한 메모리 양과 실행하는 데 걸리는 대략적인 시간, 즉 제한 시간[timeout]을 지정해야 한다. 메모리는 128M에서 1.5GB까지, 제한 시간은 1초에서 최대 300초까지 설정할 수 있다. 하지만 메모리와 제한 시간 모두 상한값으로 설정해도 함수 동작 시 최대치로 사용하지 않는다. 다시 말해 함수에 메모리 512MB를 할당한다 하더라도 이를 완전히 사용하지는 않는다. Lambda 함수는 할당한 512MB 내에서 동작하며 이를 넘어선다면 단순히 오류 메시지를 던진다. 이러한 동작 방식은 함수 실행 시간에도 똑같이 적용된다. 제한 시간을 60초로 설정해도 10초 동안만 실행하고 종료될 수 있다. 하지만 60초 이내에 처리를 끝내지 못한다면 함수는 중단되고 오류 메시지가 표시된다.

함수의 메모리 양과 제한 시간 변경은 Lambda 함수 비용에 영향을 끼친다는 점을 유의하자. 1장 후반부에서 Lambda의 가격 정책과 제약 사항에 대해 살펴볼 예정이다. 우선 AWS 관리 콘솔과 AWS CLI를 사용해 실제로 Lambda 함수를 배포하는 방법을 알아보자.

---

2   SNS Topic은 AWS 콘솔과 AWS 개발자 안내서 번역에 따라 SNS 주제로 통일해서 사용하니 참고하자. – 옮긴이

AWS Lambda 시작하기

이번 절에서는 AWS 관리 콘솔과 CLI를 이용해 간단한 Lambda 함수를 실행하는 방법이 얼마나 쉽고 간편한지 살펴본다. 또한 Lambda 함수를 실행하는 과정에서 필요한 필수 컴포넌트와 설정 항목을 알아보자.

AWS 관리 콘솔 이용하기

AWS Lambda를 시작하는 가장 간단한 방법은 AWS 관리 콘솔을 이용하는 것이다. AWS 계정을 이미 보유하고 AWS EC2, IAM, S3 등 AWS의 핵심 서비스를 알고 있다는 전제하에 진행한다. 아직 계정이 없다면 AWS에 새로운 계정을 만들고 1년간 AWS 기능을 무료로 체험해볼 수 있는 프리 티어$^{Free\ Tier}$ 제도를 활용하자.

 프리 티어 사용에 대한 자세한 정보는 https://aws.amazon.com/ko/free를 참고하자.

다음 단계를 따라 새로운 Lambda 함수를 만들어보자.

1. IAM 자격 증명을 이용해 AWS 관리 콘솔에 로그인한다. **AWS 서비스** 필터 상자에서 Lambda를 입력하면 다음과 같이 AWS Lambda 대시보드가 표시된다.
2. 새로운 Lambda 함수를 만들기 위해 **함수 만들기** 버튼을 선택한다.

간단한 절차를 통해 Lambda 함수를 생성한 다음 블루프린트^{blueprint}를 선택하자. EC2 인스턴스를 쉽고 빠르게 배포하기 위해 미리 만들어둔 이미지, 즉 AMI를 사용하는 방식과 마찬가지로 Lambda 함수 또한 동일한 방식을 지원한다. 블루프린트는 이벤트 소스와 코드가 미리 구성된 함수로 사용자 정의 함수를 작성하기 위한 시작점으로 활용할 수 있는 예제 코드다. AWS는 70개의 다양한 블루프린트를 제공하며 특정 작업을 수행하기 위해 S3, DynamoDB, Kinesis 등 여타 다른 서비스와 Lambda를 통합해 사용할 수 있다. 여기서는 블루프린트 목록에서 아주 간단한 `hello-world` Lambda 함수를 살펴보자. 다음 단계를 따르면 된다.

1. 먼저 필터 상자에 hello 키워드를 입력한다.
2. 다음 화면과 같이 hello-world **블루프린트**를 선택한다.

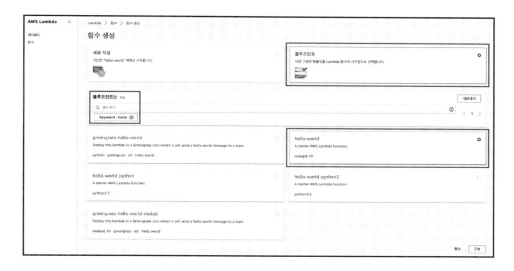

3. 블루프린트를 선택하고 **구성** 버튼을 누르면 함수 이름과 역할, 코드를 설정할 수 있는 **기본 정보** 화면이 나온다. 함수에 적당한 이름을 지정하자. 역할은 코드 실행에 필요한 권한이 포함된 역할을 지정해야 한다. **역할*** 상자에는 선택할 수 있는 메뉴 세 가지가 존재하는데, 첫 번째는 미리 정의해둔 IAM 역할^{role}을 지정할

수 있는 **기존 역할 선택** 항목이다. 예제에서는 Lambda 함수에 이름을 표시하고 기본적인 실행 권한을 제공하는 lambda_basic_execution 역할을 선택했다.

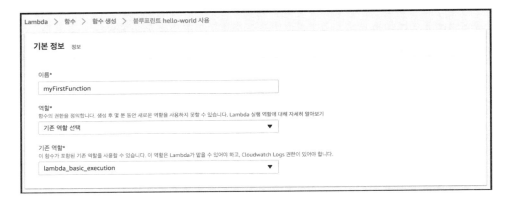

선택할 수 있는 나머지 다른 두 메뉴는 **템플릿에서 새 역할 생성** 또는 **사용자 지정 역할 생성** 방식이다. 요구 사항에 따라 알맞은 역할을 만들어 사용하자.

 함수 실행 로그를 확인하려면 지정한 역할이 CloudWatch Logs 권한을 갖고 있어야 한다.

4. 다음으로 **Lambda 함수 코드** 항목을 살펴보자. 설정된 런타임은 Node.js 6.10으로, AWS Lambda는 2018년 2월 기준으로 다음 런타임 항목을 제공한다.

- Node.js 4.3.2
- Node.js 6.10.3
- Java 8
- Python 2.7
- Python 3.6
- C# (.Net Core 1.0.1)
- C# (.Net Core 2.0)
- Go 1.x

Edge Node.js는 Lambda@Edge라는 Lambda 서비스의 새로운 확장 버전이다. 기본적으로 여러 AWS 엣지 로케이션에서 CloudFront 이벤트 응답을 받아 Lambda 함수를 실행한다. 좀 더 자세한 사항은 http://docs.aws.amazon.com/ko_kr/lambda/latest/dg/lambda-edge.html을 참고하자.

편집기에는 다음과 같이 미리 작성된 코드가 있다.

```
'use strict';
console.log('Loading function');
exports.handler = (event, context, callback) => {
  // console.log('Received event:', JSON.stringify(event, null, 2));
  console.log('value1 =', event.key1);
  console.log('value2 =', event.key2);
  console.log('value3 =', event.key3);
  callback(null, event.key1);
  // callback('Something went wrong');
};
```

코드 자체는 세 가지 독특한 부분으로 나눌 수 있다. 첫 번째는 Node.js 코드에서 가져온 핸들러handler로 함수 호출 부분이다. 핸들러는 함수 파일명인 index와 함께 index.handler와 같은 형식으로 호출할 수 있다. 다음은 함수에 전달되는 매개변수를 알아보자. 이벤트event는 함수 이벤트와 관련된 데이터를 가져오고, 컨텍스트context는 함수명, 메모리 소비량, 실행 시간 등 Lambda 함수의 컨텍스트 정보를 가져오는 데 사용한다. 나머지 콜백callback은 호출자에게 오류 또는 결과를 반환하는 데 사용한다.

콜백은 선택 사항이지만 코드 오류를 디버깅할 때 유용하게 사용할 수 있다.

코드는 콘솔에서 제공하는 편집기를 사용해 코드 내부를 수정하거나 로컬 환경
이나 S3에서 ZIP 파일 형태로 패키지된 코드를 업로드할 수 있다. 이러한 방식
은 2장에서 자세히 알아보기로 하고, 우선 계속해서 함수를 만드는 방법을 살펴
보자.

5. 설정을 완료하면 **함수 생성** 버튼을 선택해 첫 번째 Lambda 함수를 생성하자.
   다음과 같이 화면에 Lambda 함수가 성공적으로 만들어졌다는 메시지가 표시
   된다. 이제 **함수 코드** 상자에서 코드를 인라인으로 편집하고 필수 매개변수 일부
   를 변경해가며 테스트할 수 있다.

화면에는 총 두 개의 탭이 표시되며, 각 탭을 간략히 설명하면 다음과 같다.

- **구성**: 트리거를 구성하거나 코드 변경, 함수의 자원 구성, 실행 시간 등 함수
  의 정보를 변경할 때 사용한다. 트리거는 함수를 다른 AWS 서비스와 트리
  거 방식으로 연결할 때 사용한다. **함수 코드** 상자에서는 배포된 코드를 인라
  인으로 편집하거나 로컬 환경이나 S3를 사용해 새로운 버전의 코드를 업로
  드할 수 있다. 코드를 변경하면 저장하고 테스트하라는 메시지가 표시된다.

- **모니터링**: 함수 호출 횟수와 실행 시간, 특정 오류나 발생된 이벤트의 조절 여부를 확인하는 데 사용한다.

다음으로 **구성** 탭에서 설정할 수 있는 주요 항목을 알아보자.

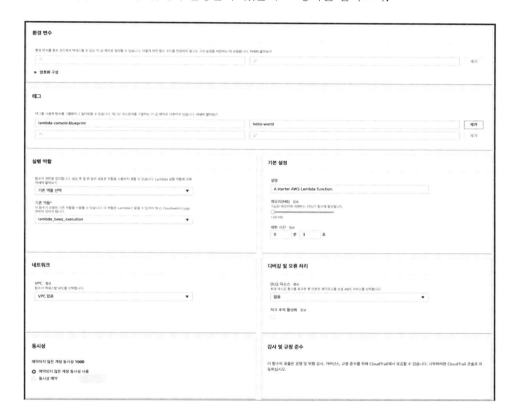

- **메모리**(MB): 함수 실행에 적절한 메모리 양을 선택하는 데 사용한다. 특정 기준은 없지만 인스턴스에 제공하는 RAM이 많을수록 CPU 사이클이 향상된다. 예를 들어 메모리 256MB를 할당한 함수는 일반적으로 128MB로 설정한 함수보다 2배의 CPU 성능을 갖는다.
- **제한 시간**: 함수의 최대 실행 시간을 지정하는 데 사용한다. 지정한 시간을 초과하면 AWS는 자동으로 함수를 종료시킨다. 1초에서 300초, 즉 최대

5분까지 설정할 수 있다.

- **DLQ 리소스**: 내결함성 비동기 애플리케이션을 구축할 때 유용하게 사용할 수 있는 신규 기능이다. 기본적으로 AWS는 함수가 호출해야 하는 다양한 비동기 이벤트를 자동으로 대기열에 넣는다. 해당 이벤트는 삭제되기 전까지 두 번의 재시도가 가능하다. 이벤트를 삭제하지 않으려면 AWS SQS 또는 SNS 서비스를 활용해 실패한 페이로드를 담는 DLQ^{Dead Letter Queue}로 전송할 수 있다. DLQ 리소스를 활성화하려면 **SNS Topic** 또는 **SQS Queue**를 지정해야 한다.

- **VPC**: 기본적으로 Lambda 함수는 AWS 시스템이 관리하는 VPC에서 생성되고 관리된다. 활성화 여부는 선택 사항이며 사용자가 직접 VPC를 만들어 제공할 수 있다.

- **KMS 키**: Lambda 함수를 개발할 때 환경변수를 전달할 수 있다. 기본적으로 환경변수를 만들 때 AWS는 KMS^{Key Management System} 서비스를 사용해 환경변수를 암호화한다. 기본값으로 제공되는 서비스 키를 사용하거나 IAM 콘솔을 이용해 사용자 지정 키를 만들 수 있다.

- **동시성**: 특정 시점에 함수 코드가 실행되는 횟수를 지정할 수 있다. 동시 실행 횟수는 예상할 수 있지만, Lambda 함수가 처리하는 스트림 기반의 이벤트 소스 여부에 따라 달라질 수 있다. 기본적으로 특정 리전^{region} 내의 모든 함수에서 동시 실행의 총 횟수는 1,000으로 제한된다.[3]

6. 다음으로 **트리거** 항목을 알아보자. 트리거는 선택 사항이지만 주의 깊게 살펴볼 필요가 있다. 화면에 나열된 목록에서 Lambda 함수 호출을 트리거하는 서비스를 고를 수 있다. 특정 서비스를 선택하면 해당 서비스와 관련된 몇 가지 필수 입력란을 채워야 한다. 예를 들어 S3 서비스를 선택하면 특정 버킷명과 객체 생성 또는 삭제 시 함수의 트리거 여부를 결정하는 이벤트 유형을 입력하라는 상자가 표시된다.

---

3 동시성 항목은 2017년 12월에 추가됐다. – 옮긴이

이제 함수가 잘 작동하는지 검증하기 위해 간단한 테스트를 해보자.

1. **테스트** 버튼을 누르면 다음 화면과 같이 테스트 이벤트 구성 팝업이 표시된다. 여기에서 미리 정의된 이벤트 템플릿을 선택할 수 있다.

2. Hello World 템플릿을 선택하자.

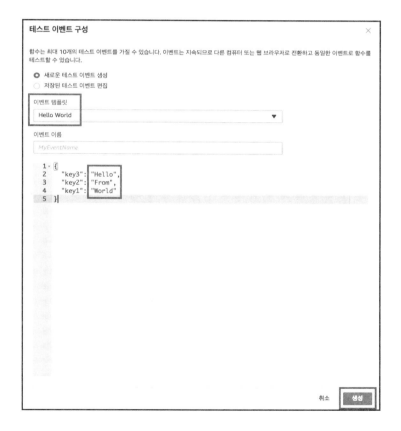

3. 함수는 이벤트를 다음 형식으로 처리한다. value 필드를 다음과 같이 임의의 문자열로 변경하고 **생성** 버튼을 누른 다음, **테스트** 버튼을 선택해 함수 실행 결과를 확인한다.

```
{
  "key3": "Hello",
  "key2": "From",
  "key1": "World"
}
```

4. 정상적으로 실행이 된다면 대시보드에 다음과 같은 내용이 표시된다. 첫 번째로 주목할 사항은 코드 실행 결과로 함수 실행에 대한 요약 정보를 볼 수 있다. 요약 정보에는 함수 실행 기간, 청구 기간, 구성된 리소스와 사용된 최대 메모리 같은 기타 중요한 정보가 표시된다. 구성 탭을 사용하면 함수에 제공하는 자원의 양을 미세하게 조정할 수 있다.

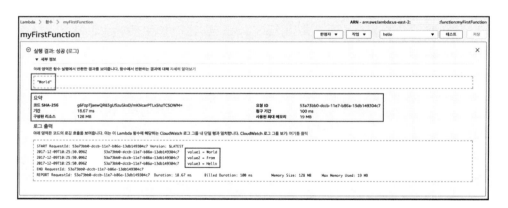

 TIP AWS Lambda는 함수 실행 기간을 100ms 단위로 반올림한다.

한 가지 더 자세히 살펴볼 부분은 함수 실행 로그를 표시하는 로그 출력 항목이다. 로그를 활용하면 코드 오류를 수정하거나 성능을 향상시킬 수 있다.

 함수 실행에 평균 10ms가 걸릴 수 있다. 충분히 빠른 시간이지만 계산식이 없는 함수에서는 길다고 볼 수 있다. 따라서 테스트를 다시 수행하고 실행 기간을 확인해보자. 처음 실행 기간보다 훨씬 적은 값이 표시돼야 한다. 앞서 언급했던 대로 함수를 처음 실행하면 대기 시간이 필요하기에 이러한 현상이 발생한다.

지금까지 개발 플랫폼이나 인프라 환경 설정과 관리 없이 단지 몇 번의 선택만으로 Lambda 함수를 생성하고 테스트까지 수행했다. 서버리스 아키텍처가 의미하는 바가 바로 이것이다! 대시보드에 있는 설정을 모두 살펴보지는 않았지만 나머지는 2장에서 다루기로 하겠다. 우선 AWS CLI를 활용해 Lambda 함수를 시작하고 관리하는 방법을 알아보자.

CLI 이용하기

익히 알고 있겠지만 AWS는 풍부하고 사용하기 간편한 명령줄 인터페이스^{CLI, Command Line Interface}를 제공해 클라우드 자원을 관리한다. 이번에는 AWS CLI를 사용해 간단한 Lambda 함수를 생성하고 패키징해서 호출해보자.

1. 우선 AWS CLI를 사용할 수 있는지 확인해야 한다. 대부분의 주요 Linux OS, Mac OS, Windows에서 CLI를 설치할 수 있다. 자세한 설치 안내와 설정 방법은 http://docs.aws.amazon.com/ko_kr/cli/latest/userguide/installing.html을 참고하자.

2. lambda라는 이름으로 디렉터리를 하나 만들고 다음 코드를 index.js라는 파일을 만들어 복사하자.

```
console.log('Loading function');
exports.handler = function(event, context) {
  var date = new Date().toDateString();
  context.succeed("Hello " + event.username +
    "! Today's date is " + date);
};
```

다음 화면은 작성한 파일을 확인하는 예제다.

```
[root@YoYoNUX ~]#
[root@YoYoNUX ~]# cd lambda/
[root@YoYoNUX lambda]#
[root@YoYoNUX lambda]# cat index.js
console.log('Loading function');

exports.handler = function(event, context) {
var date = new Date().toDateString();
context.succeed("Hello " + event.username + "! Today's date is " + date);
};
[root@YoYoNUX lambda]#
[root@YoYoNUX lambda]#
```

3. 작성한 코드는 현재 날짜를 기록하고, 이벤트로 전달된 사용자 이름을 메시지로 출력하는 아주 간단한 예제다.

4. Lambda 함수를 실행하려면 Lambda가 함수를 실행할 수 있는 최소한의 IAM 역할을 만들어야 한다. 파일 이름을 policy.json으로 만들고 다음 내용을 붙여 넣자.

```
{
  "Version": "2012-10-17",
  "Statement": [
    {
      "Effect": "Allow",
      "Principal": {
        "Service": "lambda.amazonaws.com"
      },
```

```
    "Action": "sts:AssumeRole"
    }
  ]
}
```

5. IAM 역할을 만들려면 다음과 같이 create-role 명령을 사용해야 한다.

```
# aws iam create-role
--role-name basic-lambda-role
--assume-role-policy-document file://policy.json
```

명령을 실행해 출력 결과로 나온 ARN을 잘 보관해두자. 앞으로도 같은 단계가 필요할 것이다.

```
"RoleId": "AROAJOIFGVHSL2JDV6NSE",
"CreateDate": "2017-01-28T05:44:37.204Z",
"RoleName": "basic-lambda-role",
"Path": "/",
"Arn": "arn:aws:iam::8          7:role/basic-lambda-role"
```

6. 역할을 만들고 나면 이제 함수를 만들 수 있는 준비가 됐다. 우선 zip 명령을 사용해 index.js 파일을 압축하자. 압축한 파일은 S3 버킷에 업로드해서 Lambda 가 나중에 함수로 실행할 수 있는 배포 패키지로 활용한다.

```
# zip -r mySecondFunction.zip index.js
```

 생성한 파일과 디렉터리만 압축해야 한다.

7. 다음으로 create-function 명령을 사용해 Lambda 함수를 생성하자.

```
# aws lambda create-function
--region us-west-2
--function-name mySecondFunction
--zip-file fileb://mySecondFunction.zip
--role arn:aws:iam:00123456789:role/basic-lambda-role
--handler index.handler
--runtime nodejs4.3
--memory-size 128
```

create-function 명령으로 전달한 옵션을 살펴보자.

- --function-name: 업로드할 함수명. --description 옵션으로 함수 설명을 함께 제공할 수 있다.
- --zip-file: 업로드할 배포 패키지 경로
- --role: Lambda가 함수를 실행할 때 설정하는 IAM 역할의 ARN
- --handler: Lambda가 코드 실행을 위해 호출할 함수명
- --runtime: 실행하려는 코드를 위한 실행 환경을 제공할 수 있다. nodejs, nodejs4.3, nodejs6.10, nodejs4.3-edge, java8, python2.7, python3.6, dotnetcore1.0, dotnetcore2.0, go.1x 같은 미리 정의된 값을 사용할 수 있다.
- --memory-size: Lambda 함수에 할당하고자 하는 RAM 크기로 MB 단위로 표시한다. 추가로 --timeout 옵션을 사용하면 제한 시간을 설정할 수 있다.

전체 옵션 목록은 https://docs.aws.amazon.com/cli/latest/reference/lambda/create-function.html에서 확인할 수 있다.

 Lambda 함수의 실행 시간을 제한하는 timeout의 기본값은 3초다.

함수 생성 명령을 실행하면 다음 화면과 유사한 응답 결과를 받아야 한다. 문제

없이 응답을 받으면 이제 함수를 호출할 준비가 된 셈이다.

```
{
"FunctionName": "mySecondFunction",
"CodeSize": 412,
"MemorySize": 128,
"FunctionArn": "arn:aws:lambda:us-west-2:8        7:function:mySecondFunction",
"Handler": "index.handler",
"Role": "arn:aws:iam::8        7:role/basic-lambda-role",
"Timeout": 3,
"LastModified": "2017-01-28T05:47:48.049+0000",
"Runtime": "nodejs4.3",
"Description": ""
}
```

8. 함수를 호출하려면 다음과 같이 invoke 명령을 사용해야 한다.

```
# aws lambda invoke
--invocation-type RequestResponse
--function-name mySecondFunction
--region us-west-2
--log-type Tail
--payload '{"username":"YoYo"}'
output.txt
```

invoke 명령에서 사용한 옵션을 살펴보자.

- --invocation-type: Lambda가 수행할 호출 유형으로 기본적으로 RequestResponse가 설정된다. 추가로 비동기 실행을 위한 Event 혹은 함수를 실행하지 않고 검증 용도로 사용할 수 있는 DryRun 옵션을 지정할 수 있다.

- --log-type: 함수 실행 로그를 표시하는 데 사용한다. 다만 인자로 전달한 Tail은 --invocation-type이 RequestResponse 유형일 때만 작동하니 주의하자.

- --payload: Lambda 함수에 JSON 형식으로 보내는 데이터다.

- output: 함수 실행 결과를 기록할 파일이다.

자세한 invoke 명령 사용법은 https://docs.aws.amazon.com/cli/latest/reference/lambda/invoke.html을 참고하자.

9. 함수 호출에 성공했다면 output.txt 파일에서 다음과 같은 출력 결과를 확인할 수 있다.

```
[root@YoYoNUX lambda]#
[root@YoYoNUX lambda]# cat output.txt
"Hello YoYo! Today's date is Sat Jan 28 2017"[root@YoYoNUX lambda]#
```

결과가 잘 보인다면 성공이다! 지금까지 AWS CLI를 사용해 성공적으로 Lambda 함수를 만들었다. 이제 CLI로 작업할 때 염두에 두어야 할 몇 가지 중요한 명령어 일부를 간략히 살펴보자.

- `list-functions`: 배포된 Lambda 함수를 나열한다. 다음과 같이 호출할 수 있다.

```
# aws lambda list-functions
```

`--max-items`와 같이 지정한 개수만큼 함수를 반환하는 매개변수도 함께 사용할 수 있다.

```
[root@YoYoNUX lambda]#
[root@YoYoNUX lambda]# aws lambda list-functions
{
    "Functions": [
        {
            "FunctionName": "myFirstFunction",
            "MemorySize": 128,
            "CodeSize": 333,
            "FunctionArn": "arn:aws:lambda:us-west-2:          7:function:myFirstFunction",
            "Handler": "index.handler"
        },
        {
            "FunctionName": "mySecondFunction",
            "MemorySize": 128,
            "CodeSize": 412,
            "FunctionArn": "arn:aws:lambda:us-west-2:8          7:function:mySecondFunction",
            "Handler": "index.handler"
        }
    ]
}
```

- get-function, get-function-configuration: 이름에서 유추할 수 있듯이 두 명령 모두 create-function 명령을 사용해 만든 Lambda 함수의 설정 정보를 반환한다. 한 가지 차이점은 get-function은 ZIP 파일처럼 코드의 배포 패키지를 다운로드 가능한 고유 URL을 제공한다. URL은 get-function 명령을 실행한 시점부터 최대 10분 동안 유효하다.

```
# aws lambda get-function --function-name <FUNCTION_NAME>
# aws lambda get-function-configuration --function-name <FUNCTION_
NAME>
```

다음 화면은 앞서 설명한 get-function-configuration 명령의 출력 결과다.

```
{
    "TracingConfig": {
        "Mode": "PassThrough"
    },
    "CodeSha256": "jDBdT5DEDcpyt4Gzu9yBswExfG4ri+l+NfdWLlHqvuk=",
    "FunctionName": "mySecondFunction",
    "CodeSize": 417,
    "MemorySize": 128,
    "FunctionArn": "arn:aws:lambda:us-west-2:            :function:mySecondFunction",
    "Version": "$LATEST",
    "Role": "arn:aws:iam::            :role/basic-lambda-role",
    "Timeout": 3,
    "LastModified": "2017-10-05T06:17:13.273+0000",
    "Handler": "index.handler",
    "Runtime": "nodejs4.3",
    "Description": ""
}
```

CLI에서 지원하는 전체 목록은 http://docs.aws.amazon.com/cli/latest/reference/lambda에서 확인하자.

▌ 가격 정책 및 제약 사항

1장 서두에서 설명한 대로 Lambda 함수의 비용은 함수 실행 기간과 함수 실행에 필요한 RAM과 같은 컴퓨팅 자원의 양에 따라 달라진다. 게다가 비용은 모든 Lambda 함수의 총 요청 수를 기반으로 청구된다. 비용은 Lambda가 이벤트 또는 수동 호출 시 발생한 요청에 응답할 때마다 계산되며, 아마존 관리 콘솔을 사용해 Lambda 기능을 테스트하는 동안에 트리거된 응답도 포함한다. 이 책을 쓰는 시점에는 AWS는 백만 요청당 0.2달러, 한화로는 약 223원을 부과한다. 즉 요청당 0.0000002달러, 한화로는 약 0.00002원이 부과되는 셈이다. 좋은 소식은 매달 백만 건의 요청과 400,000GB의 컴퓨팅 시간을 무료로 사용할 수 있다는 점이다. 무료 사용 기간이 만료되더라도 이 기능은 유효하다.

이해를 돕기 위해 간단한 예를 들어보겠다. Lambda 함수에 128MB의 RAM을 할당하고 한 달에 5백만 번 실행하며 매번 1초간 실행됐다면 비용은 다음과 같다.

1. 우선 월별 컴퓨팅 요금을 계산해보자. 월별 컴퓨팅 요금은 1GB당 0.00001667 달러, 한화로 약 0.0186049107원으로 무료 사용 기간에 매달 400,000GB를 무료로 사용할 수 있다.

> 총 컴퓨팅(초) = 5백만 실행*1초 = 5,000,000초
> 총 컴퓨팅(GB) = 5,000,000*128MB/1024 = 625,000GB
> 월별 청구 대상 컴퓨팅=총 컴퓨팅 − 무료 사용 기간 컴퓨팅
> 625,000(총 컴퓨팅 GB) − 400,000(무료 사용 GB) = 225,000GB
> 월별 컴퓨팅 요금(a) = 225,000*0.0186049107원($0.00001667) = 약 4,185원($3.75)

2. 마찬가지로 월별 요청 요금을 계산해보자. 월별 요청 요금은 백만 요청당 0.2달러, 한화로는 약 223원이다. 무료 사용 기간에는 매달 백만 건의 요청을 무료로 사용할 수 있다.

> 월별 청구 대상 컴퓨팅 = 총 컴퓨팅 – 무료 사용 기간 컴퓨팅
>
> 5백만 번 요청 – 1백만 번 무료 사용 요청 = 4 백만 번 월별 청구 대상 요청
>
> 월별 요청 요금(b) = 4 M*223원($0.2)/M = 약 892원($0.8)

3. 따라서 128MB의 RAM을 사용해 Lambda 함수를 초당 백만 번 실행하는 데 드는 비용은 다음과 같다.

> 총 비용 = 월별 컴퓨팅 요금(a) + 월별 요청 요금(b) = 4,185원($3.75) + 892원
>
> ($0.8) = 5,077원($4.55)

4. 흥미롭지 않은가? 이제 Lambda 함수를 EC2 인스턴스와 함께 사용할 때 가격이 어떻게 책정되는지 살펴보자.

5. 한 달에 약 30만 건의 요청을 3초씩 실행하는 간단한 Lambda 함수를 실행하는 데 512MB의 RAM을 제공한다면 월별 컴퓨팅 요금은 다음과 같다.

> 총 컴퓨팅(초) = 3 00,000*3초 = 900,000초
>
> 총 컴퓨팅(GB) = 900,000*512MB/1024 = 450,000GB
>
> 월별 청구 대상 컴퓨팅(GB) = 총 컴퓨팅 – 무료 사용 기간 컴퓨팅
>
> 450,000GB – 400,000GB = 50,000GB
>
> 월별 컴퓨팅 요금(a) = 50,000*0.0186049107원($0.00001667) = 약 930원($0.8335)

6. 마찬가지로 월별 요청 요금은 다음과 같다.

- 월 요청 요금은 백만 요청당 0.20달러, 한화로 약 222원이며, 무료 사용 기간에는 매달 백만 건의 요청을 무료로 사용할 수 있다.

> 월별 요청 요금 = 총 요청 수 – 무료 사용 요청 수

- 요청 수가 무료 사용 기간에 제공하는 양보다 적기에 월별 요청 요금(b)은 0원으로 평가된다.

총 요금 = 컴퓨팅 요금 + 요청 요금 = 930원($0.8335) + $0 = 월별 930원($0.8335)

EC2 인스턴스 중 512MB를 가진 t2.nano 인스턴스와 비교해보자. 한 달 동안 24시간 무중단으로 운영되는 인스턴스의 요금은 4.32달러, 한화 약 4,810원이다. 정말 저렴하다!

이제 Lambda의 제약 사항을 살펴보자. 우선 Lambda는 장시간 애플리케이션용으로 설계되지 않았다. Lambda 함수가 지원하는 최대 실행 시간은 300초, 즉 5분이다. 게다가 Lambda 함수에 할당할 수 있는 RAM 용량에는 제한 사항이 존재한다. 최소 128MB부터 최대 1536MB[4]까지만 할당할 수 있으며 64MB 단위로 증가한다. 각 Lambda 함수는 일반적으로 /tmp 디렉터리에 500MB의 비영구 스크래치[non-persistent scratch][5] 공간을 할당받는다.

 영구 저장 장치를 찾는다면 S3, RDS, DynamoDB 등을 활용할 수 있다.

또한 Lambda에 업로드할 수 있는 코드 크기에도 몇 가지 제약 사항이 존재한다. 각 Lambda 함수는 zip이나 jar 파일로 압축한 코드를 최대 50MB까지만 업로드할 수 있다. Lambda 코드를 배포하고 실행할 때 제한될 수 있는 사항은 http://docs.aws.amazon.com/ko_kr/lambda/latest/dg/limits.html을 참고하자.

이러한 제한 사항 외에도 이 책을 쓰는 시점에 AWS Lambda는 Java, Node.js, Python,

---

4   2017년 11월 30일부터 최대 메모리 용량이 2배 증가해 3,008MB까지 메모리를 할당할 수 있다. 자세한 사항은 https://aws.amazon.com/ko/about-aws/whats-new/2017/11/aws-lambda-doubles-maximum-memory-capacity-for-lambda-functions를 참고하자. – 옮긴이

5   /tmp 디렉터리는 함수 초기화 시 의존성 라이브러리 또는 데이터 집합 같은 추가 자원을 로딩하는 데 사용한다. – 옮긴이

C# 프로그래밍 언어만 지원한다는 사실도 명심하자.[6] PHP, Go, Ruby와 같이 Lambda가 지원하지 않는 언어를 사용해 코드를 실행할 방법이 있긴 하지만 여기서는 다루지 않는다. 이 책에서는 주로 Node.js를 사용할 것이다. Lambda가 지원하지 않는 스크립트 언어는 https://aws.amazon.com/blogs/compute/scripting-languages-for-aws-lambda-running-php-ruby-and-go에서 실습 예제를 찾아볼 수 있으니 관심이 있다면 참고하자.

▌ 향후 계획 수립

지금까지 기본 개념을 살펴봤다. 무엇보다 서버리스 컴퓨팅과 Lambda 함수를 전반적으로 이해하고 추가 개념을 숙지하는 것이 중요하다. 그런데 어떤 서비스를 사용할지 결정하는 기준이 있을까? 다음은 컴퓨팅 기능을 제공하는 AWS의 일부 서비스와 이를 적절히 사용하는 경우를 간단히 분석한 표다.

요구 사항	관리	배포 방식	AWS 서비스
간단한 작업이나 웹사이트를 예측 가능한 속도로 지속해서 실행해야 하며, 제어는 덜 필요한 경우	서버, OS, 소프트웨어 제어	가상 사설 서버	Amazon Lightsail[6]
어떤 규모의 작업이든 대부분 실행 가능하며 좀 더 많은 제어와 유연성이 필요한 경우	인스턴스/OS/소프트웨어 제어, 인스턴스 확장 및 관리 가능	인스턴스	Amazon EC2
도커 컨테이너에 마이크로서비스 기반의 애플리케이션을 실행하는 경우	프로비저닝과 확장을 제어하고 AWS는 애플리케이션의 클러스터 상태와 배포 관리	컨테이너	Amazon EC2 컨테이너 서비스
이벤트 기반과 상태를 저장하지 않는 애플리케이션 실행	애플리케이션 코드를 제공하고 AWS는 인프라 배치 및 확장 관리	코드	AWS Lambda

---

6 앞서 설명한 대로 2018년 1월 15일부터 Go 언어도 지원한다. – 옮긴이
7 간편한 가상 사설 호스팅 서비스 – 옮긴이

앞으로 살펴볼 코드는 주로 Node.js를 사용하지만, Java, Python, C#을 사용해도 무방하다. 다만 프로그래밍 언어마다 각기 다른 수준의 성능을 제공한다는 점을 명심하자. Python과 Node.js와 같은 동적 언어는 태생적으로 Java와 C# 같은 정적 언어와 비교하면 조금 더 나은 성능을 제공한다. 하지만 의구심이 든다면 직접 측정해보자. Lambda가 지원하는 언어로 간단한 코드를 작성해서 똑같은 방식으로 성능을 측정하면 된다.

▌ 요약

1장에서 배운 사항을 다시 한 번 빠르게 살펴보자.

우선 서버리스 컴퓨팅의 탄생과 기능, 장단점 및 기본 개념을 살펴본 뒤 AWS Lambda가 무엇인지 알아보고 동작 방식을 이해함으로써 Lambda의 놀라운 세계로 여행을 시작했다. AWS가 제공하는 풍부한 관리 콘솔을 살펴보고 Lambda 함수를 배포하는 일이 얼마나 쉽고 간편한지 확인했다. 게다가 AWS CLI를 사용해 함수를 패키지화하고 호출하는 방법을 배우고, 몇 가지 예제를 통해 Lambda의 가격 측정 방식과 일부 제약 사항을 살펴봤다. 마지막으로 AWS 컴퓨팅 서비스를 비교하며 사용 가능한 서비스와 적절한 도입 시기를 살펴보는 것으로 1장을 마무리했다.

2장에서는 실제로 Lambda 함수를 작성할 때 알아야 할 Lambda 함수를 구성하는 블록, 로그를 남기는 방법과 일반적인 예외 처리 방식, 버전 관리와 환경변수 작업까지 샅샅이 파헤쳐보자. 자, 페이지를 넘겨 바로 시작하자!

02

AWS Lambda 함수 작성

1장에서는 서버리스 컴퓨팅을 이해하고 AWS 관리 콘솔과 AWS CLI를 사용해 AWS Lambda를 손쉽게 시작하는 방법을 간단히 살펴봤다. 2장에서는 Lambda 함수를 구석 구석 살펴보고 실용적인 Lambda 함수를 작성하는 방법을 단계별로 설명한다. 2장에서 다루는 내용은 다음과 같다.

- 간단한 함수 예제를 사용한 Lambda 함수의 프로그래밍 모델 이해
- 환경변수와 버전 관리
- AWS Lambda에 쉽고 빠른 코드 배포를 위한 타사 도구 활용

자, 이제 본격적으로 코딩을 시작해보자!

■ Lambda 프로그래밍 모델

지금까지 특정 애플리케이션을 함수라는 간단한 코드 단위로 분해해서 이를 실행하기 위해 AWS Lambda에 업로드했다. Lambda는 함수의 확장성과 가용성 등 관리에 필요한 사항과 함수를 실행하는 데 필요한 자원을 프로비저닝한다. 즉 필요한 순간에 자원을 실시간으로 할당해서 사용할 수 있도록 준비해둔다는 말이다. 그럼 개발자가 해야 할 일은 무엇일까? 개발자가 Lambda 함수를 사용하려면 기본적으로 3가지 작업을 수행해야 한다. 코드 작성, 배포를 위한 패키징, 실행 및 미세 조정을 위한 모니터링 작업이다.

이 절에서는 AWS가 프로그래밍 모델 또는 프로그래밍 패턴이라고 부르는 것을 이해하고 실제로 Lambda 함수를 구성하는 다양한 컴포넌트를 살펴본다. 현재 AWS는 Lambda 함수 작성 시 Node.js, Java, Python, C#, Go 프로그래밍 언어를 공식 지원한다. 각 언어는 다음에 설명하는 개념으로 구성된 일반적인 프로그래밍 패턴을 따른다.

핸들러

1장에서 간략히 설명한 대로 핸들러^{handler}는 기본적으로 Lambda가 실행할 때 가장 처음 호출하는 함수다. 핸들러 함수는 들어오는 이벤트 데이터를 처리하고 코드에서 다른 함수나 메소드를 호출할 수 있다.

 이 책에서는 **Node.js**를 사용해 코드를 개발한다. 프로그래밍 모델은 **AWS**가 지원하는 다른 언어와 거의 유사하다.

핸들러 함수의 기본 구조는 다음과 같다.

```
exports.myHandler = function(event, context, callback) {
    // 여기에 비즈니스 로직이 위치한다.
```

```
  callback();
}
```

핸들러 함수 이름은 myHandler다. exports 구문과 함께 사용하면 이를 Lambda가 가장 먼저 호출해야 하는 함수로 판별한다. 핸들러 함수와 함께 전달되는 매개변수는 다음과 같다.

- event: Lambda가 이벤트 관련 데이터를 핸들러로 다시 전달하는 데 사용한다.
- context: 함수명, 실행 시간 등 함수의 실행 정보를 핸들러에 제공하기 위해 사용한다.
- callback: 특정 데이터를 호출자에게 반환하는 데 사용한다. 핸들러 작성 시 전달하는 매개변수 중에서 유일하게 선택 사항이다. 매개변수를 지정하지 않으면 AWS Lambda는 callback 함수를 내부적으로 호출하고 값을 null로 반환한다. 또한 error 또는 result라는 두 가지 선택적인 매개변수를 지원한다. error는 함수의 오류 정보를 호출자에게 반환하지만, result는 함수가 성공적으로 실행한 결과를 반환한다.

다음은 핸들러에서 콜백을 호출하는 간단한 예제다.

- callback()
- callback(null, 'Hello from Lambda')
- callback(error)

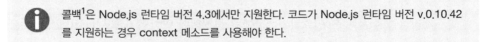

콜백[1]은 Node.js 런타임 버전 4.3에서만 지원한다. 코드가 Node.js 런타임 버전 v.0.10.42를 지원하는 경우 context 메소드를 사용해야 한다.

---

1 2017년 5월부터 callback 함수는 Node.js 런타임 4.3 버전 및 6.10 버전에서만 지원한다. 0.10.42 버전은 deprecated 상태로 지원하지 않는다. - 옮긴이

간단한 핸들러 예제를 살펴보자.

```
exports.myHandler = function(event, context, callback) {
  console.log("값 = " + event.key);
  console.log("함수 이름 = ", context.functionName);
  callback(null, "실행 완료!");
};
```

예제는 이벤트 키값과 컨텍스트의 함수명을 출력하고 문제가 없다면 마지막으로 성공했다는 메시지를 출력한다. 이제 Lambda 함수를 만들기 위해 다음 단계를 수행하자.

1. AWS 관리 콘솔에 로그인한 다음 대시보드에서 AWS Lambda를 선택한다.
2. AWS Lambda 대시보드에서 **함수 생성** 버튼을 선택한다.
3. 블루프린트 선택 화면에서 **새로 작성** 버튼을 선택한다.

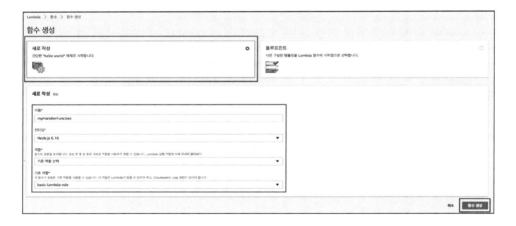

4. 적절한 함수 이름을 입력하고 1장에서 설정했던 역할인 basic-lambda-role을 지정한 다음 **함수 생성** 버튼을 선택한다.

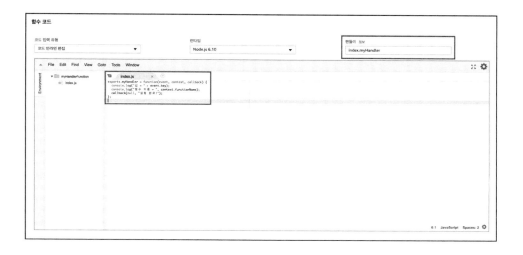

5. 함수 생성이 완료되면 함수 코드 상자에 앞서 살펴본 코드를 붙여 넣자. 핸들러 이름은 동작할 함수의 핸들러 이름과 일치해야 한다. 1장에서 설명했다시피 핸들러 이름을 index.handler 형식으로 입력하면 index.js 파일의 exports.handler를 호출한다. 코드 편집 후 **저장** 버튼을 누르는 것을 잊지 말자!

6. 이제 함수에 간단한 이벤트를 전달하기 위해 **테스트** 버튼 옆에 있는 **테스트 이벤트 구성** 버튼을 선택해 함수에 전달할 이벤트를 만든다.

```
{
    "key": "테스트 메시지"
}
```

7. 테스트 이벤트 구성을 완료했으면 **테스트** 버튼을 선택해 테스트를 진행해보자. 코드 실행이 완료되면 다음 화면과 비슷한 실행 결과가 표시된다. 여기서는 event, context, callback 매개변숫값이 중요하다. 함수가 성공적으로 실행되면 callback 함수에 지정했던 메시지가 반환된 것을 알 수 있다. event와 context 객체값은 다음 화면에 강조 표시된 부분과 같이 로그 출력 상자에 표시된다.

컨텍스트 객체

컨텍스트 객체는 함수 실행 정보를 얻을 때 유용하게 쓰인다. 실행 함수 이름과 Lambda
가 함수 실행을 종료하기까지 남은 시각과 로그 이름, 함수와 관련된 스트림 등 다양한
정보를 제공한다.

컨텍스트 객체는 함수 실행을 올바르게 종료하기 위해 `context.succed()`, `context.
fail()`, `context.done()` 메소드를 갖고 있다. Lambda는 이러한 메소드를 지원하기 위
해 2016년 4월에 Node.js 런타임 환경을 0.10.42 버전에서 4.3 버전으로 전환했다. 하
지만 같은 작업을 수행하는 `callback()` 함수 사용을 권장한다.

일반적으로 사용하는 컨텍스트 객체 메소드와 속성값은 다음과 같다.

- `getRemainingTimeInMillis ()`: Lambda가 함수를 종료하기 전에 실행에 남은
  소요 시간을 밀리초 단위로 반환한다. 함수를 종료하거나 제한 시간을 초과하기
  전에 시간을 조정하는 데 유용하게 사용한다.

- callbackWaitsForEmptyEventLoop: 해당 속성은 callback() 함수의 기본 동작을 다시 정의하는 데 사용하며, 전체 이벤트 루프가 처리될 때까지 대기한 다음 호출자에게 반환된다. 값을 false로 설정하면 이벤트 루프에 수행해야 할 작업이 있더라도 callback() 함수를 발생시켜 추가 작업을 중단시킨다. 기본값은 true로 설정돼 있다.
- functionName: 실행 중인 Lambda 함수명을 반환한다.
- functionVersion: 실행 중인 Lambda 함수 버전을 반환한다.
- memoryLimitInMB: Lambda 함수에 설정된 메모리 양을 반환한다.
- logGroupName: 함수 실행 로그를 저장하는 CloudWatch Log 그룹명을 반환한다.
- logStreamName: 함수 실행 로그를 저장하는 CloudWatch Log 스트림명을 반환한다.
- awsRequestID: 함수 실행에 관련된 요청 ID를 반환한다.

> ℹ️ Lambda 함수를 AWS Mobile SDK와 함께 모바일 백엔드 처리 서비스로 사용할 수 있다. 컨텍스트 정보인 identity와 clientContext 객체를 사용해 모바일 애플리케이션 정보를 얻을 수 있다. 자세한 내용은 http://docs.aws.amazon.com/ko_kr/lambda/latest/dg/nodejs-prog-model-context.html을 참고하자.

컨텍스트 객체를 더 이해하기 위해 간단한 예제를 살펴보자. 컨텍스트 객체인 callbackWaitsForEmptyEventLoop를 사용해 호출 시에 객체값을 yes 또는 no로 설정한 다음 테스트해보자.

1. AWS 관리 콘솔에 로그인한 다음 대시보드에서 AWS Lambda를 선택한다.
2. AWS Lambda 대시보드에서 **함수 생성** 버튼을 선택한다.
3. 블루프린트 선택 화면에서 **새로 작성** 버튼을 선택한다.

4. 적절한 함수명을 입력하고 basic−lambda−role 역할을 지정한 다음 **함수 생성** 버튼을 선택한다.

5. 함수 생성이 완료되면 함수 코드 상자에 다음 코드를 붙여 넣자. 핸들러 이름은 동작할 함수의 핸들러 이름과 일치해야 한다.

```javascript
exports.handler = (event, context, callback) => {
  console.log("컨텍스트 객체와 사용법을 알아보자!");
  console.log('value1 =', event.key1);
  console.log('value2 =', event.key2);
  console.log('value3 =', event.key3);
  console.log('remaining time =',
    context.getRemainingTimeInMillis());
  console.log('functionName =', context.functionName);
  console.log('AWSrequestID =', context.awsRequestId);
  console.log('logGroupName =', context.logGroupName);
  console.log('logStreamName =', context.logStreamName);
  switch (event.contextCallbackOption) {
    case "no":
      setTimeout(function() {
        console.log("제한 시간 30초!!!");
      }, 30000);
      break;
    case "yes":
      console.log("callbackWaitsForEmptyEventLoop가
        false로 설정되면 콜백은 setTimeout()을 기다리지 않는다.");
      setTimeout(function() {
        console.log("제한 시간 30초!!!");
      }, 30000);
      context.callbackWaitsForEmptyEventLoop = false;
      break;
    default:
      console.log("기본 코드 블록");
  }
  callback(null, 'Lambda, 안녕!');
```

```
    // 호출자에게 결과를 전달한다. 전달된 결과는 CloudWatch 로그가 아닌
       RequestResponse 호출 후에 실행 로그에 출력된다.
};
```

6. 마지막으로 예제를 실행하기 위해 특별히 함수의 제한 시간을 기본값으로 설정
   된 3초에서 1분으로 변경한다. 편집 후 **저장** 버튼을 누르는 것을 잊지 말자.

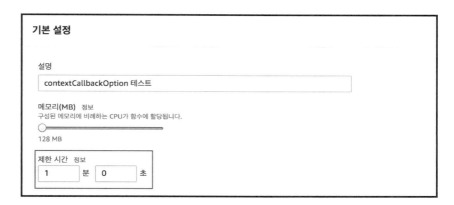

7. **테스트 이벤트 구성** 버튼을 선택해 함수에 전달할 이벤트를 만든다.

```
{
   "contextCallbackOption": "yes"
}
```

8. 테스트 이벤트 구성을 완료했으면 **테스트** 버튼을 선택해 테스트를 진행해보자.
   로그 출력 상자에 다음과 비슷한 출력 결과가 표시돼야 한다.

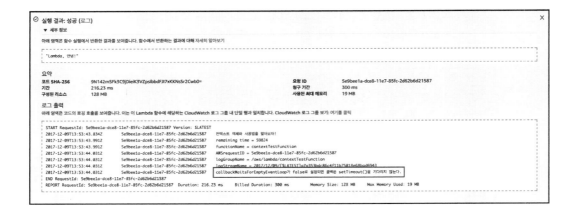

테스트 이벤트 구성 시 contextCallbackOption값을 yes로 설정하면 함수는 setTime
out( ) 함수를 30초 동안 기다리지 않고 종료하기까지 남은 실행 시간과 함수명 등 함수
실행 정보를 출력하고 종료한다. 이제 contextCallbackOption값을 no로 설정한 후 테
스트를 다시 실행해서 결과를 확인해보자. 이번에는 함수가 setTimeout( ) 함수를 처리
하므로 종료할 때까지 남은 실행 시간과 조금 전 실행했던 테스트 결과를 비교해보며 검
증할 수 있다.

로깅

코드 실행 및 활동을 기록하려면 로깅을 남기는 명령문을 사용하면 된다. 다음 명령문으로 Node.js 런타임 시 로그를 남길 수 있다.

- `console.log()`
- `console.error()`
- `console.warn()`
- `console.info()`

로그는 AWS 관리 콘솔과 CLI를 사용해 확인할 수 있다. 두 옵션을 살펴보자.

- **AWS 관리 콘솔 이용하기**: 지금까지는 Lambda 대시보드를 사용해 함수 실행 로그를 확인했다. 하지만 함수 실행 결과 로그만 표시되므로 과거 로그를 확인하려면 CloudWatch Logs를 사용해야 한다. AWS 관리 콘솔에서 CloudWatch를 검색한 다음 CloudWatch 대시보드에서 **로그** 항목에 들어가 다음과 같이 함수 로그를 확인해보자.

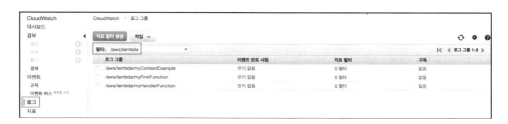

 필터 상자에 /aws/lambda를 입력해서 로그 그룹명을 접두사로 필터링할 수 있다.

표시된 로그 그룹과 로그 스트림 이름 중 하나를 선택해 함수의 실행 로그를 상세히 살펴보자.

- **CLI 이용하기**: CLI는 함수 실행 로그를 확인할 수 있는 두 가지 방법을 제공한다. 첫 번째는 1장에서 소개했던 Lambda 함수의 invoke 명령어를 사용하는 방법이다. invoke 명령어를 --log-type 매개변수와 함께 사용하면 CloudWatch Logs에 기록된 로그 데이터 중 가장 최신 로그 4KB를 출력한다. 우선 다음 명령어로 현재 리전^{region}에서 사용 가능한 모든 함수를 확인해보자.

```
# aws lambda list-functions
```

다음으로 호출할 Lambda 함수를 선택해 다음과 같이 함수 이름과 함수에 전달할 이벤트를 입력한다.

```
# aws lambda invoke
--invocation-type RequestResponse
--function-name myFirstFunction
--log-type Tail
--payload '{"key1":"Lambda", "key2":"is", "key3":"awesome!"}'
output.txt
```

두 번째 방법은 context( ) 객체와 CloudWatch CLI를 함께 사용하는 방법이다. context.logGroupName, context.logStreamName을 사용해 함수의 --log-group-name, --log-stream-name을 얻을 수 있다. 다음과 같이 해당 매개변수를 사용해 수집된 로그 데이터를 확인해보자.

```
# aws logs get-log-events
--log-group-name "/aws/lambda/myFirstFunction"
```

```
--log-stream-name "2017/02/07/[$LATEST]1ae6ac9c77384794a3202802c68317
9a"
```

 로그 그룹과 로그 스트림에 올바른 이름을 제공했음에도 "The specified log stream does not exist"라는 오류가 발생한다면 [\$LATEST]와 같이 이스케이프 문자인 '\'를 추가 해야 한다.

get-log-events 명령에 추가로 전달할 수 있는 매개변수를 살펴보자.

- --start-time: UTC 기준의 로그 시작 시각
- --end-time: UTC 기준의 로그 종료 시각
- --next-token: 이전 호출 결과로 받은 토큰값을 지정한다.
- --limit: 로그 이벤트의 최대 반환 개수를 설정하는 데 사용하며 기본값은 10,000개다.

코드에 context( ) 객체를 사용하지 않으려면 다음 명령을 조합해 로그 그룹명과 로그 스트림명을 필터링할 수 있다.

```
# aws logs describe-log-groups
--log-group-name-prefix "/aws/lambda/"
```

describe-log-groups 명령은 접두사가 /aws/lambda인 모든 로그 그룹을 출력한다. 출력 결과에서 함수의 로그 그룹명을 기록해놓자. 로그 그룹명과 연관된 로그 스트림명을 출력하려면 다음 명령을 실행하면 된다.

```
# aws logs describe-log-streams
--log-group-name "/aws/lambda/myFirstFunction"
```

출력 결과로 나온 로그 스트림명을 기록해두자. 특정 로그 스트림의 이벤트를 보려면 다음과 같이 입력하면 된다.

```
# aws logs get-log-events
--log-group-name "/aws/lambda/myFirstFunction"
--log-stream-name "2017/02/07/[$LATEST]1ae6ac9c77384794a3202802c683179a"
```

다시 한 번 언급하지만 [$LATEST]에 '\'를 추가해 "The specified log stream does not exist" 오류를 방지하자. 지금까지 로깅을 살펴봤으니 Lambda 프로그래밍 모델의 예외 exceptions 처리 부분을 살펴보자.

예외 및 오류 처리

함수가 정상적으로 실행되지 않을 경우를 대비해 AWS Lambda에 알림을 보낼 수 있다. 주로 문제가 발생한 함수에서 오류 객체를 Lambda에 전달하면 Lambda가 오류 메시지로 변환해 사용자에게 반환한다.

반환된 오류 메시지는 함수 호출 유형에 따라 달라진다. 예를 들어 RequestResponse 호출 유형처럼 동기 실행 오류는 사용자에게 반환되고 AWS 관리 콘솔과 CloudWatch Logs에 표시된다. 하지만 event 호출 유형처럼 비동기 실행이라면 Lambda는 아무것도 반환하지 않는다. 대신 CloudWatch Logs에 오류 메시지만 기록한다.

함수 오류와 예외 처리 기능을 살펴보기 위해 두 개의 숫자와 연산자 하나를 받는 계산기 함수를 살펴보자.

1. AWS 관리 콘솔에 로그인한 다음 대시보드에서 AWS Lambda를 선택한다.
2. AWS Lambda 대시보드에서 **함수 생성** 버튼을 선택한다.
3. 블루프린트 선택 화면에서 **새로 작성** 버튼을 선택한다.

4. 적절한 함수 이름을 입력하고 basic-lambda-role 역할을 지정한 다음 **함수 생성** 버튼을 선택한다.

5. 함수 생성이 완료되면 함수 코드 상자에 다음 코드를 붙여 넣자. 핸들러 이름은 동작할 함수의 핸들러 이름과 일치해야 한다. 코드 편집 후 **저장** 버튼을 누르는 것을 잊지 말자.

```javascript
exports.handler = (event, context, callback) => {
  console.log("테스트 Lambda 함수 : " + context.functionName);
  console.log("두 개의 숫자와 하나의 연산자를 받는 예제");
  // 연산자는 +, -, /, *, add, sub, mul, div 값 중 하나
  console.log('전달받은 이벤트 :', JSON.stringify(event, null, 2));
  var error, result;
  if (isNaN(event.num1) || isNaN(event.num2)) {
    console.error("유효하지 않은 숫자"); // 로깅
    error = new Error("유효하지 않은 숫자!"); // 예외 처리
    callback(error);
  }
  switch (event.operand) {
    case "+":
    case "add":
      result = event.num1 + event.num2;
      break;
    case "-":
    case "sub":
      result = event.num1 - event.num2;
      break;
    case "*":
    case "mul":
      result = event.num1 * event.num2;
      break;
    case "/":
    case "div":
      if (event.num2 === 0) {
        console.error("나눗셈의 제수는 0이 될 수 없다.");
```

```
      error = new Error("나눗셈의 제수는 0이 될 수 없다.");
      callback(error, null);
    } else {
      result = event.num1 / event.num2;
    }
    break;
  default:
    callback("유효하지 않은 연산자");
    break;
  }
  console.log("결과 : " + result);
  callback(null, result);
};
```

6. **테스트** 버튼 옆에 있는 **테스트 이벤트 구성** 버튼을 선택해 함수에 전달할 이벤트를 만든다.

```
{
  "num1": 3,
  "num2": 0,
  "operand": "div"
}
```

7. 테스트 이벤트를 구성을 완료했으면 **테스트** 버튼을 선택해 테스트를 진행해보자. 다음 화면은 코드의 실행 결과를 보여준다.

⊗ 실행 결과: 실패 (로그)

▼ 세부 정보

아래 영역은 함수 실행에서 반환한 결과를 보여줍니다. 함수에서 반환하는 결과에 대해 자세히 알아보기

```
{
  "errorMessage": "나눗셈의 제수는 0이 될 수 없다.",
  "errorType": "Error",
  "stackTrace": [
    "exports.handler (/var/task/index.js:30:17)"
  ]
}
```

함수 실행에 실패했다! 함수 반환 결과를 자세히 살펴보자. 우선 사용자에게 친숙한 오류 메시지를 전달하기 위해 console.error( )에 전달한 값이 error Message에 표시됐다. 또한 callback( ) 함수에 error 객체를 전달하면 결과에 표시된 것처럼 stackTrace를 출력할 수 있다.

```
console.error("나눗셈의 제수는 0이 될 수 없다.");
error = new Error("나눗셈의 제수는 0이 될 수 없다.");
callback(error, null);
```

Lambda 대시보드와 CloudWatch Logs에서도 오류 메시지와 JSON 형태의 stackTrace를 확인할 수 있다. 이제 숫자 값과 연산자를 바꿔가며 테스트해보자. 추가로 함수가 오류를 반환할 때 사용자가 식별할 수 있는 오류 메시지를 지정하거나 추가적인 작업을 수행하는 오류 처리기를 직접 만들 수 있으니 참고하자.

이제까지 함수의 일반적인 프로그래밍 모델과 구성 요소를 살펴봤다. 다음 절에서는 함수 구성 시 환경변수를 사용하는 방법과 함께 함수 버전 관리와 별칭과 같은 몇 가지 고급 설정 항목을 살펴보자.

▌ 버전 관리 및 별칭

현실 세계에서는 종종 개발, QA, 스테이징, 운영 환경 등 서로 다른 환경에서 작업할 수 있다. 환경마다 단일 Lambda 함수를 관리하는 일은 정말 귀찮고 까다롭기까지 하다. 특히 개발 및 운영 서버에서 데이터베이스를 연결하려면 환경마다 각기 다른 역할을 지정하는 등 환경에 따른 설정 정보를 제공해야 한다.

Lambda는 함수를 분류하기 쉽고 관리하기 편하게 버전 및 별칭 형태의 추가적인 서비스를 제공한다.

버전 관리는 작업 중인 Lambda 코드를 여러 버전으로 만드는 단순한 방법이다. 각 버전은 기본적으로 원본 함수의 스냅샷이다. 버전은 불변성을 갖는다. 즉 원본 혹은 [$LATEST] 브랜치에서 생성한 각 버전은 수정할 수 없으며 구성 정보도 변경할 수 없다. Lambda는 버전을 만들 때마다 1, 2, 3, …, n처럼 단순히 순차적으로 증가하는 버전 번호를 할당한다.

다음은 함수와 함수 버전을 보여주는 간단한 예제다. 함수를 삭제하거나 다시 생성하더라도 버전 번호는 절대 재사용되지 않는다.

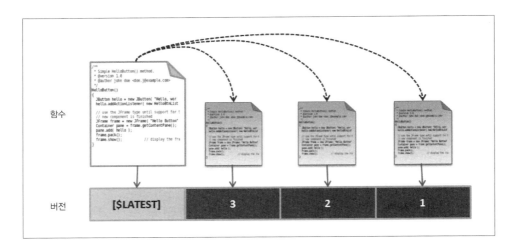

AWS 관리 콘솔과 CLI를 사용해 함수 버전을 생성하고 할당할 수 있다.

 다음 예제에서는 예외 처리 기능을 살펴보며 실행했던 calculator.js 코드를 재사용할 것이다. 하지만 아무 걱정 없이 버전 관리를 이용해 같은 함수에 여러 작업을 테스트할 수 있다.

우선 AWS 관리 콘솔에서 테스트해보자.

1. Lambda 대시보드에서 버전을 만들 함수를 선택한다.

2. **작업** 목록에서 **새 버전 게시** 항목을 선택한다.

3. $LATEST 버전을 기반으로 신규 버전 코드를 만든다. **버전 설명**에 신규 버전에 대한 적절한 설명을 입력하고 **게시** 버튼을 선택한다.

4. 성공적으로 게시한 함수는 $LATEST 코드와 같은 사본이지만 해당 코드를 편집할 수 없다. $LATEST 버전으로 돌아가려면 다음 화면과 같이 단순히 **버전: 1** 목록에서 $LATEST 버전을 선택하면 된다.

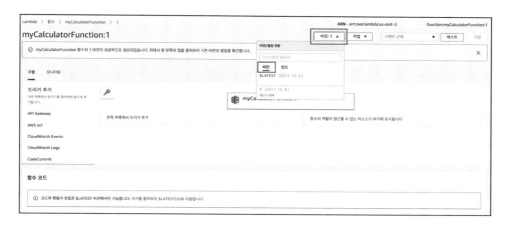

마찬가지로 CLI를 사용해 버전을 만들 수 있다. CLI에는 두 가지 옵션이 존재한다. 첫 번째는 함수를 만들 때 버전도 같이 만드는 방법이다. 다음과 같이 create-function 또는 update-function-code 명령에 --publish 매개변수를 사용하면 된다.

```
# aws lambda create-function
--function-name myNewFunction
--zip-file fileb://myNewFunction.zip
--role arn:aws:iam::001234567890:role/basic-lambda-role
--handler index.myHandler
--runtime nodejs4.3
--memory-size 128
--publish
```

두 번째는 publish-version 명령을 사용해 명시적으로 함수 버전을 발행하는 방법이다. 하지만 우선 list-versions-by-function 명령으로 함수의 버전 목록을 출력하자.

```
# aws lambda list-versions-by-function
--function-name myCalculatorFunction
```

다음 화면과 유사한 결과가 출력될 것이다.

출력 결과를 보면 계산기 예제에 두 개의 버전이 존재한다는 사실을 알 수 있다. 각 버전에는 고유한 ARN 값이 있으며 해당 ARN을 통해 특정 버전의 함수를 호출하는 데 사용할 수 있다.

함수가 실제로 변경되지 않으면 버전 또한 변경되지 않는다. 따라서 새로운 버전을 만들려면 [$LATEST] 버전에 약간의 변경 작업이 필요하다. AWS 관리 콘솔을 사용해 코드의 매개변수를 조정하거나 텍스트 값을 변경하자. [$LATEST] 버전에서 수정한 변경 사항을 저장하고 CLI에서 다음 명령어를 입력한다.

```
# aws lambda publish-version
--function-name myCalculatorFunction
--description "A second version created by CLI"
```

실행에 문제가 없다면 코드의 신규 버전은 다음 형식의 새로운 ARN 값을 갖는다.

```
arn:aws:lambda:[REGION]:[ACCOUNT_ID]:function:[FUNCTION_NAME]:[VERSION_NUMBER]
```

하지만 시간이 갈수록 함수에 여러 버전이 생기기 마련이다. 이는 문제의 소지가 충분한데, 특히 개발 혹은 운영 환경에 따라 함수의 버전을 변경해야 하는 환경에서 자주 발생한다. 이럴 때 별칭을 사용하면 도움이 된다. 별칭은 주어진 시점에 특정 Lambda 함수를 가리키는 단순한 지시어다. 기본적으로 함수를 호출하는 부분, 즉 호출자가 별칭을 사용한다. 별칭은 함수를 가리키고 있는 버전 값을 추상화한 단순한 이름값이다.

예를 들어 개발자가 기본 [$LATEST] 버전에서 코드를 편집하고 신규 버전 1로 만든다고 가정해보자. 이때 신규 버전 1에 DEV라는 별칭을 지정하면 호출 시 버전 1을 가리키는 DEV 별칭으로 호출할 수 있다.

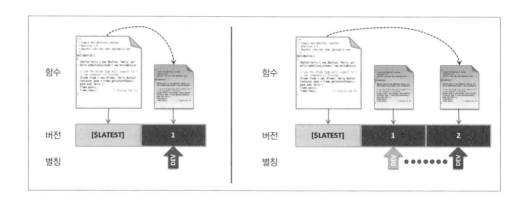

이제 개발자가 기존 버전에 있는 코드를 다시 수정하고 새로운 버전 2를 만든다고 생각해보자. 새 버전이 생성될 때마다 함수 호출 부분을 업데이트하기보다 조금 전 지정한 DEV 별칭을 버전 1에서 버전 2로 다시 매핑하면 된다. 이런 방식으로 개발자는 호출 부분을 변경하지 않고도 현재 함수 버전으로 별칭을 매핑하고 해제할 수 있다.

생성한 각 별칭은 개별 ARN 값을 갖는다.

별칭은 이벤트 소스 매핑을 단순화하는 데 도움이 된다. Lambda 함수의 ARN을 별칭으로 대체해서 개발자는 이벤트 소스 매핑을 더 쉽게 수행할 수 있다. 이제는 새 버전으로 업데이트할 때마다 함수의 ARN을 변경해야 할까 노심초사할 필요가 없다.

다음은 별칭의 ARN 형식을 보여준다.

```
arn:aws:lambda:[REGION]:[ACCOUNT_ID]:function:[FUNCTION_NAME]:[ALIAS]
```

언제든지 원하는 버전으로 별칭을 생성하고 함수를 지정하고 해제할 수 있다. 한 번 생성하면 변경할 수 없는 버전과 달리 별칭은 언제든지 변경할 수 있다. 이제 AWS 관리 콘솔과 AWS CLI를 사용해 별칭을 활용하는 예제를 살펴보자.

1. 먼저 Lambda 대시보드에서 별칭을 만들 함수를 선택한다. 여기서는 두 개의 버전을 만들 때 사용했던 계산기 코드 예제를 사용한다. **작업** 목록에서 **별칭 생성** 항목을 선택한다.

2. 적절한 이름과 설명을 입력하고 별칭을 연결하려는 버전을 선택한다. 여기서는 다음 화면과 같이 $LATEST 버전을 연결했다.

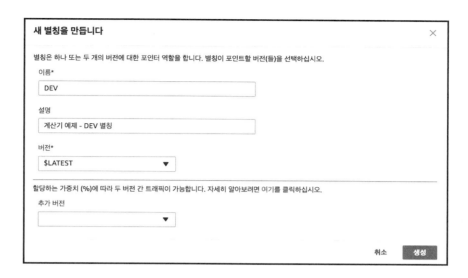

새 별칭을 만듭니다 ✕

별칭은 하나 또는 두 개의 버전에 대한 포인터 역할을 합니다. 별칭이 포인트할 버전(들)을 선택하십시오.

이름*

DEV

설명

계산기 예제 - DEV 별칭

버전*

$LATEST ▼

할당하는 가중치 (%)에 따라 두 버전 간 트래픽이 가능합니다. 자세히 알아보려면 여기를 클릭하십시오.

추가 버전

▼

취소 **생성**

3. **생성** 버튼을 선택해 별칭을 생성[2]한다.

작업을 완료하면 [$LATEST] 버전과 DEV 별칭이 연결된다. 이제 AWS CLI에서 별칭을 생성하고 관리할 때 사용할 수 있는 명령을 살펴보자. 먼저 계산기 함수의 버전 1에 별칭 PROD를 연결하자. 다음과 같이 create-alias 명령을 사용하면 된다.

```
# aws lambda create-alias
--function-name myCalculatorFunction
--name PROD
--function-version 1
--description "PROD alias for my function"
```

2   기본적으로 별칭은 단일 Lambda 함수 버전을 가리킨다. 하지만 2017년 11월 28일부터 함수 별칭에 가중치를 적용해서 함
수 버전 간에 트래픽을 분산할 수 있게 됐다. 해당 기능을 사용하면 버전 간에 Blue/Green 배포와 Canary Release 등 단계
별 배포 패턴을 손쉽게 구축할 수 있다. 자세한 사항은 https://aws.amazon.com/ko/about-aws/whats-new/2017/11/aws-
lambda-supports-traffic-shifting-and-phased-deployments-with-aws-codedeploy를 참고하자. – 옮긴이

새 별칭이 만들어지면 다음과 같이 list-aliases 명령을 사용해 함수에 연결된 모든 별칭을 출력할 수 있다.

```
# aws lambda list-aliases
--function-name myCalculatorFunction
```

다음 화면과 비슷한 결과가 출력될 것이다. 별칭마다 각기 다른 ARN 값과 매핑된 함수 버전을 확인하자.

```
"Aliases": [
    {
        "AliasArn": "arn:aws:lambda:us-east-1:8        7:function:myCalculatorFunction:DEV",
        "FunctionVersion": "$LATEST",
        "Name": "DEV",
        "Description": "DEV Alias for Calculator Function"
    },
    {
        "AliasArn": "arn:aws:lambda:us-east-1:8        7:function:myCalculatorFunction:PROD",
        "FunctionVersion": "1",
        "Name": "PROD",
        "Description": "PROD alias for my function"
    }
]
```

이제 코드와 구성 정보 등 이벤트 소스 매핑을 위한 ARN 값을 별칭으로 치환할 수 있으니 새로운 버전을 마음 놓고 생성할 수 있다. 이번엔 코드를 PROD 환경에 신규 버전 2로 발행해보자. 별칭 PROD를 update-alias 명령을 사용해 새로운 버전 2로 지정하면 된다.

```
# aws lambda update-alias
--function-name myCalculatorFunction
--name PROD
--function-version 2
```

다시 한 번 list-aliases 명령을 실행해 변경 사항을 확인해보자. 이번에는 함수의 이벤트 소스 매핑을 다루지 않았다. 환경변수를 추상화해서 함수의 새 버전에 별칭을 지정하기만 했을 뿐이다. 정말 간단하다!

지금까지 버전을 생성하고 별칭을 지정하는 방법을 살펴봤으니 이제 Lambda 함수에 환경변수를 사용할 수 있는 방법을 알아보자.

환경변수

환경변수를 사용하면 특수한 키와 값 쌍으로 함수 코드를 구성하거나 변수의 값을 동적으로 설정할 수 있다. 간단히 말해 Lambda 함수를 여러 환경에서 재사용할 수 있게 만드는 실용적인 방식이다. 환경변수를 이용하면 특정 구성 정보를 변경할 때마다 애플리케이션 코드를 수정하지 않아도 된다.

예를 들어 데이터베이스 문자열을 환경변수로 선언한 다음, 환경마다 필요한 값을 수정하는 것만으로도 개발, QA, 운영 환경에서 똑같은 Lambda 함수를 사용할 수 있다.

더욱 흥미로운 사실은 환경변수를 Lambda 함수 버전과 별칭에도 활용할 수 있다는 점이다. [$LATEST] 버전에서 필요한 자원 설정과 환경변수와 함께 새로운 복사본을 만들어둔다면, 필요할 때마다 환경별로 불변 스냅샷이나 똑같은 버전을 만들어 재사용할 수 있다. 간단한 코드 예제를 사용해 환경변수를 사용하는 방법을 알아보자.

```javascript
exports.myHandler = (event, context, callback) => {
  console.log(
    "시작 버전 : " + process.env.AWS_LAMBDA_FUNCTION_VERSION +
    ", 함수 이름 : " + context.functionName +
    ", 리전 : " + process.env.AWS_REGION);

  console.log('입력받은 이벤트 :', JSON.stringify(event, null, 2));
  var error;

  // 연산자는 +, -, /, *, add, sub, mul, div 값이 될 수 있다.
  if (isNaN(process.env.NUM1) || isNaN(process.env.NUM2)) {
    console.error("유효하지 않은 숫자");
```

```
    error = new Error("유효하지 않은 숫자");
    callback(error);
}
var res = {};
res.a = Number(process.env.NUM1);
res.b = Number(process.env.NUM2);

var result;
switch (process.env.OPERAND) {
  case "+":
  case "add":
    result = res.a + res.b;
    break;
  case "-":
  case "sub":
    result = res.a - res.b;
    break;
  case "*":
  case "mul":
    result = res.a * res.b;
    break;
  case "/":
  case "div":
    if (res.b === 0) {
      console.error("나눗셈의 제수는 0이 될 수 없다.");
      error = new Error("나눗셈의 제수는 0이 될 수 없다.");
      callback(error, null);
      //break;
    } else {
      result = res.a / res.b;
      //break;
    }
    break;
  default:
    callback("잘못된 연산자!");
```

```
        break;
    }
    console.log("결과 : " + result);
    callback(null, result);
};
```

보다시피 이전에 살펴본 계산기 코드 예제를 다양한 버전으로 사용하고 있다. 우선 코드는 `process.env.AWS_LAMBDA_FUNCTION_VERSION` 및 `process.env.AWS_REGION` 형태로 특정 값을 출력한다. 해당 값은 Lambda 함수 내부에 있는 특정 형태의 환경변수를 표시한다. 예를 들어 `AWS_LAMBDA_FUNCTION_VERSION`은 현재 실행 중인 함수 버전을, `AWS_REGION`은 함수를 실행하는 AWS 지역 정보를 출력한다. 또한 `LAMBDA_RUNTIME_DIR`을 사용해 실행 관련 정보도 얻을 수 있다. 다양한 환경변수를 사용하면 유용한 정보를 얻을 수 있다. Lambda가 제공하는 환경변수 목록을 더 알아보려면http://docs.aws.amazon.com/ko_kr/lambda/latest/dg/current-supported-versions.html을 참고하자.

다음으로 Node.js의 `process.env` 속성을 사용해 몇 가지 환경변수를 확인해보자. 해당 속성은 설정된 환경변수를 포함하는 객체를 반환한다. 환경변수를 설정하려면 AWS 관리 콘솔이나 CLI를 사용하면 된다. 우선 AWS 관리 콘솔을 살펴보자.

1. Lambda 대시보드에서 이전 예제에서 사용했던 계산기 함수를 선택한다.
2. 코드 편집기에 앞서 사용했던 코드를 복사해서 붙여 넣는다.
3. 환경변수 상자에 함수 실행에 필요한 키와 값을 설정한다.
   - NUM1: <정숫값>
   - NUM2: <정숫값>
   - OPERAND: <add>, <+>, <sub>, <->, <mul>, <*>, <div>, </>

▼ 환경 변수

환경 변수를 함수 코드에서 액세스할 수 있는 키-값 페어로 정의할 수 있습니다. 이렇게 하면 함수 코드를 변경하지 않고도 구성 설정을 저장하는 데 유용합니다. 자세히 알아보기

NUM1	8	제거
NUM2	5	제거
OPERAND	add	제거
키	값	제거

▶ 암호화 구성

4. 환경변수를 암호화하려면 키 관리 서비스인 AWS KMS^Key Management Service를 사용하면 된다. **암호화 구성**에서 설정할 수 있으며, AWS는 기본적으로 KMS 키를 만들어 환경변수를 암호화하고 복호화한다. 물론 직접 만든 KMS 키로 설정할 수도 있다.

5. 다음으로 **작업** 목록에서 **새 버전 게시** 항목을 선택한다. 새 버전을 위해 적절한 설명을 **버전 설명**에 적고 **게시** 버튼을 선택한다. 이제부터는 함수 버전을 변경할 수 없으므로 환경변수 또한 변경할 수 없다는 사실을 기억하자. 환경변수의 값을 변경하려면 함수의 새 버전을 만들어야 한다.

6. 새 버전이 만들어지면 이제 간단히 **테스트** 항목을 선택해 결과를 확인할 수 있다.

CLI를 사용한다면 다음과 같이 create-function 명령어를 사용하면 된다. 매개변수 --environment를 사용하면 환경변수를 전달해 함수를 만들 수 있다.

```
# aws lambda create-function
--function-name myCalculatorFunction
--zip-file fileb://myCalculator.zip
--role arn:aws:iam::001234567890:role/basic-lambda-role
--handler index.handler
--runtime nodejs4.3
--environment Variables="{NUM1=5,NUM2=6,OPERAND=add}"
--memory-size 128
```

이제 함수 작성에 필요한 핵심 개념을 살펴봤으니 마지막으로 Lambda 함수를 패키징하고 배포하는 방법을 알아보자.

▌ 패키징 및 배포

1장에서 이미 Lambda 함수를 패키징하고 배포하는 개념을 간단히 살펴봤다. 2장에서도 일부 언급했지만 이번에는 약간 다른 방식으로 접근하려 한다. 모든 단계를 처음부터 다시 다루기보다, 대신 간편하고 유용하게 사용할 수 있는 오픈소스 Lambda 배포 도구를 알아보자. 오픈소스 개발 도구를 사용한다니 이상하다고 생각할지 모르겠다. 그런데 안 될 이유라도 있을까?

개발자는 언제나 코드를 더 쉽고 편리하게 배포하고 관리하기를 원한다. 다수의 Lambda 프로젝트를 동시에 사용한다면 더욱 절실할 것이다. 개발 도구는 개발 시간을 단축할 뿐만 아니라 AWS 관리 콘솔이나 AWS CLI를 사용할 때 발생할 수 있는 오류를 줄여준다. 이번 절에서는 시장에서 선풍적인 인기를 끌고 있는 두 가지 도구인 APEX와 Claudia.js를 살펴보겠다.

APEX

APEX는 저자가 다뤄본 도구 중 가장 다양한 기능을 가진 간편한 배포 관리 도구다. 설치와 시작이 정말 간단하다. 주요 리눅스 배포판에서 APEX를 설치하려면 터미널에 다음 명령어를 입력하기만 하면 된다.

```
# curl https://raw.githubusercontent.com/apex/apex/master/install.sh | sudo sh
```

 Windows 환경에서도 APEX를 사용할 수 있다. 최신 APEX 릴리즈 버전은 https://github.com/apex/apex/releases에서 확인하자.

진행하기에 앞서 리눅스 워크스테이션의 ~/.aws/credentials 경로에 AWS 접근 키와 비밀 키가 설정돼 있는지 확인하자. 만일 EC2 인스턴스에서 수행한다면 EC2 인스턴스가 작업을 수행하는 데 필요한 Lambda 접근에 관련된 역할을 가졌는지 확인해야 한다.

APEX를 설치한 후 가장 먼저 해야 할 일은 Lambda 프로젝트를 만들고 초기화하는 일이다. 해당 프로젝트는 Lambda가 작업하는 데 필요한 함수와 기타 자원을 포함하는 상위 디렉터리다. 이를 위해 다음 명령어를 입력한다.

```
# mkdir workdir && cd workdir
# apex init -r us-east-1
// 함수를 us-east-1 지역에 배포한다고 가정했다.
```

명령어를 입력하면 적절한 프로젝트 이름과 설명을 입력하라는 메시지가 나온다. 이게 전부다! 프로젝트 이름과 설명을 입력하고 나면 APEX가 알아서 남은 작업을 수행한다. APEX는 Lambda가 함수를 실행할 수 있는 IAM 역할을 생성하고 CloudWatch에 로그를 출력할 수 있도록 CloudWatch 정책을 만들고, 마지막으로 project.json 파일과 Lambda 함수를 넣을 functions 디렉터리를 만든다.

project.json 파일은 함수 이름, 설명, 함수가 사용할 자원(기본값은 메모리 128MB, 시간 제한 5초) 등 함수의 메타데이터와 함수 실행에 필요한 IAM 역할을 포함한다. 물론 요구 사항에 따라 project.json 파일을 변경할 수 있다.

```
    Project name: apex-helloworld
Enter an optional description of your project.
    Project description: My first function deployed using Apex

[+] creating IAM apex-helloworld_lambda_function role
[+] creating IAM apex-helloworld_lambda_logs policy
[+] attaching policy to lambda_function role.
[+] creating ./project.json
[+] creating ./functions

Setup complete, deploy those functions!
```

프로젝트 디렉터리는 다음 그림과 유사할 것이다.

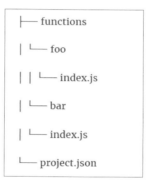

```
├── functions
│   └── foo
│   │   └── index.js
│   └── bar
│       └── index.js
└── project.json
```

기본적으로 APEX는 프로젝트 디렉터리에 index.js 파일을 만든다. 해당 파일은 node.js 기반의 간단한 hello world 코드다. 여기서는 Lambda 함수를 손쉽게 배포할 수 있다는 사실을 보여주기 위해 신뢰할 수 있는 해당 코드를 사용할 것이다. 배포를 위해 다음 명령어를 입력하자.

```
# apex deploy
```

정말 간단하다! 해당 명령어를 사용하면 APEX는 자동으로 함수를 업로드하고 실행 권한을 가진 IAM 역할을 할당한다. 게다가 버전까지 생성해준다! 하지만 아직 끝난 게 아니다. 다음 명령어로 함수를 호출하자.

```
# apex invoke hello
```

hello라는 이름은 functions/hello 디렉터리를 기반으로 한다. 처음 디렉터리를 초기화할 때 apex init 명령을 사용해 만들었다.

```
[root@YoYoNUX workdir]#
[root@YoYoNUX workdir]# apex deploy
   • creating function          env= function=hello
   • created alias current      env= function=hello version=1
   • function created           env= function=hello name=apex-helloworld_hello version=1
[root@YoYoNUX workdir]#
[root@YoYoNUX workdir]# apex invoke hello
{"hello":"world"}
[root@YoYoNUX workdir]#
```

다음 명령을 사용하면 함수 실행 로그를 확인할 수 있다.

```
# apex logs hello
```

APEX를 이용하면 훨씬 간단히 함수 업데이트를 할 수 있다. 단순히 코드를 수정하고 다시 배포하면 APEX가 자동으로 새로운 버전을 만들고 Lambda에 배포한다. 하지만 APEX의 핵심은 Java, Python, Golang 같은 다양한 언어로 작성된 함수를 패키징하고 실행할 수 있다는 점이다. Golang 라이브러리와 Node.js shim studio 인터페이스를 결합해 사용할 수 있다. 게다가 APEX는 롤백을 수행할 수도 있고 로그와 메트릭을 볼 수 있는 다양한 개발 도구도 제공한다. APEX의 특징과 기능을 더 알아보려면 http://apex.run을 참고하자.

Claudia.js

APEX와 달리 Claudia.js는 Node.js에서만 작동하며 코드를 변경하지 않고서도 Node.js 함수 생성, 배포 및 관리를 간소화한다. Claudia.js를 시작하기 위한 전제 조건은 APEX와 같다. 설치하고자 하는 워크스테이션의 ~/.aws/credentials 파일에서 AWS 접근 키와 비밀 키를 확인해야 한다. EC2 인스턴스에서 작업하려면 기본 권한을 가진 IAM 역할을 제공해야 한다. 준비가 완료되면 다음 명령어를 사용해 Claudia.js를 설치한다.

```
# npm install claudia -g
```

 로컬 개발 환경에서는 Node 4.x 버전을 설치해야 한다. 리눅스 배포판에 올바른 Node.js 버전을 다운로드하려면 https://nodejs.org/en/download/package-manager를 참고하자.

다음으로 별도의 작업 디렉터리를 만들고 간단한 hello world 예제를 위해 index.js 파일을 만든다.

```
# vi index.js
console.log('starting function')
exports.handle = function(e, ctx, cb) {
  console.log('processing event: %j', e)
  cb(null, { hello: 'world' })
}
```

Claudia.js를 사용해 함수를 배포하려면 다음 명령을 입력한다.

```
# claudia create --region us-east-1 --handler index.handle
```

module.method 형식을 일치시키려면 --handler 매개변수를 올바르게 지정해야 한다. 해당 예제에서 module은 index, method는 handle로 지정했다.

명령을 수행하면 Claudia.js는 코드를 검증하고 Lambda에 업로드한 다음, 실행을 위해 관련 IAM 역할을 할당한다. 이제 다음과 같이 간단한 명령으로 코드를 호출해보자.

```
# claudia test-lambda
```

```
[root@YoYoNUX claudia]#
[root@YoYoNUX claudia]# claudia test-lambda
{
  "StatusCode": 200,
  "Payload": "{\"hello\":\"world\"}"
}
```

배포와 호출을 완료했으니 이제 코드를 변경하고 새로운 버전을 만들어 업로드하는 작업도 비교적 쉽게 할 수 있다. Claudia.js가 제공하는 다양한 명령어와 패키징 옵션을 살펴보려면 https://claudiajs.com/documentation.html을 참고하자.

이제 마지막으로 Lambda 함수를 작성할 때 명심해야 할 모범 사례와 팁을 알아보자.

▌ 권장 사항 및 모범 사례

다음은 권장 사항 및 모범 사례다.

- **코드 최적화**: 구문론적으로 올바른 Lambda 함수를 작성하는 일과 최적화된 함수를 작성하는 일은 완전히 다르다. 예를 들어 함수 코드 밖에서 DynamoDB, SNS와 같은 외부 서비스를 초기화하는 일은 좋은 습관이다. 이유는 간단한데, Lambda가 코드를 실행할 때마다 기본적으로 컨테이너 위에서 동작하기 때문이다. 초기화 시점에 핸들러 외부 코드가 가장 먼저 실행된다. 다음번에 함수가

호출될 때 Lambda는 함수를 실행하기 위해 같은 컨테이너를 재사용하므로 결과적으로 외부 서비스를 다시 인스턴스화할 필요가 없어 자원과 시간을 절약할 수 있다.

- **버전 관리와 별칭**: 앞서 설명한 대로 버전 관리와 별칭은 Lambda 함수를 다양한 환경에서 사용할 때 활용할 수 있는 정말 중요한 도구다. 따라서 버전 관리를 자동화하고 배포 시 오류를 줄이는 데 도움이 되는 APEX 또는 Claudia.js와 같은 도구 사용을 권장한다.

- **환경변수**: Lambda 함수를 재사용할 수 있도록 환경변수를 활용하자. 추가로 함수 보안을 강화하기 위해 KMS 서비스나 사용자가 만든 키를 사용해 환경변수를 암호화할 수 있다.

- **보안**: 지금까지는 Lambda 함수를 VPC에서 실행하지 않고 AWS가 함수를 호스팅할 때 사용하는 사실상 표준인 VPC를 사용했다. 하지만 운영 환경에서는 Lambda 함수를 자체적으로 구성한 VPC와 함께 사용하는 것을 권장한다.

- **불충분한 IAM 권한**: 함수에 IAM 권한 및 역할을 만들고 할당할 때는 항상 최소한으로 권한을 지정하자. 또한 운영 환경에 AWS CloudTrail을 활성화해서 Lambda 함수를 감시하고 중요한 AWS 자원에 불법적인 호출이 있는지 탐색하는 것을 권장한다.

- **정확한 자원 할당**: Lambda의 가격 정책은 시간 제한과 함수에 제공하는 메모리 양에 따라 달라진다. 메모리뿐만 아니라 CPU와 네트워크 또한 전체 함수 성능에 영향을 줄 수 있다는 사실을 기억하자. 메모리를 추가하면 당연히 비용도 늘어난다.

- **모니터링 기능**: Lambda 함수는 한 번 배포하고 나면 신경 쓸 필요 없이 설계됐지만, 항상 다른 개발 도구나 서비스, CloudWatch Logs를 사용해 함수 실행을 모니터링하는 것이 중요하다. 함수 모니터링을 사용하면 코드를 효율적으로 최적화할 수 있다. 게다가 전체 실행 비용에 영향을 주는 함수의 자원 요건을 파악할 수 있어 Lambda 함수를 전략적으로 사용할 수 있다.

▌ 향후 계획 수립

3장으로 넘어가기 전에 저자가 권장하는 몇 가지 중요한 단계가 남아 있다. 여러분이 직접 APEX 또는 Claudia.js를 사용해 Lambda 함수를 생성하고 배포해보자. 이러한 과정을 통해 개발 도구를 이용한 함수 배포의 편리함과 버전 관리 및 별칭에 대한 이해를 넓힐 수 있을 것이다. 또한 APEX와 Claudia.js 외에도 `lambda-tools`, `gordon`, 그리고 나중에 다뤄볼 서버리스^{serverless} 등 다양한 배포 도구와 서비스가 있으니 살펴보자.

다음으로 프로그래밍 모델을 염두에 두고 Lambda 함수를 Java와 Python으로 개발해보자. APEX를 이용하면 golang을 사용한 함수도 배포할 수 있다. 자세한 내용은 https://www.wolfe.id.au/2016/08/13/bootstrap-an-apex-golang-project에서 확인하자. 무엇보다 중요한 일은 다른 언어로 같은 코드를 실행할 때의 성능을 확인하는 것이다. 성능을 확인하면 필요에 따라 적합한 함수를 개발하는 데 알맞은 언어를 선택할 수 있다.

▌ 요약

2장에서 배운 것을 요약해보자. 우선 Lambda 프로그래밍 모델을 들여다보고 예제와 함께 프로그래밍 구성 요소인 핸들러, 컨텍스트 객체, 오류 및 예외 처리를 살펴봤다. 다음으로 버전 관리와 별칭을 사용해 함수를 효과적으로 개발하는 방법을 다뤘다. 마지막으로 환경변수 사용법을 이해하고 Lambda 함수를 작성할 때 명심해야 할 권장 사항과 모범 사례를 살펴보며 2장을 마쳤다.

3장에서는 코드 테스트의 중요성을 알아보고 테스트 시 사용할 수 있는 유용한 도구와 프레임워크에 대해 배워보자. 다른 데 한눈팔 시간이 없다. 이제 시작에 불과하다!

03

AWS Lambda 함수 테스트

2장에서는 Lambda 함수를 작성하는 기본 방법과 컨텍스트 객체, 로깅, 예외 및 오류 처리로 구성된 Lambda의 독특한 프로그래밍 모델을 자세히 알아봤다. 또한 버전 관리 개념과 장점을 살펴보고 환경변수를 이용해 함수를 재사용할 수 있는 방법을 배웠다.

이제 한 단계 더 나아가 Lambda 함수를 작성하는 다양한 방법과 작성한 함수를 테스트하는 기법을 알아보자. 3장에서 다루는 내용은 다음과 같다.

- Lambda 함수 테스트의 필요성 이해하기
- Mocha 및 Chai를 사용해 간단한 테스트 작성하기
- Lambda 테스트 하네스 탐색하기
- Lambda 함수를 로컬 환경에서 테스트하기 위해 타사 도구 구현하기

Lambda 함수 테스트의 필요성

여러분이 테스트에 익숙하지 않거나 그동안 테스트 케이스를 작성하지 않았다면 "전 Lambda 함수를 개발하는 방법만 알고 싶은데 테스트하는 방법까지 알아야 하는 건가요?"라고 질문할 수도 있겠다. 글쎄, 그렇다고 대답할 수 있다. 테스팅은 코드 개발 시 매우 중요할뿐더러 항상 실시해야 한다. 테스트는 코드를 문서로 남길 수 있는 효과적인 방법이며 운영 환경에 정상 동작하는 코드만 배포할 수 있도록 보호 메커니즘 역할도 수행하기 때문이다. 코드를 테스트할 수 있는 방법은 여러 가지가 있지만 다음 그림에서처럼 테스트 피라미드^{Test Pyramid}로 간단히 나눠볼 수 있다.

 TIP 테스트 피라미드를 더 알아보려면 https://martinfowler.com/bliki/TestPyramid.html을 참고하자.

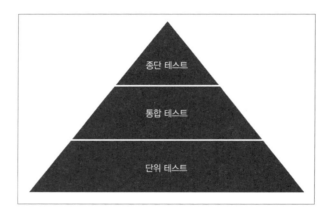

테스트 피라미드는 개발자가 Lambda 함수를 작성할 때 명심해야 할 기본 단계를 세 가지로 분류한다.

- **단위 테스트**^{Unit Tests} : 테스트 가능한 코드 중 가장 작은 부분을 애플리케이션의 나머지 부분과 분리한 다음, 해당 코드의 적절한 동작을 검증하기 위해 여러 테스

트를 수행하는 프로세스를 말한다. 테스트 가능한 각 코드 조각을 단위(unit)라 부른다.

- **통합 테스트**^{Integration Tests} : 이름에서 알 수 있듯 수많은 단위 코드를 효과적으로 결합한 다음 전체 시스템을 테스트한다. 통합 테스트의 주 목적은 단위 코드의 통합에서 발생하는 오류를 발견하는 데 있다.
- **종단 테스트**^{End to End Tests} : 애플리케이션이 처음부터 끝까지 예상대로 동작하는지 확인하고 다양한 시스템과 구성 요소 간에 데이터 무결성이 유지되는지 검증하는 과정이다.

저자는 Lambda 함수를 개발할 때 항상 단위 테스트와 통합 테스트를 작성한다. 단위 테스트는 개발 시스템에서 개별적으로 실행할 수 있다. 단위 테스트 단계는 단순히 코드의 개별 기능을 테스트하고 각 단위 코드가 예상대로 동작하는지 확인하면 된다. 하지만 통합 테스트는 일반적으로 AWS Lambda에 함수를 배포한 다음 전체 기능을 테스트해야 한다.

AWS 관리 콘솔을 사용해 수동으로 테스트하기

AWS 관리 콘솔을 사용해 수동으로 함수를 테스트하는 방법은 이미 살펴봤다. 다시 한 번 빠르게 살펴보자.

1. 수동으로 함수를 테스트하려면 Lambda 함수의 **이벤트 선택** 목록에서 **테스트 이벤트 구성** 항목을 선택하면 된다. 이번에도 신뢰할 수 있는 Calculator 코드를 사용하되 별칭은 PROD, 버전은 2를 가진 예제를 사용하자.
2. **테스트 이벤트 구성** 팝업창에 다음 화면과 같이 테스트 이벤트를 제공한다. 변수 operand에는 +, -, /, *, add, sub, mul, div 연산자를 사용할 수 있다.
3. 샘플 이벤트를 제공하고 **생성** 버튼을 누른다.

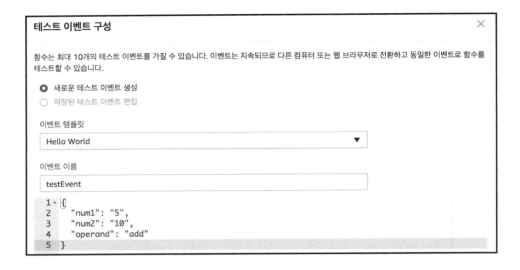

테스트가 잘 수행되면 실행 결과 영역에 성공이라는 메시지가 표시된다. 마찬가지로 **테스트 이벤트 구성** 옵션을 사용하면 Lambda 함수에 가상의 SNS 메시지부터 AWS Code Commit 저장소에 있는 커밋에 이르기까지 다양한 이벤트를 테스트할 수 있다. 하지만 테스트는 상당히 따분하고 시간이 오래 걸리는 작업이다. 코드를 개발하고 테스트, 실행하고 다시 처음부터 반복한다고 생각해보자. 버전이 여러 개라면 두말할 것도 없다. 다행히 Lambda는 실제로 코드를 배포하기 전에 함수를 테스트할 수 있는 몇 가지 간편한 방법을 제공한다. 이제 테스트를 쉽게 수행할 방법을 알아보자.

Mocha와 Chai를 사용해 테스트하기

Lambda 함수를 지속해서 배포하려면 가장 먼저 단위 테스트를 작성해야 한다. 가장 쉽고 간단한 방법 하나는 Mocha와 Chai라는 두 프레임워크를 조합해 사용하는 것이다. 우선, Mocha와 Chai 프레임워크를 자세히 설명하기 전에 신속히 살펴보기로 하자.

- **Mocha**: Mocha는 Node.js를 지원하는 간단한 테스트 프레임워크다. 쉽게 확장할 수 있고 신속한 테스트를 위해 만들어졌으며, 단위 테스트와 통합 테스트에

사용한다. 더 자세한 내용은 https://mochajs.org에서 알아보자. Mocha는 테스트가 기대하는 바를 코드에 describe 함수로 지정해 해당 테스트를 설명하는 독특한 기능을 제공한다.

```
describe('myLambda', function() {
  // 코드 어서션을 여기에 작성한다.
}
```

- Chai: Chai는 Mocha와 함께 동작하는 Node.js 기반의 행위 주도 개발[BDD, Behaviour Driven Development] 및 테스트 주도 개발[TDD, Test Driven Development] 어서션[assertion] 라이브러리[1]다. 자세한 정보는 http://chaijs.com/guide/styles를 참고하자. Chai는 테스트 결과의 동작을 검증하는 데 사용할 수 있는 표현식 어서션 유형을 제공한다.
  - assert
  - expect
  - should
  - difference

3장은 테스트의 중요성을 다루니 expect 인터페이스에 집중해보자. expect 인터페이스는 간단히 expect([1,2,3]).to.equal([1,2,3]) 같이 개별 어서션을 연결하는 방식으로 사용한다. Mocha의 describe문과 함께 사용하는 코드는 다음과 같다.

```
describe('myLambda', function() {
  it('myLamda에서 반환된 값 확인', function() {
    expect(retValue).to.equal('someValue');
  }
}
```

---

1 테스트 프레임워크는 개별 테스트를 위한 환경을 제공해주는 반면, 어서션 라이브러리는 주어진 조건의 유효성, 즉 참/거짓을 판별한다. 예제 코드에서 describe, it은 Mocha의 인터페이스를, exepct, to, equal은 Chai 인터페이스를 사용한다. - 옮긴이

Mocha도 어서션 모듈을 지원하지만 Chai가 더 확장성 있고 유연한 기능을 제공한다.

개발 서버에 Mocha와 Chai를 설치하는 방법은 정말 간단하고 쉽다. 먼저 코드와 테스트를 넣을 디렉터리 두 개를 만든다.

```
# mkdir code
# mkdir test
```

다음 명령을 사용해 Mocha 프레임워크와 Chai 라이브러리를 설치한다.[2]

```
# npm install mocha
# npm install chai
```

 개발 시스템에서 NPM 모듈을 공용으로 사용하려면 --global 매개변수를 사용하자.

필요한 패키지를 다운로드하면 다음으로 코드를 살펴보자. 이전에 만들어둔 code 디렉터리에 calculator.js 파일을 복사하고, test 디렉터리에는 새로운 파일을 만들어 다음 코드를 복사한다.

```
# vi test/calculatorTest.js
var expect = require('chai').expect;
var myLambda = require('../code/calculator');
var retError, retValue;
describe('myLambda', function() {
```

---

2   설치에 실패했다면 npm init 명령을 실행한 다음 시도해보자. – 옮긴이

```javascript
context('긍정 테스트 케이스', function() {
  before('myLambda 함수 호출', function(done) {
    var event = {
      num1: 3,
      num2: 2,
      operand: "+"
    };
    var context = {
      functionName: "calculator"
    };
    myLambda.handler(event, context, function(err, value) {
      retError = err;
      retValue = value;
      done();
    });
  });
  it('myLambda에서 오류가 반환됐는지 확인한다.', function() {
    expect(retError).to.be.a('null');
  });
  it('myLambda에서 반환된 값을 확인한다.', function() {
    expect(retValue).to.equal(5);
  });
});
context('부정 테스트 케이스 - 유효하지 않은 숫자', function() {
  before('myLambda 함수 호출', function(done) {
    var event = {
      num1: "num",
      num2: 2,
      operand: "div"
    };
    var context = {
      functionName: "calculator"
    };
    myLambda.handler(event, context, function(err, value) {
      retError = err;
      retValue = value;
```

```
        done();
      });
    });
    it('myLambda에서 오류가 반환됐는지 확인한다.', function() {
      //var retErrorString = retError.toString();
      expect(retError).to.equal("유효하지 않은 숫자");
    });
    it('myLambda에서 반환된 값이 undefined인지 확인한다.', function() {
      expect(retValue).to.be.an('undefined');
    });
  });
  context('부정 테스트 케이스 - 나눗셈 제수 0', function() {
    before('myLambda 함수 호출', function(done) {
      var event = {
        num1: 2,
        num2: 0,
        operand: "div"
      };
      var context = {
        functionName: "calculator"
      };
      myLambda.handler(event, context, function(err, value) {
        retError = err;
        retValue = value;
        done();
      });
    });
    it('myLambda에서 오류가 반환됐는지 확인한다.', function() {
      //var retErrorString = retError.toString();
      expect(retError).to.equal("나눗셈의 제수는 0이 될 수 없다.");
    });
    it('myLambda에서 반환된 값이 undefined인지 확인한다.', function() {
      expect(retValue).to.be.an('undefined');
    });
  });
  context('부정 테스트 케이스 - 유효하지 않은 연산자', function() {
```

```
before('myLambfa 함수 호출', function(done) {
  var event = {
    num1: 2,
    num2: 0,
    operand: "="
  };
  var context = {
    functionName: "calculator"
  };
  myLambda.handler(event, context, function(err, value) {
    retError = err;
    retValue = value;
    done();
  });
});
it('myLambda에서 오류가 반환됐는지 확인한다.', function() {
  //var retErrorString = retError.toString();
  expect(retError).to.equal("유효하지 않은 연산자");
});
it('myLambda에서 반환된 값이 undefined인지 확인한다.', function() {
  expect(retValue).to.be.an('undefined');
});
  });
});
```

최종 디렉터리 구조는 다음 화면과 비슷해야 한다.

```
ubuntu@ip-172-31-21-195:~/workdir$
ubuntu@ip-172-31-21-195:~/workdir$ tree -L 2
    ├── code
    │   └── calculator.js
    ├── node_modules
    │   ├── chai
    │   └── mocha
    └── test
        └── calculatorTest.js

5 directories, 2 files
ubuntu@ip-172-31-21-195:~/workdir$
```

설정을 완료 후 계산기 코드의 단위 테스트를 실행하려면 단순히 mocha라고 입력하기만 하면 된다. 정말 간편하다! 작업 디렉터리에서 mocha 명령어를 실행해보자. 문제가 없다면 화면에 여러 메시지가 출력되는데, 각 메시지는 calculator.js 코드에서 실행된 특정 테스트를 나타낸다. 그런데 출력되는 정보는 어디에 있는 걸까? 한 단계씩 살펴보자.

우선 Mocha와 Chai를 사용해 calculatorTest.js 코드의 단위 테스트를 작성했다. 코드의 도입부에서는 NPM 모듈인 Chia와 calculator.js 코드를 포함하고 있다.

```
var expect = require('chai').expect;
var myLambda = require('../code/calculator');
var retError, retValue;
```

그리고 myLambda 함수를 설명하기 위해 Mocha의 describe 함수를 사용했다. describe 함수는 첫 번째 인자로 간단한 문자열을, 두 번째 인자로 myLambda에서 기대하는 내용을 표시하는 함수를 받는다.

```
describe('myLambda', function() {
```

가장 먼저 테스트가 예상대로 동작하는 긍정 테스트[positive test]를 수행한다. 긍정 테스트는 단순히 계산기 코드를 실행할 수 있는 유효한 데이터를 제공하는 것에 불과하다.

myLambda는 비동기 함수로 expect 값을 검증하기 전에 먼저 실행해야 한다. 따라서 before() 함수와 done 매개변수를 사용한다.

event와 context 매개변수를 정의하고 myLambda 함수를 호출하면 콜백 함수를 통해 Mocha가 예상대로 동작했음을 알려준다.

```
context('긍정 테스트 케이스', function() {
  before('myLambda 함수 호출', function(done) {
    var event = {
```

```
      num1: 3,
      num2: 2,
      operand: "+"
    };
    var context = {
      functionName: "calculator"
    };
    myLambda.handler(event, context, function(err, value) {
      retError = err;
      retValue = value;
      done();
    });
  });
```

단위 테스트의 긍정 테스트 결과는 다음과 같다.

여기에서 chai 모듈의 expect 인터페이스를 사용해 오류와 결과를 확인한다.

```
it('myLambda에서 오류가 반환됐는지 확인한다.', function() {
  expect(retError).to.be.a('null');
});
it('myLambda에서 반환된 값을 확인한다.', function() {
  expect(retValue).to.equal(5);
```

```
      });
});
```

마찬가지로 긍정 및 부정[negative] 테스트 케이스에 더 많은 어서션을 추가하거나 각 테스트
의 매개변수를 변경해 calculator.js 코드가 예상대로 동작하는지 확인할 수 있다.

다음은 calculator.js 코드의 간단한 부정 테스트 예제다. 숫자가 아닌 값, 즉 잘못된 입력
값을 전달할 때 코드가 어떻게 동작하는지 확인해보자.

```javascript
context('부정 테스트 케이스 - 유효하지 않은 숫자', function() {
  before('myLambda 함수 호출', function(done) {
    var event = {
      num1: "num",
      num2: 2,
      operand: "div"
    };
    var context = {
      functionName: "calculator"
    };
    myLambda.handler(event, context, function(err, value) {
      retError = err;
      retValue = value;
      done();
    });
  });
  it('myLambda에서 오류가 반환됐는지 확인한다.', function() {
    //var retErrorString = retError.toString();
    expect(retError).to.equal("유효하지 않은 숫자");
  });
  it('myLambda에서 반환된 값이 undefined인지 확인한다.', function() {
    expect(retValue).to.be.an('undefined');
  });
});
```

해당 코드의 결과는 다음과 같다.

```
       부 정 테 스 트 케 이 스 - 유 효 하 지  않 은  숫 자
Lambda 함 수  calculator의  버 전  1
두  개 의  숫 자 와  하 나 의  연 산 자 를  받 는  예 제
Received event: {
  "num1": "num",
  "num2": 2,
  "operand": "div"
}
유 효 하 지  않 은  숫 자
    ✓ myLambda에서  오 류 가  반 환 되 었 는 지  확 인 한 다
    ✓ myLambda에서  반 환 된  값 이  undefined인 지  확 인 한 다
```

같은 방식으로 코드가 예상대로 동작하는지 검증하기 위해 단위 테스트를 추가할 수 있다. 이벤트에 변경 사항을 추가하고 결과를 확인해보자!

NPM 모듈을 사용해 테스트하기

Mocha와 Chai를 사용하면 여러 테스트를 할 수 있지만, 시간이 흐를수록 테스트 코드는 길고 복잡해질뿐더러 관리하기도 어려워진다. 특히 코드에 새로운 기능을 추가하고 전반적으로 테스트를 다시 수행하려면 문제가 발생할 수 있다. 따라서 수많은 검증 코드를 캡슐화하고 테스트 케이스 관리를 최소화하는 데 도움을 주는 더 간단하고 사용하기 쉬운 테스트 프레임워크가 필요하다.

이번에는 리차드 하야트[Richard Hyatt]가 만든 lambda-tester라는 프레임워크를 살펴보자. lambda-tester는 Node.js로 작성된 오픈소스로, NPM 모듈 형태로 제공돼 가볍고 기능 또한 풍부하다. 해당 모듈을 사용하면 Lambda 함수 작성 및 테스트 작업이 엄청나게 간단하다.

앞서 수행했던 Mocha와 Chai를 사용한 예제와 비교하면서 lambda-tester가 가진 특징과 장점을 알아보자. 개발 환경에 lambda-tester NPM 모듈을 설치하려면 터미널 창에 다음 명령을 입력하면 된다.

정말 간단하다! 이미 만들어둔 test 디렉터리에 다음 코드를 복사해 새로운 파일을 만들자.

```
# vi test/calculatorLambdaTester.js
const LambdaTester = require('lambda-tester');
var expect = require('chai').expect;
const myHandler = require('../code/calculator').handler;
describe('myHandler', function() {
  context('긍정 테스트 케이스', function() {
    it('테스트 성공', function() {
      return LambdaTester(myHandler)
        .event({
          num1: 3,
          num2: 2,
          operand: "+"
        })
        .expectResult(function(result) {
          expect(result).to.equal(5);
        });
    });
  });
  context('부정 테스트 케이스 - 유효하지 않은 숫자', function() {
    it('테스트 실패', function() {
      return LambdaTester(myHandler)
        .event({
          num1: 'num1',
          num2: 2,
          operand: "+"
        })
        .expectError(function(err) {
          expect(err.message).to.equal('유효하지 않은 숫자!');
        });
```

```
      });
    });

    context('부정 테스트 케이스 - 나눗셈 제수 0', function() {
      it('테스트 실패', function() {
        return LambdaTester(myHandler)
          .event({
            num1: 2,
            num2: 0,
            operand: "/"
          })
          .expectError(function(err) {
            expect(err.message).to.equal('나눗셈의 제수는 0이 될 수 없다.');
          });
      });
    });
    context('부정 테스트 케이스 - 유효하지 않은 연산자', function() {
      it('테스트 실패', function() {
        return LambdaTester(myHandler)
          .event({
            num1: 2,
            num2: 0,
            operand: "="
          })
          .expectError(function(err) {
            expect(err.message).to.equal('유효하지 않은 연산자');
          });
      });
    });
  });
});
```

지금까지 잘 따라왔다면 디렉터리 구조는 다음 화면과 비슷할 것이다.

```
ubuntu@ip-172-31-21-195:~/workdir$ tree -L 2
├── code
│   └── calculator.js
├── node_modules
│   ├── chai
│   ├── lambda-tester
│   └── mocha
└── test
    ├── calculatorLambdaTester.js
    └── calculatorTest.js

6 directories, 3 files
```

테스트를 실행하기 위해 다음 명령을 입력하자.

---

mocha test

실행 결과를 보면 Mocha와 Chai로 실행했던 테스트 결과와 거의 유사하다. 하지만 접근
방식에 상당한 차이가 있다. 코드를 보면서 Mocha와 Chai의 전통적인 접근법과 비교해보
자. 우선 선언 부분은 이전 테스트 예제와 거의 유사하다.

```
const LambdaTester = require('lambda-tester');
var expect = require('chai').expect;
const myHandler = require('../code/calculator').handler;
```

이전에 설명한 방식대로 myHandler 함수를 살펴보자. lambda-tester 모듈은 it 함수 내
부에서 사용한다. 여기서는 핸들러, 즉 callback(null, result)이 성공적으로 호출됐는지 검
증한다.

lambda-tester는 비동기 방식으로 동작하며 콜백을 중첩해 사용하는 프로미스(promise)
패턴을 이용한다. 따라서 프레임워크에 lambda-tester를 반환하는 것이 중요하다.

myHandler 함수를 호출하는 동안 테스트할 이벤트를 보낸 다음, Chai의 expectResult 함수를 사용해 테스트 결과를 예상했다. expectResult 함수는 callback(null, result)이 성공적으로 응답한다고 가정할 때 사용한다.

```
describe('myHandler', function() {
  context('긍정 테스트 케이스', function() {
    it('테스트 성공', function() {
      return LambdaTester(myHandler)
        .event({
          num1: 3,
          num2: 2,
          operand: "+"
        })
        .expectResult(function(result) {
          expect(result).to.equal(5);
        });
    });
  });
});
```

다음은 이전 코드를 실행한 결과다.

```
myLambda
    긍 정  테 스 트  케 이 스
Lambda 함 수  calculator의  버 전  1
두  개 의  숫 자 와  하 나 의  연 산 자 를  받 는  예 제
Received event: {
  "num1": 3,
  "num2": 2,
  "operand": "+"
}
결 과 : 5
        ✓ myLambda에 서  오 류 가  반 환 되 었 는 지  확 인 한 다
        ✓ myLambda에 서  반 환 된  값 을  확 인 한 다
```

마찬가지로 핸들러가 callback(error)을 호출하는 부정 테스트도 테스트할 수 있다. 실패 이벤트는 lambda-tester의 expectError 함수를 사용한다.

```
context('부정 테스트 케이스 - 유효하지 않은 숫자', function() {
  it('테스트 실패', function() {
    return LambdaTester(myHandler)
      .event({
        num1: 'num1',
        num2: 2,
        operand: "+"
      })
      .expectError(function(err) {
        expect(err.message).to.equal('유효하지 않은 숫자!');
      });
  });
});
```

다음은 코드를 실행한 결과다.

```
        부 정  테 스 트  케 이 스  -  유 효 하 지  않 은  숫 자
Lambda 함 수  calculator의  버 전  1
두 개 의  숫 자 와  하 나 의  연 산 자 를  받 는  예 제
Received event: {
    "num1": "num",
    "num2": 2,
    "operand": "div"
}
유 효 하 지  않 은  숫 자
       ✓ myLambda에서  오류가  반환되었는지  확인한다.
       ✓ myLambda에서  반환된  값이  undefined인지  확인한다.
```

Mocha와 Chai를 사용한 예제와 마찬가지로 나머지 기능도 테스트할 수 있다. 잠깐, 중요한 차이가 하나 있다. Mocha와 Chai로 작성한 테스트 코드는 총 119라인이지만, lambda-tester를 사용해 작성한 테스트는 58라인에 불과하다! 코드가 훨씬 깨끗하고 테스트하기 쉽단 점을 고려하면 정말 놀라울 따름이다!

▋ 서버리스 테스트 하네스를 사용해 테스트하기

지금까지 로컬에서 Lambda 함수를 테스트하기가 얼마나 쉽고 간단한지 알아봤다. 그런데 Lambda 함수를 클라우드 환경에 배포하고 나면 어떻게 테스트해야 할까? 이번에도 Lambda가 도와줄 테니 걱정할 필요 없다.

AWS에는 테스트 하네스[test harness][3] 함수라는 블루프린트를 제공한다. 테스트 하네스는 사용하기 쉽고, 사용자 입맛에 맞게 변경할 수 있다. 또한 테스트가 필요한 Lambda 함수의 단위 테스트 케이스를 호출하고 테스트 결과를 DynamoDB, Kinesis, S3 등에 저장할 수 있다. 테스트 하네스에서 가장 중요한 부분은 테스트를 위해 새로운 자원을 만들거나 테스트 종료 후 자원 관리 등 기본 인프라에 신경 쓸 필요가 없다는 점이다. 이러한 일들은 모두 Lambda가 처리한다!

이제 다음 단계를 따라가며 궁금증을 풀어보자.

1. AWS 관리 콘솔에 로그인한 다음 대시보드에서 AWS Lambda를 선택한다.
2. AWS Lambda 대시보드에서 **함수 생성** 버튼을 선택한다.
3. 블루프린트 선택 화면에서 필터 상자에 `lambda-test-harness`를 입력하고 해당 블루프린트를 선택한다.
4. 기본 정보 화면에서 적절한 함수 이름을 입력한다. 역할에는 다음 화면과 같이 미리 정의된 정책 템플릿인 **테스트 도구 권한**이 선택돼 있다. 역할 이름을 입력하고 **함수 생성** 버튼을 누른다.

---

3 시스템 및 시스템 컴포넌트를 테스트하는 환경 일부분으로, 테스트를 지원하는 목적에 따라 생성된 코드와 데이터 – 옮긴이

이제 테스트 하네스를 사용할 준비를 마쳤다. 하지만 실제 테스트 진행에 앞서 우선 단위 테스트 케이스 결과를 저장할 간단한 DynamoDB 테이블을 만들기로 하자. DynamoDB 테이블은 다음 두 가지 속성을 지정한다. 프로비저닝된 용량은 읽기 5개와 쓰기 5개가 필요하며, 기본 설정을 사용하면 된다.

- testId (문자열): 파티션 키
- iteration (번호): 정렬 키

테이블을 생성한 다음 테스트 하네스로 일부 기능을 테스트해보자. 테스트 하네스는 단위 테스트와 부하 테스트 두 가지 실행 방식을 제공한다. 두 가지 방식을 바꿔가며 사용할 수 있으니 먼저 단위 테스트를 살펴보자. Lambda 함수에서 단위 테스트를 수행하려면 테스트 하네스에 다음 정보를 전달해야 한다.

```
{
  "operation": "unit",
  "function": <테스트할 Lambda 함수 이름/ARN >,
  "resultsTable": <결과를 저장할 DynamoDB 테이블 이름>,
  "testId": <테스트 식별 ID>,
```

```
    "event": {<테스트할 함수에 전달할 이벤트>}
}
```

예제가 어떻게 동작하는지 간단히 살펴보자. 2장에서 calculator.js를 작성하고 Lambda 함수를 만들었다. 해당 예제를 재사용해서 코드가 예상대로 동작하는지 확인하기 위해 몇 가지 간단한 단위 테스트를 실행해보자.

우선 테스트 하네스 함수 화면에서 **이벤트 선택** 목록의 **테스트 이벤트 구성**을 선택한다. 이벤트 입력 항목에 다음 코드를 입력하고, function에는 계산기 함수의 ARN을 제공하자.

```
{
  "operation": "unit",
  "function": "arn:aws:lambda:us-east-1:01234567890:
  function:myCalculatorFunction:PROD",
  "resultsTable": "unit-test-results"
  "iteration": 1,
  "testId": "MyFirstRun1",
  "event": {
    "num1": 3,
    "num2": 7,
    "operand": "add"
  }
}
```

생성 버튼을 선택하고 테스트를 실행해보자. 그럼 테스트 하네스 함수는 계산기 함수를 호출하고 테스트 이벤트를 전달한다. 출력 결과는 이전에 생성한 DynamoDB 테이블에 기록된다.

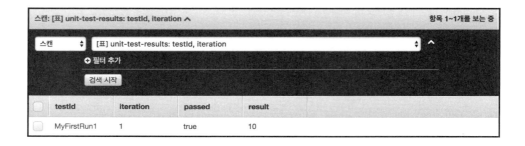

	testId	iteration	passed	result	
	MyFirstRun1	1	true	10	

이제 테스트 하네스 이벤트를 동작시킬 수 있을뿐더러 테스트 시나리오도 적절하게 수정할 수 있다. 예를 들어 iteration 값을 5 이상으로 변경해 같은 테스트를 여러 번 실행하거나 계산기 함수가 예상대로 동작하는지 확인하기 위해 event 값을 변경할 수 있다. 이번에는 다음 이벤트를 전달해 오류 메시지가 트리거되는지 확인해보자.

```
"event": {
  "num1": 8,
  "num2": 0,
  "operand": "div"
}
```

또한 같은 블루프린트 lambda-test-harness 함수를 사용해 부하 테스트를 실행할 수 있다. 기본 사항은 몇 가지 사소한 예외를 제외하고는 똑같다. 첫 번째 operation 매개변수는 이제 단위 테스트에서 부하 테스트로 변경된다. 하지만 event 항목에서는 부하 테스트에 사용할 같은 단위 테스트 케이스를 전달한다. 결과적으로 특정 부하 테스트를 병렬로 실행하는 10개의 함수가 있다.

```
{
  "operation": "load",
  "iterations": 10,
  "function": "lambda_test_harness", // 작성한 함수 이름
  "event": {
```

```
      "operation": "unit",
      "function": "arn:aws:lambda:us-east-1:01234567890:
        function:myCalculatorFunction:PROD",
      "resultsTable": "unit-test-results",
      "testId": "MyTestRun2",
      "event": {
        "num1": 8,
        "num2": 12,
        "operand": "+"
      }
    }
}
```

테스트를 완료하면 다음 화면과 같이 DynamoDB 테이블에서 부하 테스트 결과를 확인
할 수 있다.

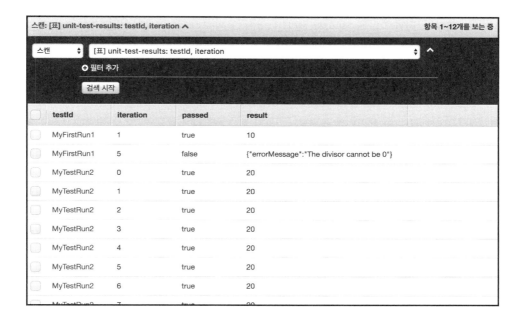

마찬가지로 해당 기능을 사용하면 AWS API Gateway 엔드포인트에서 POST 또는 GET 작업을 시뮬레이션해서 부하 테스트를 할 수 있다. 자세한 내용은 https://aws.amazon.com/blogs/compute/serverless−testing−with−aws−lambda를 참고하자.

 테스트 완료 후 DynamoDB 테이블을 정리해야 한다.

▌ 권장 사항 및 모범 사례

다음은 Lambda 함수를 테스트할 때 항상 염두에 두어야 할 일반적인 권장 사항과 모범 사례다.

- **가벼운 마음으로 테스트하지 말라**: Lambda 함수가 잘 동작하리라 가정하며 테스트하지 말자. 함수의 단위 테스트를 수행한 다음 통합 테스트도 수행해 모든 구성 요소가 예상대로 동작하는지 확인하자. 상황에 따라선 직접 실행해볼 수도 있다.
- **포괄적인 단위 테스트를 수행하라**: 항상 각 단위 테스트는 다른 단위 테스트와 독립적으로 실행할 수 있어야 한다. 게다가 차례대로 각 조건을 테스트해야 하며, 개별적으로 여러 번 실행한다 하더라도 같은 결과를 보장해야 한다.
- **코드의 논리적인 분리를 유지하라**: Lambda의 선언 부분에서 함수의 비즈니스 로직을 분리하는 게 좋다. 로직을 분리하면 코드를 테스트하기 더 쉽고 재사용할 수 있다.
- **로컬에서 기능 테스트를 수행하라**: 로컬에서 함수를 테스트하는 데 사용할 수 있는 다양한 도구와 NPM 모듈이 있다. 배포와 실제 런타임 중에 오류가 최대한 발생하지 않도록 항상 로컬에서 먼저 코드를 테스트하는 습관을 들이자.

- **모든 작업을 기록하라**: Lambda 함수를 개발하거나 테스트할 때 코드가 수행하는 모든 작업을 기록하자. 로깅은 코드 성능에 영향을 미치지만, 개발 및 QA 단계에서 중요하다.

▌ 향후 계획 수립

책 전반에 걸쳐 예제를 Node.js 중심으로 설명하고 있지만, 주요 개념과 용어는 AWS가 지원하는 다른 언어에도 똑같이 적용된다. 예를 들어 JUnit을 사용해 자바 함수 코드의 단위 테스트 또는 통합 테스트를 수행하고 Apache JMeter로 부하 테스트를 실행하는 등의 작업을 할 수 있다. 궁금하다면 직접 테스트해보자.

지속적 통합 및 배포를 의미하는 CICD^{Continuous Integration and Continuous Deployment} 파이프라인을 사용해 함수를 빌드 및 테스트하고 배포하는 과정을 완전히 자동화할 방법도 있다. 여기에는 Subversion이나 Git처럼 지속적인 통합 도구나 Jenkins 같은 자동화 서버의 사용 또한 포함한다. 흐름은 꽤 간단한데, 개발자가 Git으로 코드를 커밋할 때마다 코드 전체에 미리 정의된 단위 테스트를 수행하는 Jenkins 작업을 트리거하면 된다. 코드가 테스트를 통과한다면 다른 Jenkins 작업이 코드를 패키지로 묶고, 이를 새로운 버전의 Lambda 함수로 배포할 수 있다.

Jenkins와 AWS Lambda를 통합하는 자세한 방법은 https://wiki.jenkins-ci.org/display/JENKINS/AWS+Lambda+Plugin에서 제공하는 AWS Lambda 플러그인 페이지를 참고하자. 또한 AWS가 운영하는 블로그 https://aws.amazon.com/blogs/compute/continuous-integration-deployment-for-aws-lambda-functions-with-jenkins-and-grunt-part-2에서 Jenkins와 Grunt를 이용해 Lambda 함수에 간단한 CICD를 설정하는 방법을 소개하고 있다.

마지막으로, 모든 IDE 애독자를 위해 AWS는 AWS SDK를 Eclipse IDE와 통합할 수 있는 훌륭한 플러그인과 개발 도구를 제공한다. 많은 자바 기반의 Lambda 함수를 작성하고 해당 함수를 원격으로 배포하고 테스트할 때 유용하다. AWS에서 제공하는 상세 안내서는 http://docs.aws.amazon.com/ko_kr/toolkit-for-eclipse/v1/user-guide/lambda.html에서 확인하자.

▌ 요약

흥미로운 시간도 이제 끝나간다. 3장에서는 테스트의 중요성을 배우고 규칙적으로 테스트하는 습관을 길들여야 하는 이유를 알아봤다. 또한 Mocha와 Chai의 테스트 프레임워크 조합을 사용하거나 `lambda-tester-module`처럼 더욱더 간편하고 최근에 출시된 NPM 모듈을 활용해 효과적으로 테스트하는 방법을 배웠다. 게다가 AWS가 제공하는 테스트 하네스를 사용해 Lambda 함수에 단위 테스트와 부하 테스트를 수행하는 방법을 알아봤다. 마지막으로 권장 사항과 모범 사례, Lambda 함수와 함께 활용할 수 있는 여러 도구를 소개하는 것으로 3장을 마무리했다.

4장에서는 표준 컴퓨팅 인스턴스 중 가장 큰 장점 중 하나인 이벤트 중심 모델을 살펴보며 Lambda의 세계로 발을 더 내디뎌보자. 그럼 4장으로 넘어가자!

04

이벤트 중심 모델

지금까지 서버리스와 AWS Lambda를 살펴봤다. 그리하여 서버리스 아키텍처의 전체 개념을 이해하고 AWS Lambda와 함께 서버리스 컴퓨팅이라는 놀라운 세계로 풍덩 빠져들었다. 뿐만 아니라 Lambda 함수를 효과적으로 작성하고 개발, 패키징, 테스트하는 방법을 배우고 그 과정에서 몇 가지 권장 사항과 모범 사례를 살펴봤다.

4장에서는 Lambda의 일부 핵심 기능의 실제 동작 방식을 지금까지와는 다르게 설명하고자 한다. 예를 들면 트리거 기반의 Lambda 함수를 실행하는 방법을 알아본다. 4장에서 다루는 내용은 다음과 같다.

- 이벤트 중심 모델이란?
- 간단한 이벤트 중심 아키텍처와 Lambda의 이벤트 중심 모델 이해하기
- 기본 데이터 조작에서 자동화된 인프라 관리까지 아우르는 Lambda의 이벤트 중심 사례 살펴보기

그럼 본격적으로 시작해보자.

▌ 이벤트 중심 아키텍처 소개

지금까지 신뢰할 수 있는 계산기 예제 코드를 사용해 Lambda의 동작 방식을 이해했다. Lambda는 단순히 매개변수와 값을 입력으로 받아 실행한 다음 사용자가 원하는 결과를 제공한다. 다만 그 이면에는 코드를 실행하기 위해 제공한 입력값이 실제로 코드 실행을 트리거하는 이벤트 일부로 동작하고 있었다. 마찬가지로 특정 메시지나 이벤트가 생성될 때 Lambda 함수를 활성화하거나 트리거되도록 작성할 수 있다. 바로 이 부분이 Lambda가 전통적인 EC2 인스턴스보다 훨씬 유용하며 저자를 매혹시킨 가장 큰 이유 중 하나일 것이다! Lambda가 지원하는 다양한 트리거와 이벤트를 알아보기 전에 우선 이벤트 중심 아키텍처가 무엇이며 유용하게 사용할 수 있는 방법은 무엇인지 알아보자.

이벤트 중심 아키텍처EDA, Event-driven Architecture는 기본적으로 하나 이상의 이벤트 생성, 탐지, 소비 및 반응을 다루는 소프트웨어 아키텍처 패턴이다. 이벤트 종류는 단순한 메시지든 알림 호출이든 혹은 상태를 변경하든지 간에 무엇이든 상관없다. AWS Lambda의 경우 S3 버킷에 업로드되는 객체 또는 DynamoDB 테이블에서 삭제되는 행이 이벤트가 될 수 있다.

이벤트 중심 아키텍처는 일반적으로 이벤트 발생기event emitter, 이벤트 채널event channel, 이벤트 소비자event consumer라는 세 가지 필수 요소로 구성된다. 전체 프로세스 흐름은 다음 그림과 비슷하다.

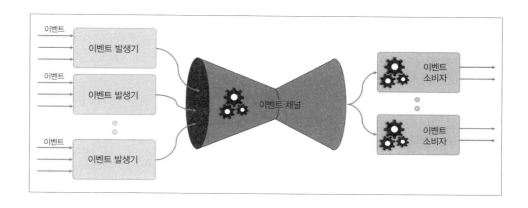

이벤트 발생기는 이벤트 중심 시스템에서 발생하는 상태를 변경하거나 이벤트를 수집한 다음 이벤트 채널로 이벤트를 보낸다. 이벤트 채널은 두 가지 용도로 사용된다. 첫 번째는 이벤트를 단순히 이벤트 소비자에게 전달하는 역할로, 해당 이벤트 소비자는 이벤트를 처리하거나 이벤트에 따라 행동하기 위해 대기한다. 채널의 두 번째 용도는 채널이 직접 이벤트에 반응해 이벤트를 사전 처리한 다음, 앞서 설명한 대로 최종 처리를 위해 이벤트 소비자에게 보낼 수 있다.

이제 이러한 기본 사항을 염두에 두고 AWS Lambda를 이해하기 쉬운 몇 가지 사용 사례와 함께 이벤트 중심 아키텍처를 다뤄보자.

▌ 이벤트와 AWS Lambda 이해하기

조금 전 설명한 대로 Lambda는 이벤트와 유사한 방식으로 동작한다. 예를 들어 이벤트 생성기와 채널은 Lambda 이벤트 소스로 동작하는 반면 지금까지 만들었던 함수는 이벤트 소비자로 동작한다.

대체로 이벤트가 특정 AWS 서비스 또는 애플리케이션 같은 외부 소스에서 트리거되면 해당 이벤트는 특정 Lambda 함수에 매핑돼 작성한 코드를 기반으로 수행된다. Lambda

함수에 일대일로 매핑되는 이벤트를 이벤트 소스 매핑^{Event Source Mapping}이라고 하며 이벤트가 발생할 때마다 Lambda 함수를 자동으로 호출한다.

Lambda가 지원하는 이벤트 소스는 크게 두 가지 범주로 나눌 수 있다.

- **AWS 서비스**: Lambda는 간단한 이벤트 중심 시스템을 개발할 때 쓸 수 있는 미리 구성된 이벤트 소스로 일부 AWS 서비스를 지원한다. S3, SNS, SES, Cognito, CloudFormation, CloudWatch 서비스는 비교적 일반적인 AWS 서비스로 분류된다. 반면 DynamoDB와 Kinesis는 Lambda가 특정 업데이트에 대한 스트림을 폴링하고 이벤트를 받아 해당하는 함수를 실행하도록 트리거되는 스트림 기반 서비스라 할 수 있다. 4장에서는 일반적으로 사용하는 AWS 서비스를 살펴보고, 클라우드 환경에서 간단한 작업을 수행하는 방법을 알아본다.
- **사용자 정의 애플리케이션**: 직접 이벤트를 만들 수 있는 독립적인 애플리케이션이나 외부 객체를 말한다. 단순한 웹 기반 애플리케이션이나 심지어 모바일 장치 또한 사용자 정의 애플리케이션에 해당한다.

이벤트 매핑 예제와 사용 사례를 살펴보기 전에 Lambda의 이벤트 매핑 시스템이 동작하는 아키텍처 패턴과 사용 사례를 빠르게 살펴보자.

Lambda 아키텍처 패턴

이번 절에서는 서버리스와 이벤트 중심 애플리케이션을 구축하기 위해 블루프린트로 활용할 수 있는 일반적인 Lambda 아키텍처 패턴을 살펴보자.

- **서버리스 마이크로서비스**: 마이크로서비스는 독립적이고 자급자족할 수 있도록 설계되고 개발돼 Lambda와 함께 실행할 수 있는 후보로 손꼽힌다. 마이크로서비스와 마찬가지로 Lambda 함수는 자체적으로 외부 소스에서 트리거될 때 한정된 시간 동안 독립적으로 실행되는 코드다. 다만 단위가 너무 세밀한 탓에 마이

크로서비스 개수와 이에 해당하는 Lambda 함수 개수가 지나치게 많다는 게 유일한 단점이다. 많은 함수를 관리하는 일은 함수를 변경하거나 새로 배치하는 일을 할 때 특히나 어려울 수 있다.

다음 그림은 API Gateway를 사용해 프론트엔드에서 마이크로서비스를, 백엔드에서 다수의 데이터베이스를 호스팅하는 Lambda 함수를 나타낸다.

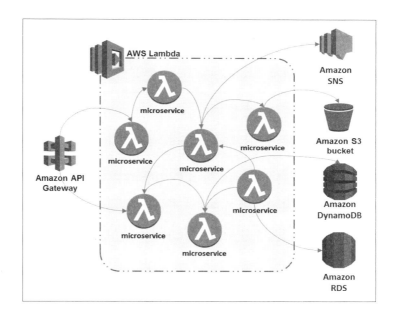

- **서버리스 다중 계층 애플리케이션**: AWS Lambda는 애플리케이션 비즈니스 로직을 호스팅하기에 안성맞춤인 플랫폼이다. 아마 가장 일반적으로 사용하는 아키텍처 패턴 중 하나일 것이다. Lambda는 다음 그림과 같이 정적 웹사이트 호스팅 형태로 S3에서 프리젠테이션 로직을 처리하고 백엔드로 DynamoDB, RDS에서 ElastiCache에 이르기까지 다양한 데이터베이스 서비스를 다룬다. 다시 말해 애플리케이션 로직을 실행하기에 더할 나위 없이 훌륭한 서비스다.

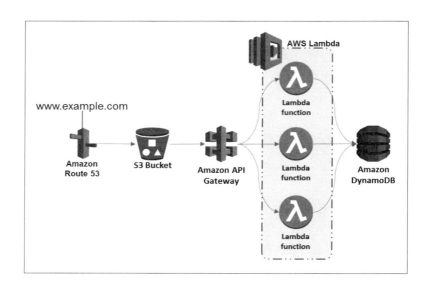

- **실시간 스트림 처리**: 스트림과 AWS라고 말하면 Kinesis라는 단어가 떠오를 것이다. AWS Kinesis는 대량의 스트리밍 데이터를 처리하고 분석해 애플리케이션을 설계 및 개발할 수 있도록 도움을 주는 강력하고 확장 가능한 솔루션이다. Lambda와 함께 사용하면 트랜잭션 처리, 로그 분석, 소셜 미디어 분석 등 다양한 상황에 적용할 수 있다!

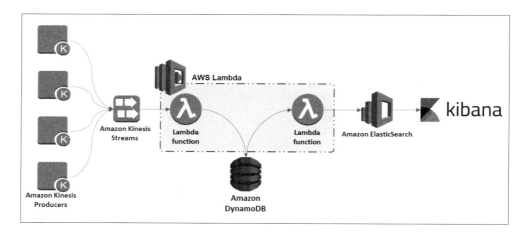

- **모바일 또는 IoT용 백엔드 서비스**: AWS Lambda는 IoT와 모바일 애플리케이션을 위한 백엔드 서비스를 완벽하게 지원하며, 개발하는 데 사용할 수 있다. 해당 패턴을 AWS API Gateway와 함께 사용하면 Lambda 함수를 호출하는 REST API를 만들 수 있을뿐더러 DynamoDB에 있는 데이터에 CRUD 연산을 수행하거나 SNS를 사용해 다른 사용자나 시스템에 알림 메시지를 전송할 수 있다.

이제 패턴을 숙지했으니 실제로 사용하기 쉽고 재미있는 이벤트 매핑 예제를 살펴보자.

■ AWS Lambda와 이벤트 매핑 알아보기

지금까지 특정 AWS 서비스를 Lambda 함수에 매핑할 수 있는 이벤트 매핑 개념을 배웠다. 이번에는 AWS 환경에서 유용하게 사용할 수 있는 실제 사용 사례를 통해 이벤트 매핑을 좀 더 알아보자.

Lambda와 S3 매핑하기

S3 버킷^bucket에 저장된 객체를 처리하는 Lambda 함수를 쉽게 작성하고 호출할 수 있다. 특정 행위에 대응하는 Lambda 함수를 트리거할 수 있게 알림을 구성하면, Lambda 함수는 해당 알림 집합을 사용해 트리거될 수 있다. 다음은 S3 버킷에서 함수를 트리거하는 데 사용할 수 있는 알림 구성 목록이다.

- put, post, copy 또는 completemultipartupload 연산을 사용해 버킷에 객체를 생성하는 경우
- delete 연산을 사용해 버킷에서 객체를 삭제한 경우
- ReducedRedundancy 저장소 옵션을 사용하는 버킷 집합에서 객체가 손실될 때

어떻게 동작하는지 궁금하지 않은가? 사실 아주 간단하다. 특정 S3 버킷에 이벤트 소스 매핑을 구성하려면 Lambda 함수에서 조금 전 얘기했던 알림 구성을 사용해 버킷으로 이벤트 소스 매핑을 설정한다. 그럼 S3는 트리거가 필요한 특정 이벤트를 위해 버킷을 감시하기 시작한다. 이벤트가 트리거되면 해당하는 알림 구성이 활성화돼 지정된 Lambda 함수를 호출한다.

이제 S3와 Lambda 간에 이벤트 소스 매핑의 간단한 예를 살펴보자. 단순한 이미지 변환 예제로 특정 S3 버킷, 즉 소스 버킷source bucket에 새로운 객체인 이미지 파일이 업로드되거나 생성될 때 트리거되는 예제를 알아보자. 기본 동작은 우선 S3에서 이미지를 다운로드하는 Lambda 함수를 트리거하고 이미지를 흑백, 음영 이미지 또는 투명 이미지로 변환한 다음 다른 S3 버킷, 즉 목적지 버킷destination bucket으로 새로운 이미지를 업로드한다.

해당 예제는 업로드된 이미지를 흑백으로 변환하거나 섬네일 이미지를 생성하는 등의 일부 이미지 변환 기술을 지원하는 단순한 웹사이트에 적용할 수 있다.

먼저 특정 사용 사례에 대한 설정을 살펴보자. APEX를 사용해 AWS Lambda에 함수를 배포할 것이다. 코드를 직접 업로드해도 되지만 여기서는 똑같은 코드 사용을 권장한다. APEX는 2장에서 살펴본 대로 이미 개발 서버에 설치했으니 바로 다음 단계로 넘어가자.

 APEX 설치와 구성은 http://apex.run 사이트를 참고하자.

APEX를 설치하고 설정까지 완료하면 작업할 디렉터리를 만들어야 한다.

APEX와 작업을 쉽게 할 수 있도록 간단한 디렉터리 구조를 만든다. 다음에 설명하는 구조와 비슷하게 만들거나 입맛에 맞게 적절히 구성할 수 있다. 여기서 사용할 디렉터리 구조와 사용 사례는 다음과 같다.

- apex: 기본 작업 디렉터리
- event_driven: 나중에 설명할 project.dev.json 파일을 포함한 프로젝트 디렉터리

- functions: 4장에서 살펴볼 모든 Lambda 함수를 포함한 디렉터리다. 해당 디렉터리는 여러 하위 디렉터리를 갖고 있고, 각 사용 사례에 따른 상위 디렉터리를 갖고 있다. 첫 번째로 살펴볼 사용 사례는 myS3ToLambdaFunc로, 현재로써 함수 디렉터리에 있는 유일한 하위 디렉터리다.
- myS3ToLambdaFunc 디렉터리 안에는 다음과 같이 함수 코드가 있는 index.js, 그리고 function.dev.json 파일과 node_modules 디렉터리가 위치한다.
  - index.js
  - function.dev.json
  - node_modules/

node_modules 디렉터리가 없다면 index.js 코드를 복사해 붙여 넣고 다음 명령을 실행해 코드 실행에 필요한 의존성을 설치하자.

```
# npm install async gm
```

index.js 파일에는 지정한 S3 버킷에 업로드되는 이미지를 변환하는 작업을 수행하는 실제 Lambda 함수를 포함한다.

이해를 돕기 위해 주요 코드를 살펴보자.

```
// 의존 라이브러리
var async = require('async');
var AWS = require('aws-sdk');
var gm = require('gm').subClass({imageMagick: true});
```

코드 시작 부분에는 수행에 필요한 변수, 즉 async 모듈과 실제로 이미지 변환 함수를 제공하는 ImageMagick 모듈을 정의한다.

```
var transformFunc = process.env.TRANSFORM_FUNC;
```

Lambda 환경변수를 사용해 이미지 변환 함수의 값을 설정한다. 해당 값을 기준으로 이미지를 흑백, 음영, 투명도 등의 옵션을 적용할 수 있다.

```javascript
exports.handler = function(event, context, callback) {
  // 이벤트 옵션을 읽는다.
  console.log("이벤트 옵션 : \n", util.inspect(event, {
    depth: 5
  }));
  var srcBucket = event.Records[0].s3.bucket.name;
  // 객체의 키에는 스페이스 또는 ASCII 이외에 유니코드 문자가 있을 수 있다.
  var srcKey = decodeURIComponent(event.Records[0].s3.object.key.replace(/\+/g,
  " "));
  var dstBucket = srcBucket + "-output";
  var dstKey = "output-" + srcKey;
```

Lambda를 호출하는 핸들러 함수를 선언한다. 핸들러 함수는 S3에서 이미지를 다운로드해서 버퍼에 담고, 이미지를 환경변수 env에서 설정한 옵션으로 변환한 다음, 목적지 S3 버킷에 이미지를 업로드한다. 목적지 버킷 이름은 ouput이라는 접미사가 붙는다.

```javascript
async.waterfall([
  function download(next) {
    // S3에서 다운로드한 이미지를 버퍼에 저장한다.
    s3.getObject({
      Bucket: srcBucket,
      Key: srcKey
    },
    next);
  },
```

다음 코드의 transform 함수는 이미지를 흑백, 음영, 투명 이미지 중 하나로 변환하는 함수다. 코드가 단순하지만 아무 문제없이 이미지를 변환할 수 있다.

```
function transform(response, next) {
  console.log("세 가지 이미지 변형 : 음영, 투명, 흑백");
  console.log("현재 이미지 변형 옵션 : " + transformFunc + ".");
  switch (transformFunc) {
    case "negative":
      gm(response.Body).negative()
        .toBuffer(imageType, function(err, buffer) {
          if (err) {
            next(err);
          } else {
            next(null, response.ContentType, buffer);
          }
        });
      break;
```

전체 코드와 예제에 필요한 파일은 https://github.com/PacktPublishing/Mastering-
AWS-Lambda에서 찾을 수 있다. 최종 디렉터리 구조는 다음과 같다.

실제 배포 프로세스를 살펴보기 전에 APEX와 관련된 몇 가지 중요한 파일과 함수 배포
방식을 검토해보자. 우선 project.dev.json 파일은 event_driven이라는 프로젝트 디렉
터리를 설명하는 파일이다.

```
{
  "name": "eventDriven",
  "description": "미리 구성된 트리거를 사용하는 이벤트 기반의 사용 사례",
  "profile": "example",
  "runtime": "nodejs4.3",
  "memory": 128,
  "timeout": 60,
  "role": "arn:aws:iam::<계정ID>:role/myApexLambdaProjRole",
  "environment": {}
}
```

여기서는 실행할 때 함수에 전달할 기본값을 설정하고 수정할 수 있다. 예를 들어 기본 메모리 양, 제한 시간 및 Lambda 함수가 사용자를 대신해 실행하기 위한 역할을 설정한다. 예제에서 사용하는 간단하고 최소화한 myApexLambdaProjRole 코드는 다음과 같다. 대부분 APEX가 해당 역할을 자동으로 설정하지 않으므로 사용자가 직접 역할을 설정해야 한다. 다시 말하면 서버리스 프레임워크와 개발 도구에 여전히 심각한 격차가 존재한다고 볼 수 있다. 현재로써는 역할을 수동으로 설정하거나 Terraform 또는 Ansible 같은 자동 배포 도구를 사용해 구성할 수 있다.

```
{
  "Version": "2012-10-17",
  "Statement": [
    {
      "Sid": "myLogsPermissions",
      "Effect": "Allow",
      "Action": [
        "logs:CreateLogGroup",
        "logs:CreateLogStream",
        "logs:PutLogEvents"
      ],
      "Resource": [
        "*"
```

```
        ]
    }
  ]
}
```

project.dev.json 파일이 프로젝트 레벨에서 작동하는 반면, 개별 함수인 functions 하위 디렉터리에서는 어떻게 동작하는지가 중요하다. 각 함수 디렉터리에는 function.dev.json 파일이 존재한다. function.dev.json 파일은 project.dev.json 파일과 유사하지만, 함수의 핸들러 정보와 런타임에 전달해야 하는 환경변수와 같은 필수 정보를 함께 전달해야 한다는 차이가 있다. 게다가 이를 실행하려면 특정 역할이 필요하다.

```
{
  "description": "S3를 트리거로 사용하는 Node.js로 작성된 Lambda 함수.
    S3에 업로드된 이미지를 변환해서 다른 S3로 업로드한다.",
  "role": "arn:aws:iam::<계정ID>:role/myLambdaS3FuncRole",
  "handler": "index.handler",
  "environment": {
    "TRANSFORM_FUNC" : "negative"
  }
}
```

function.dev.json 파일에는 S3에서 객체를 다운로드하고 업로드하기 위해 필요한 역할과 AWS CloudWatch에 쓰기 로그 권한을 가진 역할을 지정해야 한다. 이러한 작업은 역시 Terraform이나 Ansible을 사용해 자동으로 수행하거나 사용자가 직접 설정할 수 있다. 다음은 사용자의 필요에 따라 사용하고 수정할 수 있는 function.dev.role 코드다.

```
{
  "Version": "2012-10-17",
  "Statement": [
```

```
  {
    "Sid": "myLogsPermissions",
    "Effect": "Allow",
    "Action": [
      "logs:CreateLogGroup",
      "logs:CreateLogStream",
      "logs:PutLogEvents"
    ],
    "Resource": "arn:aws:logs:*:*:*"
  },
  {
    "Sid": "myS3Permissions",
    "Effect": "Allow",
    "Action": [
      "s3:GetObject",
      "s3:PutObject"
    ],
    "Resource": "arn:aws:s3:::*"
  }
  ]
}
```

소화할 게 많았지만 여러 단계를 거치고 나니 역할을 할당하고 작업할 수 있는 환경이 준비됐다. 이제 재미있는 부분만 남았다! APEX를 사용해 AWS Lambda에 함수를 패키지로 배포해보자. 다음 명령을 입력한다.

```
# apex --env dev deploy myS3ToLambdaFunc
```

 프로젝트 디렉터리인 event_driven에서 명령을 실행해야 한다.

배포를 완료하면 다음과 비슷한 출력 결과를 확인할 수 있다. 각 배포 단계에서 APEX는 이전에 살펴봤던 대로 자동으로 새로운 버전을 만든다.

```
ubuntu@ip-172-31-21-195:~/workdir/apex/event_driven$
ubuntu@ip-172-31-21-195:~/workdir/apex/event_driven$ apex deploy --env dev myS3ToLambdaFunc
 • creating function       env=dev function=myS3ToLambdaFunc
 • created alias current   env=dev function=myS3ToLambdaFunc version=1
 • function created        env=dev function=myS3ToLambdaFunc name=eventDriven_myS3ToLambdaFunc version=1
ubuntu@ip-172-31-21-195:~/workdir/apex/event_driven$
ubuntu@ip-172-31-21-195:~/workdir/apex/event_driven$ ▮
```

함수를 배포하고 나면 트리거 방식을 구성하는 일만 남았다. AWS 관리 콘솔에 로그인하거나 AWS CLI에서 설정하거나 Terraform으로 프로세스를 자동으로 구성할 수 있다. 가장 간단한 방법을 사용해 트리거를 생성하고 설정해보자. 우선 AWS 관리 콘솔에 들어가 Lambda 대시보드로 들어간다. 조금 전 배포한 함수를 선택하면 다음과 같이 **구성** 탭에서 트리거를 설정할 수 있다.

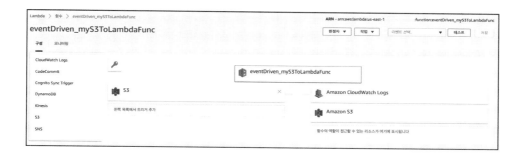

왼쪽 목록에서 S3를 선택해서 새로운 트리거를 만들자. S3 트리거를 선택하면 S3와 관련된 이벤트 속성값을 설정할 수 있는 창이 표시된다. 다음으로 S3와 관련된 이벤트 속성값을 설정해야 한다.

- **버킷**: 트리거를 사용하려는 버킷 이름을 선택하자. 예제에서는 이미지를 업로드할 lambda-image-processing-01 버킷과 변환한 이미지를 저장할 lambda-image-processing-01-output 버킷을 만들었다.

- **이벤트 유형**: Lambda 함수에 트리거할 적절한 이벤트를 선택하자. 새로운 객체나 이미지가 S3 버킷에 업로드될 때마다 함수가 실행돼야 하므로 **객체 생성됨(모두)** 옵션을 선택한다.

나머지 항목은 기본값으로 남겨두고, 잊지 말고 **트리거 활성화** 항목을 선택한 다음 **추가** 버튼을 선택한다. 이제 Lambda 함수가 S3 버킷에 매핑된다. 정말 간단하다! 이제 트리거가 잘 동작하는지 확인하기 위해 이벤트를 생성해보자. jpg 혹은 png 확장자를 가진 이미지 파일을 S3 버킷에 업로드하고 무슨 일이 일어나는지 지켜보자. Lambda 함수는 업로드한 이미지를 function.dev.json 파일의 환경변수에 설정한 내용대로 이미지 음영 negative을 원본과 반대로 변형해 목적지 버킷에 업로드한다.

계속해서 function.dev.json 파일의 환경변수를 negative에서 gray, transparent로 변경해가며 테스트해보자. 파일을 수정할 때마다 이전과 똑같은 방식으로 APEX 명령을 사용해 업데이트한 함수를 배포하면, APEX가 자동으로 패키지를 업로드하고 버전 관리까지 해준다! S3 버킷의 파일명은 업로드한 이미지 파일명에 output이라는 접미사가 붙으니 확인해보자. 업로드한 이미지 샘플은 다음과 같다.

업로드한 원본 이미지   투명(transparent)

음영(negative)   흑백(grayscale)

TIP   AWS CloudWatch Logs를 사용해 함수 실행 로그를 확인할 수 있다.

Lambda와 DynamoDB 매핑하기

AWS Lambda와 S3를 매핑하는 방법을 알아봤으니 이제 다른 서비스도 연결해보자. 이번엔 DynamoDB를 알아보겠다.

특정 DynamoDB 테이블에 업데이트가 발생하면 Lambda 함수를 트리거할 수 있다. 예를 들어 새로운 행이 테이블에 추가되면 Lambda 함수가 유효성 검사를 하고, 행이 삭제되면 사용자에게 알림을 보내는 등의 작업을 수행할 수 있다. 하지만 DynamoDB에 연결할 트리거를 생성하려면 S3와 달리 주의할 점이 있다. DynamoDB는 스트림 기반의 이벤트 소스라 우선 함수를 만들고 매핑하기 전에 DynamoDB 테이블에서 스트림을 활성화해야 한다. Lambda는 실제로 특정 스트림을 폴링해서 이벤트를 찾고 매핑된 함수를 호출한다.

Lambda 함수를 사용해 테이블에서 특정 데이터 열을 패턴별로 검사하는 방법을 살펴보자. 패턴이 유효하지 않으면 함수는 전체 데이터 행을 삭제하거나 무시한다. APEX를 사용해 함수를 배포해야 하므로 우선 설정을 위한 디렉터리가 필요하다. 이미 S3를 매핑하면서 작업 디렉터리와 프로젝트 디렉터리를 만들었으니 다음과 같이 예제를 위한 디렉터리를 만들자.

```
# mkdir ~/workdir/apex/event_driven/functions/myDynamoToLambdaFunc
```

생성한 디렉터리에 function.dev.json과 index.js 파일도 만들자. 예제별로 function.dev.json 파일이 독립적으로 동작하므로 파일에 다음과 같이 입력한다.

```
{
  "description": "DynamoDB를 트리거로 사용하는 Node.js로 작성된 Lambda 함수.
    삽입된 IP 주소의 값을 확인하고 유효하지 않으면 삭제한다.",
  "role": "arn:aws:iam::<계정ID>:role/myLambdaDynamoFuncRole",
  "handler": "index.handler",
  "environment": {}
}
```

코드가 너무 명백해서 따로 설명이 필요 없다. 다음으로 Lambda 함수가 DynamoDB 테이블과 폴링하며 상호작용할 수 있는 IAM 역할을 만들어야 한다. 역할은 Lambda 함수가 DynamoDB 스트림을 설명, 출력할 수 있을 뿐만 아니라 테이블에서 레코드를 가져오는 데 필요한 권한을 포함해야 한다.

```
{
  "Version": "2012-10-17",
  "Statement": [
```

```
  {
    "Sid": "myDynamodbPermissions",
    "Effect": "Allow",
    "Action": [
      "dynamodb:DescribeStream",
      "dynamodb:GetRecords",
      "dynamodb:GetShardIterator",
      "dynamodb:ListStreams",
      "dynamodb:DeleteItem"
    ],
    "Resource": [
      "arn:aws:dynamodb:us-east-1:<계정ID>:table/LambdaTriggerDB*"
    ]
  },
  {
    "Sid": "myLogsPermissions",
    "Effect": "Allow",
    "Action": [
      "logs:CreateLogGroup",
      "logs:CreateLogStream",
      "logs:PutLogEvents"
    ],
    "Resource": "arn:aws:logs:*:*:*"
  }
 ]
}
```

역할 구성을 완료했으니 이제 함수 코드를 간략히 살펴보자.

```
function isValidIPAddress(ipAddr, cb) {
  if (/^(25[0-5]|2[0-4][0-9]|[01]?[0-9][0-9]?)\.(25[0-5]|2[0-4][0-9]|
    [01]?[0-9][0-9]?)\.(25[0-5]|2[0-4][0-9]|[01]?[0-9][0-9]?)\
    .(25[0-5]|2[0-4][0-9]|[01]?[0-9][0-9]?)$/.test(ipAddr)) {
      cb(null, "유효한 IPv4 주소");
  } else {
```

```
    cb("Invalid");
  }
}
```

정규표현식을 사용해 제공된 IP 주소의 유효성 여부를 확인하는 코드다.

```
exports.handler = (event, context, callback) => {
  var ipAddr;
  var eventName;
  var tableName = "LambdaTriggerDB";
  event.Records.forEach((record) => {
    eventName = record.eventName;
    console.log("Event: " + eventName);

    switch (eventName) {
      case "MODIFY":
      case "INSERT":
        ipAddr = record.dynamodb.Keys.IP_ADDRESS.S;
```

여기서는 eventName이 MODIFY, INSERT, REMOVE인지 확인하고 각기 다른 동작을 실행하도록 구분한다. MODIFY 또는 INSERT 이벤트는 IP 주소의 유효성을 검사하고, 유효하지 않으면 DynamoDB 테이블에서 해당 레코드를 삭제한다. REMOVE 이벤트의 경우 아무것도 하지 않는다. 해당 작업을 수행하기 위해 간단한 switch 구문을 사용했다.

예제에서 사용하는 모든 설정 파일과 코드는 https://github.com/PacktPublishing/Mastering-AWS-Lambda에서 확인할 수 있다. AWS Lambda에 함수를 배포하기 위해 다시 한 번 APEX를 사용하자. 프로젝트 디렉터리에서 다음과 같이 APEX deploy 명령을 실행한다.

```
# apex --env dev deploy myDynamoToLambdaFunc
```

함수를 성공적으로 패키징하고 배포하면 이제 DynamoDB 테이블과 Lambda 트리거를 만들 수 있다. 테이블 생성은 간단하다. AWS 관리 콘솔에서 DynamoDB 항목을 선택한 다음, **테이블 만들기**를 선택해 다음과 같이 필요한 정보를 채우기만 하면 된다. 테이블 이름은 IAM 역할을 만들 때 명시한 이름과 똑같이 입력하고, 기본 키는 IP_ADDRESS라고 지정한 다음 속성을 문자열로 선택하고 **생성** 버튼을 누른다.

 DynamoDB 테이블과 Lambda 함수가 같은 리전에 있는지 확인하자.

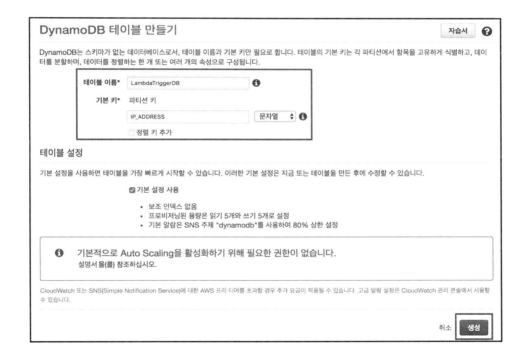

테이블을 만들고 나서 테이블 스트림 ARN을 복사해두자. 스트림 ARN은 다음 단계에서 테이블 스트림을 배포한 Lambda 함수에 매핑할 때 필요하다.

함수 트리거를 구성하기 위해 Lambda 대시보드에서 새로 만든 함수를 선택한다. 다음으로 이벤트 매핑을 구성하기 위해 **구성** 탭에서 왼쪽 트리거 항목에서 DynamoDB를 고른다. DynamoDB와 관련된 세부 사항은 다음을 참고해서 입력하면 된다.

- **DynamoDB 테이블**: 조금 전 만들었던 테이블 스트림을 선택한다.
- **배치 크기**: 함수 호출 시 테이블에서 검색하는 최대 레코드 개수로 적절한 값을 입력한다. 예제에서는 기본값을 선택했다.
- **시작 위치**: Lambda 함수가 읽기 시작해야 하는 스트림 내의 위치를 선택한다. 예제에서는 **최신**을 선택했다.

구성을 완료하기 전에 **트리거 활성화** 항목을 선택하고 **추가** 버튼을 누른다.

이제 함수를 테스트할 준비를 마쳤다. DynamoDB 테이블에 유효한 레코드를 추가하고 AWS CloudWatch Logs를 사용해 함수 로그를 확인해보자. 이상이 없다면 같은 방법으로 유효하지 않은 IP 주소를 추가해 테스트해보자. 마찬가지로 같은 방식으로 Dynamo

DB 테이블의 데이터를 검증할 수 있다. 또한 테이블에 있는 데이터를 처리해서 데이터를 삭제하거나 S3에 파일로 보관할 수도 있다.

Lambda와 SNS 매핑하기

DynamoDB에 이벤트를 매핑한 것처럼 AWS SNS와도 매핑할 수 있다. Lambda 함수는 기존 SNS 주제에 새로운 메시지가 발행될 때마다 트리거될 수 있다. 트리거된 Lambda 함수는 메시지 내용을 읽은 다음, 직접 처리하거나 SNS 알림을 사용할 수 있는 다른 AWS 서비스로 전달할 수 있다. SNS 이벤트 매핑을 사용하면 SNS가 Lambda 함수를 비동기 방식으로 호출한다는 점이 중요하다. Lambda 함수가 SNS 이벤트를 성공적으로 처리할 수 있으면 전송 상태를 성공으로 표시해 보낸다. 오류가 발생하면 SNS는 특정 함수를 최대 3번까지 호출한 다음 실패 메시지를 확인할 수 있도록 AWS CloudWatch에 로그를 전송한다.

이번에 살펴볼 예제는 사용자 등록 시 SNS 주제를 사용해 사용자 이름을 발행하는 과정을 단순하게 표현한 것이다. 트리거된 Lambda 함수는 SNS 주제의 메시지 페이로드를 읽어 주어진 사용자 이름을 MD5 체크섬으로 만들고, MD5 체크섬의 처음 10자를 DynamoDB 테이블에 기록한다.

시작하기에 앞서 다음 명령을 입력해 작업할 디렉터리를 만들자.

```
# mkdir ~/workdir/apex/event_driven/functions/mySnsToLambdaFunc
```

디렉터리를 만들고 나면 이번에도 어김없이 function.dev.json과 index.js 파일을 만들어야 한다. 기능별로 function.dev.json 파일이 독립적으로 동작한다는 사실을 잊지 말자. 파일 내용은 다음과 같다.

```
{
    "description": "SNS를 트리거로 사용하는 Node.js로 작성된 Lambda 함수.
       수신된 메시지의 MD5를 생성해 DB에 저장한다.",
    "role": "arn:aws:iam::<계정ID>:role/myLambdaSNSFuncRole",
    "handler": "index.handler",
    "environment": {}
}
```

다음으로 Lambda 함수가 CloudWatch에 로그를 생성하고 발행할 수 있는 권한, 그리고 특정 DynamoDB에 데이터를 추가할 수 있는 권한을 제공하기 위한 IAM 역할을 만든다.

```
{
    "Version": "2012-10-17",
    "Statement": [
        {
            "Sid": "myLogsPermissions",
            "Effect": "Allow",
            "Action": [
                "logs:CreateLogGroup",
                "logs:CreateLogStream",
                "logs:PutLogEvents"
            ],
            "Resource": [
                "*"
            ]
        },
        {
            "Sid": "myDynamodbPermissions",
            "Effect": "Allow",
            "Action": [
                "dynamodb:PutItem"
            ],
            "Resource": [
```

```
        "arn:aws:dynamodb:us-east-1:<계정ID>:table/LambdaTriggerSNS"
      ]
    }
  ]
}
```

APEX는 IAM 역할을 AWS IAM에 푸시하지 않기 때문에 작업을 수행하려면 다른 수단을 취해야 한다. 마지막으로 index.js 파일을 만들고 https://github.com/PacktPublishing/Mastering-AWS-Lambda에서 제공하는 코드를 붙여 넣자.

코드의 첫 번째 부분은 이해하기 쉽다. 메시지 문자열이 비어 있는지 혹은 정의돼 있지 않은지 확인하고 조건에 맞으면 callback()을 통해 간단히 메시지를 반환한다. 그렇지 않으면 전달된 메시지에 대해 MD5 체크섬을 생성하고 처음 10자를 잘라낸다.

```
function getMessageHash(message, hashCB) {
  if (message === "") {
    return hashCB("빈 메시지");
  } else if ((message === null) || (message === undefined)) {
    return hashCB("메시지 값이 없음! null 또는 undefined");
  } else {
    var crypto = require('crypto');
    var messageHash = crypto.createHash('md5').update(message).digest("hex");
    return hashCB(null, messageHash.slice(0, 10));
  }
}
```

다음은 DynamoDB 테이블에 데이터를 넣는 insert 함수 정의 부분이다.

```
function insertItem(insertParams, insertCB) {
  var AWS = require('aws-sdk');
  AWS.config.update({
    region: "us-east-1",
    endpoint: "http://dynamodb.us-east-1.amazonaws.com"
```

```
  });
  var dynamodb = new AWS.DynamoDB({
    apiVersion: '2012-08-10'
  });
  dynamodb.putItem(insertParams, function(err, data) {
    if (err) {
      insertCB(err);
    } else {
      insertCB(null, data);
    }
  });
}
```

마지막으로 함수의 핸들러를 정의한다.

```
exports.handler = (event, context, callback) => {
  var tableName = "LambdaTriggerSNS";
  var message, recordVal;
```

지금까지 잘 따라왔다면 작업 디렉터리는 다음 화면과 비슷할 것이다.

이제 함수를 패키징하고 AWS Lambda에 업로드할 준비가 됐다. 프로젝트 디렉터리에서 다음 명령을 실행하자.

```
# apex --env dev deploy mySnsToLambdaFunc
```

다음으로 간단한 DynamoDB 테이블을 생성하자. 테이블 이름에는 IAM 역할에 지정했던 LambdaTriggerSNS를 입력하고 기본 키는 userName으로 설정한 다음 **생성** 버튼을 눌러 테이블을 만든다.

마찬가지로 SNS 주제도 만들어보자. AWS 관리 콘솔에 로그인하고 SNS 서비스를 선택한다. 다음으로 SNS 대시보드에서 **주제 생성**을 선택하고 팝업창에서 생성할 주제 이름과 표시 이름을 입력하고 주제를 생성한다.

주제를 생성하면 이제 특정 주제를 Lambda 함수가 구독하는 일만 남았다. 새로 생성한 주제를 선택한 다음 **작업** 드롭다운 목록에서 **주제 구독**을 선택하면 다음과 같이 **구독 생성** 팝업창이 나타난다.

- **주제 ARN**: SNS 주제 ARN을 입력한다.
- **프로토콜**: 드롭다운 목록에서 AWS Lambda를 선택한다.

- **엔드포인트**: 드롭다운 목록에서 배포된 함수의 ARN을 선택한다.
- **버전 또는 별칭**: 예제에서는 기본값인 default로 설정했지만 $LATEST 플래그를 사용해 항상 함수 코드의 최신 버전을 가리킬 수 있다.

이제 Lambda 함수의 **구성** 탭으로 가서 트리거의 이벤트 매핑이 잘 이뤄졌는지 확인하자. SNS 트리거가 자동으로 구성돼 있어야 한다. 지금까지 많은 일을 했다! 이제 이벤트 매핑을 테스트해보자. SNS 대시보드에서 이전에 만들었던 주제로 메시지를 발행하기만 하면 된다. 메시지 내용에는 테스트할 사용자 이름을 입력한다. SNS가 메시지를 발행하면 자동으로 Lambda 함수가 트리거된다. 메시지 페이로드의 내용을 읽어 사용자 이름에 대해 MD5 체크섬을 만든 다음, 체크섬의 처음 10자를 이전에 생성해둔 DynamoDB 테이블에 저장할 것이다. AWS CloudWatch에서 함수 실행 로그를 보며 결과를 확인해보자.

Lambda와 CloudWatch 이벤트 매핑하기

CloudWatch 또한 AWS Lambda와 간단히 이벤트 매핑을 설정할 수 있다. 트리거된 이벤트를 기반으로 Lambda 함수를 실행하거나 CloudWatch 이벤트를 사용해 Lambda 함수를 스케줄링할 수 있다.

이번에는 CloudWatch 이벤트를 사용해 DynamoDB에 저장된 데이터를 주기적으로 S3에 백업하는 예제를 살펴보자. DynamoDB 데이터를 백업하는 방법에는 여러 가지가 있다. DynamoDB 테이블에서 데이터를 내보낸 다음, 데이터 파이프라인과 EMR 같은 서비스를 사용해 데이터를 저장할 수 있다. 하지만 이러한 접근법은 수백만의 데이터로 구성된 대규모의 데이터베이스에서나 유용하다. 고작 100~200행의 데이터를 가진 소규모의 DynamoDB 테이블에서는 주기적으로 실행되는 AWS Lambda를 사용하는 방법이 낫다. 테이블에서 CSV 파일로 데이터를 수집하고, 보관을 위해 S3에 업로드하는 간단한 함수를 작성해보자.

예제를 시작하기 전에 APEX에 필요한 프로젝트 디렉터리를 만들자.

```
# mkdir ~/workdir/apex/event_driven/functions/myCWScheduleToLambdaFunc
```

다음으로 함수 코드 정보와 관련된 function.dev.json 파일을 만든다.

```
{
  "description": "CloudWatch 예약 이벤트를 트리거로 사용하는 Node.js로 작성된 Lambda 함수.
    DynamoDB 테이블에서 데이터를 추출해서 S3에 넣는다.",
  "role": "arn:aws:iam::<계정ID>:role/myLambdaCWScheduleFuncRole",
  "handler": "index.handler",
  "environment": {}
}
```

이제 필요한 IAM 역할을 생성한다. 이전 단계에서 수행한 대로 IAM 역할 이름은 myLambdaCWScheduleFuncRole이라고 지정하자.

```
{
  "Version": "2012-10-17",
  "Statement": [
    {
      "Sid": "myLogsPermissions",
      "Effect": "Allow",
      "Action": [
```

```
        "logs:CreateLogGroup",
        "logs:CreateLogStream",
        "logs:PutLogEvents"
      ],
      "Resource": [
        "*"
      ]
    },
    {
      "Sid": "myS3Permissions",
      "Effect": "Allow",
      "Action": [
        "s3:PutObject"
      ],
      "Resource": [
        "arn:aws:s3:::dynamodb-backup-s3*"
      ]
    },
    {
      "Sid": "myDynamodbPermissions",
      "Effect": "Allow",
      "Action": [
        "dynamodb:Scan"
      ],
      "Resource": [
        "arn:aws:dynamodb:us-east-1:<계정ID>:table/LambdaExportToS3*"
      ]
    }
  ]
}
```

마지막으로 실제 함수 코드를 저장할 index.js 파일을 만든다. 필요한 파일과 전체 코드는 https://github.com/PacktPublishing/Mastering-AWS-Lambda에서 받을 수 있다.

```
console.log('함수 준비');
exports.handler = function(event, context, callback) {
  var csvExport = require('dynamodbexportcsv');
  var exporter = new csvExport(null, null, 'us-east-1');
  exporter.exportTable('LambdaExportToS3', ['userName'], 1,
    true, 250, 'lambda-dynamodb-backup-s3', '04-17-2017', function(err) {
    if (err) {
      console.log("테이블 데이터를 S3로 전송 실패! 오류 : " + err);
      return callback(err);
    }
    console.log("테이블을 S3로 업로드 성공!");
    callback(null, "성공");
  });
};
```

보다시피 코드가 간단해서 사용하기 쉽다. 코드를 살펴보면 dynamodbexportcsv라는 NPM 모듈을 사용한다. 해당 모듈은 DynamoDB 테이블의 데이터를 CSV로 내보낸 다음, 로컬 파일 시스템에 기록하거나 예제에서 수행하는 것처럼 S3에 스트리밍할 수 있다. 모듈은 실행을 위해 다음 매개변수를 받아서 exportable 함수를 호출한다.

- table: 데이터를 추출하는 데 필요한 DynamoDB 테이블 이름
- columns: 데이터를 추출할 열 이름
- totalSegments: 테이블에서 실행할 병렬 스캔 수
- compressed: GZIP 압축을 사용해 CSV 파일 압축 여부
- filesize: 각 파일의 최대 크기로 MB 기준으로 파일이 지정한 크기에 도달하면 파일이 닫히고 새로운 파일이 만들어진다.
- s3Bucket: CSV 파일을 스트리밍하려는 S3 버킷 이름으로 값을 제공하지 않으면 파일은 로컬 디렉터리로 대신 스트리밍된다.
- s3Path: 생성된 파일의 접두사로 사용한다.

- callback (err): 함수 실행 완료 후 실행하는 콜백 함수로, 성공 또는 실패에 따른 응답을 콜백으로 전달한다.

배포를 진행하기 전에 다음 명령을 사용해 프로젝트 디렉터리에서 필요한 NPM 모듈을 컴파일해야 한다.

```
# node index.js
```

 자세한 dynamodbexportcsv NPM 모듈 정보와 사용 방법은 https://www.npmjs.com/package/dynamodbexportcsv를 참고하자.

컴파일을 마치고 나면 다음 명령을 사용해 함수를 배포할 수 있다.

```
# apex --env dev deploy myCWScheduleToLambdaFunc
```

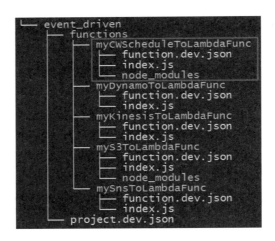

함수를 배포하고 나면 함수 실행을 스케줄링하는 CloudWatch 이벤트를 만들어보자.

AWS 관리 콘솔에 로그인한 다음 CloudWatch 항목을 선택한다.

CloudWatch 대시보드에서 **이벤트** 항목을 선택하고 **규칙 생성**을 선택해 스케줄러 구성 화면을 불러오자. 여기에서 함수를 트리거할 이벤트 소스를 구성할 수 있다. 예제에서는 **일정**을 선택하고 **고정 비율**에 실행 빈도를 1일로 설정했다. 원한다면 cron 표현식으로 구성할 수도 있다.

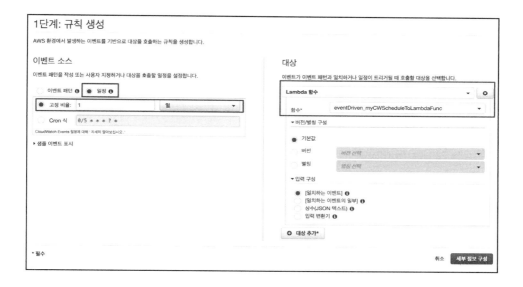

이벤트 소스를 구성하고 나면 **대상** 상자에서 Lambda 함수를 연결하자. 목록에서 Lambda 함수를 선택한 다음 트리거할 함수 이름을 지정한다. 버전과 별칭, 입력 구성도 설정할 수 있으니 참고하자. **세부 정보 구성** 버튼을 선택해 다음 단계로 넘어가자. **규칙 세부 정보 구성** 단계에서는 적절한 이름과 설명을 입력하고 활성 상태를 선택하고 **규칙 생성** 버튼을 선택한다.

이제 코드가 예상대로 동작하는지 테스트해보자. 먼저 DynamoDB에 LambdaExport ToS3라는 테이블을 만들고 기본 키를 userName으로 지정하자. 테이블에 임의로 몇 개의 행을 추가하면 CloudWatch 이벤트 규칙에 따라 지정한 예약 시간 기준으로 Lambda

함수가 트리거된다. 트리거된 Lambda 함수는 테이블 데이터를 추출해 S3 버킷에 CSV 형태로 업로드한다.

다음과 같이 CloudWatch Logs를 사용해 언제든지 결과를 확인할 수 있다.

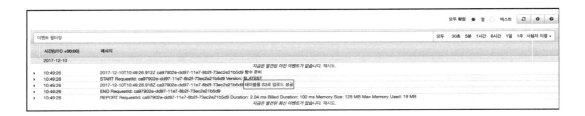

지금까지 살펴본 예제를 사용하려면 염두에 둘 사항이 있다. Lambda 함수의 제한 시간, 즉 최대 실행 시간이 5분 이내로 처리될 수 있을 만큼의 데이터가 존재할 때만 유용하게 쓰인다는 사실을 잊지 말자.

Lambda와 Kinesis 매핑하기

Kinesis는 DynamoDB와 마찬가지로 스트림 기반의 이벤트 소스를 제공하는 AWS 서비스다. 4장에서 마지막으로 살펴볼 예제지만 이번에도 역시 흥미로울 것이다. Kinesis와 AWS Lambda를 함께 사용하면 스트림 기반의 로그 데이터 처리, 트랜잭션 처리, 소셜 미디어 분석 등 다양한 분야에서 활용할 수 있어 실제 비즈니스 로직을 적용하기에 가장 적합하다.

Kinesis 또한 DynamoDB와 같은 방식으로 설정하면 된다. Kinesis 스트림을 만들고 특정 Lambda 함수에 스트림을 매핑하면 AWS Lambda가 해당 스트림을 폴링한다. 스트림에 단일 레코드 또는 배치 형태의 새로운 레코드가 추가되면 매핑된 Lambda 함수가 호출돼 코드를 실행하는 방식이다. 이번에 살펴볼 예제는 EC2 인스턴스에서 Kinesis를 사용해 Apache 웹 서버 로그를 스트리밍한다. Lambda 함수는 스트리밍되는 Apache 로그에서 오류를 발견하고 관리자에게 메일 알림을 보낼 것이다.

간단하게 두 부분으로 나눠 살펴보자. 첫 번째는 Apache, Kinesis 스트림, Kinesis 에이전트를 EC2 인스턴스를 설정하는 부분이고, 두 번째는 Lambda 함수 코드를 APEX를 사용해 패키징하고 배포하는 방법을 나타내는 부분이다.

Kinesis 스트림 생성

1. AWS 관리 콘솔이나 AWS CLI에서 `myKinesisStream`이라는 이름으로 간단한 Kinesis 스트림을 만들자. 샤드 수는 기본값인 1로 유지하고 스트림을 생성한다. 스트림 ARN은 다음 단계에서 필요하니 따로 기록해두자.

2. 다음으로 이전 예제에서 수행한 것과 같이 새로운 SNS 주제를 만들자. 이번에는 **주제 생성** 팝업창에서 다음과 같이 **프로토콜** 목록에서 Email을 선택하자. 이렇게 하면 Lambda 함수는 Kinesis 스트림에서 오류 로그를 받을 때마다 메일로 알림을 보낼 수 있다.

기본 설정을 완료하면 EC2 인스턴스를 구성해 스트림에 로그를 전송하자.

로그 스트리밍 설정

이번 예제는 Apache 웹 서버가 설치된 간단한 EC2 인스턴스를 사용한다. 로그를 생성할 수 있는 다른 소프트웨어를 사용해도 무방하다.

1. EC2 인스턴스에 접속해 httpd 패키지를 설치한다.

```
# sudo yum install httpd
```

2. 패키지를 설치하고 httpd.conf 파일을 편집해 error_log 파일 위치를 /tmp/ 디렉터리로 변경해야 한다. 우선 파일을 vi 편집기로 열자.

```
# sudo vi /etc/httpd/conf/httpd.conf
```

3. ErrorLog를 찾아 다음과 같이 /tmp 디렉터리 경로를 변경한다.

```
ErrorLog /tmp/logs/error_log
```

4. 변경을 완료하면 httpd 서비스를 재시작한다. 재시작에 실패하면 ErrorLog에 설정한 디렉터리를 만든 후에 다시 명령을 실행하자.

```
# sudo service httpd restart
```

5. 다음은 Kinesis 에이전트를 인스턴스에 설치하는 단계다. https://docs.aws.amazon.com/ko_kr/streams/latest/dev/writing-with-agents.html을 참고하자.

6. 에이전트를 설치하면 에이전트의 구성 파일에서 파일 패턴과 로그가 스트리밍할 Kinesis 스트림 이름을 편집하자.

```
{
  "CloudWatch.emitMetrics": true,
```

```
    "kinesis.endpoint": "kinesis.us-east-1.amazonaws.com",
    "flows": [
      {
        "filePattern": "/tmp/logs/error_log",
        "kinesisStream": "myKinesisStream"
      }
    ]
}
```

 kinesis.endpoint는 Lambda 함수가 위치한 리전과 같아야 한다.

7. 모든 구성을 완료하면 에이전트를 시작한다.

```
# sudo service aws-kinesis-agent start
```

 Kinesis 설정 파일을 변경할 때마다 서비스를 다시 시작해야 설정 파일 내용이 적용된다.

8. 이제 다음과 같이 Kinesis 에이전트 로그를 볼 수 있다.

```
# sudo tail -f /var/log/aws-kinesis-agent/aws-kinesis-agent.log
```

함수 패키징 및 업로드

Kinesis 스트림과 SNS를 사용해 메일 알림을 보낼 수 있는 로그 서버를 설정하고 나면 이제 APEX를 사용해 함수를 패키징하고 배포할 수 있다.

마찬가지로 우선 코드가 위치할 디렉터리를 만들어야 한다.

```
# mkdir ~/workdir/apex/event_driven/functions/mykinesisToLambdaFunc
```

다음으로 함수 코드와 관련 설명이 포함된 function.dev.json 파일을 만든다.

```json
{
  "description": "Kinesis를 트리거로 사용하는 Node.js로 작성된 Lambda 함수.
    스트림에서 수신한 오류 메시지를 SNS로 전송한다.",
  "role": "arn:aws:iam::<계정ID>:role/myLambdaKinesisFuncRole",
  "handler": "index.handler",
  "environment": {}
}
```

다음으로 myLambdaKinesisFuncRole이라는 IAM 역할을 만들어야 한다. AWS IAM 관리 콘솔이나 AWS CLI를 사용해 만들 수 있다. 역할은 기본적으로 Kinesis 스트림에서 레코드를 기록하고 가져올 수 있는 권한과 AWS CloudWatch에 로그를 생성하고 기록하는 권한, SNS 주제에 메일 알림을 전송하는 접근 권한이 필요하다.

```json
{
  "Version": "2012-10-17",
  "Statement": [
    {
      "Sid": "myKinesisPermissions",
      "Effect": "Allow",
      "Action": [
        "kinesis:DescribeStream",
        "kinesis:GetRecords",
        "kinesis:GetShardIterator",
        "kinesis:ListStreams"
      ],
      "Resource": [
        "arn:aws:kinesis:us-east-1:<계정ID>:stream/myKinesisStream"
      ]
```

```
    },
    {
      "Sid": "myLogsPermissions",
      "Effect": "Allow",
      "Action": [
        "logs:CreateLogGroup",
        "logs:CreateLogStream",
        "logs:PutLogEvents"
      ],
      "Resource": [
        "*"
      ]
    },
    {
      "Sid": "mySnsPermissions",
      "Effect": "Allow",
      "Action": [
        "sns:Publish"
      ],
      "Resource": [
        "arn:aws:sns:us-east-1:<계정ID>:myHTTPSns"
      ]
    }
  ]
}
```

마지막으로 실제 함수 코드를 저장할 index.js 파일을 만들자. 전체 코드와 관련 파일은 https://github.com/PacktPublishing/Mastering-AWS-Lambda에서 받을 수 있다.

유일하게 코드 수정이 필요한 부분은 다음과 같이 SNS 주제의 ARN을 제공해야 하는 핸들러 부분이다.

```
exports.handler = function(event, context, callback) {
  event.Records.forEach(function(record) {
```

```
var snsTopicArn = "arn:aws:sns:us-east-1:<계정ID>0:myHTTPSns";
// base64로 인코딩된 Kinesis 데이터를 복호화해야 한다.
var payload = new Buffer(record.kinesis.data, 'base64').toString('ascii');
console.log("복호화한 오류 로그 : ", payload);
console.log("SNS 주제 전송 - xyz@email.com로 메일을 보낸다.");
var snsParams = {
  Message: payload,
  /* required */
  Subject: 'HTTP Error',
  TopicArn: snsTopicArn
};
```

이제 다음 명령을 사용해 AWS Lambda에 함수를 배포한다.

```
# apex --env dev deploy myKinesisToLambdaFunc
```

다음과 같이 프로젝트 디렉터리에서 해당 명령을 실행해야 한다.

함수를 배포하고 남은 마지막 단계는 Kinesis 스트림을 사용해 함수의 이벤트 매핑을 설정하는 일이다. AWS Lambda 대시보드에서 새롭게 배포된 함수를 선택하고 **구성** 탭을 선택하자. 트리거 구성 화면에서 이전과 마찬가지로 Lambda 함수에 매핑할 Kinesis 서비스를 선택한다. 세부 항목은 다음과 같다.

- Kinesis **스트림**: 이전에 만들었던 Kinesis 스트림 이름을 선택한다. 스트림은 Lambda 함수가 위치한 리전과 같아야 한다.

- **배치 크기**: 우선은 기본값인 100으로 둔다.
- **시작 위치**: 시작 위치로 **최신**을 선택한다.

트리거 활성화 항목을 선택하고 트리거 설정을 완료하자. 이제 테스트를 위한 모든 준비는 끝났다! 브라우저 창을 열고 Apache 웹 서버 URL을 입력하자. 기본 시작 페이지가 표시돼야 한다. 이제 Aapache 웹 서버에서 오류가 발생하도록 URL에 몇 가지 추가 매개변수를 입력하자.

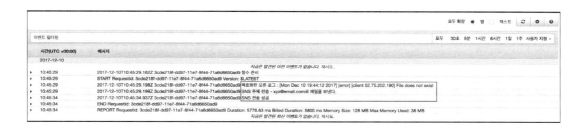

스트리밍되는 각 오류 메시지는 Lambda 함수를 트리거해서 주제를 구독한 관리자에게 메일을 전송한다. 마찬가지로 Kinesis와 AWS Lambda를 활용해 트랜잭션 데이터나 실시간 데이터 분석을 위한 소셜 데이터도 비슷한 방식으로 구성할 수 있다.

이제 5장으로 넘어가기 전에 마지막으로 AWS Lambda를 사용할 때 유념해야 할 중요 사항을 살펴보며 4장을 마무리하자.

▌ 향후 계획 수립

4장에서는 AWS Lambda와 함께 활용할 수 있는 재미있는 예제를 다양하게 살펴봤다. 하지만 아직도 AWS Lambda와 이벤트 매핑을 할 수 있는 AWS CodeCommit, AWS Config, AWS Echo, AWS Lex, AWS API Gateway 같은 다양한 서비스가 존재한다. 다른 서비스도 살펴보며 간단하고 재사용 가능한 Lambda 함수를 직접 만들어보자.

중요한 사실을 하나 언급하자면 AWS Lambda가 지원하는 이벤트 소스 기반의 유용한 샘플 이벤트가 여럿 있다. 기본 템플릿으로 샘플 이벤트를 사용하면 이벤트 매핑을 사용한 코드를 테스트할 수 있을뿐더러 처음부터 트리거를 사용하지 않고도 코드를 효과적으로 테스트할 수 있다. 더 자세한 내용은 http://docs.aws.amazon.com/ko_kr/lambda/latest/dg/eventsources.html을 참고하자. 단, 이벤트 매핑과 트리거는 AWS에서 처리되지만, 여전히 함수 실행과 로그 모니터링은 사용자 몫이라는 사실을 잊지 말자.

▌요약

드디어 4장이 끝났다! 1장부터 지금까지 작게나마 Lambda 함수를 살펴봤다. 지금쯤 AWS Lambda의 개념을 이해하고 AWS Lambda가 지닌 진정한 역량과 잠재력을 파악했을 것이다. 이제 지금까지 배운 내용을 요약하며 4장을 마치기로 하자.

4장에서는 이벤트 중심 시스템의 개념과 실제 동작 방식을 살펴봤다. Lambda 아키텍처 패턴을 이해하기 위해 간단한 예제를 살펴보고, 마지막으로 사용하기 쉬운 실사용 예제를 통해 Lambda가 이벤트 매핑으로 동작하는 방법을 자세히 알아봤다.

5장에서는 Lambda 함수를 트리거해서 일부 작업을 수행하는 외부 서비스와 개발 도구를 살펴보며 이벤트 매핑에 대한 이해를 한층 더 높여볼 것이다. 계속해서 배워보자!

05

외부 서비스를 사용한 AWS Lambda 확장

4장에서는 Lambda 함수를 트리거 기반으로 활용하는 방법을 배웠다. 하지만 트리거를 발생시키는 이벤트는 모두 AWS 서비스 범주 안에 있었다. 그런데 외부 서비스 제공자 또는 타사 도구에서 트리거가 발생해도 Lambda가 적절히 처리할 수 있을까? 바로 이 부분이 이번 5장에서 살펴볼 내용이다.

5장에서 다루는 내용은 다음과 같다.

- 웹훅의 개념을 이해하고 원격에서 Lambda 함수를 트리거하는 방법
- Git, Teamwork, Slack 등 일반적으로 사용하는 타사 도구 및 서비스를 활용해 Lambda 함수를 트리거하는 방법
- 외부 애플리케이션에서 Lambda 함수를 트리거하는 방법

▌ 웹훅 소개

웹훅Webhook은 많은 개발자 사이에서 인기가 급속도로 퍼지고 있는 단순한 콜백이다. 웹훅은 Lambda 함수와 매우 유사하게 동작한다. 즉 특정 이벤트가 웹 애플리케이션에서 실행될 때 호출되는 방식이다. 따라서 웹훅은 데이터를 자주 폴링하는 전통적인 API를 사용하기보다는 실시간으로 데이터를 가져오는 다양한 웹 개발 사용 사례에 매우 적합하다.

 대부분의 API는 요청하면 응답이 오는 방식이지만 웹훅은 단순히 사용 가능할 때마다 응답을 보낸다.

웹훅이 동작하는 방식은 정말 간단하다. 웹훅을 사용하려면 IFTTT 또는 Zapier 등의 웹훅 제공 업체에 URL을 등록하면 된다. URL은 데이터를 수신해서 처리하는 애플리케이션 위치를 말한다. 간혹 데이터 수신이 필요한 상황을 웹훅 제공 업체에 알릴 수 있으며, 웹훅은 신규 데이터가 생길 때마다 등록한 URL로 데이터를 전송한다.

이제 일반적인 웹훅 예제 하나를 살펴보자. 우선 브라우저에서 깃허브 페이지에 접속한다. 저장소에서 Settings 페이지에 들어가면 다음과 같이 Webhooks 항목이 표시되며, Add webhook 버튼을 사용해 언제든지 새로운 웹훅을 추가할 수 있다. 또한 저장소에 코드 커밋 또는 푸시 등의 작업 시 이벤트를 수신하는 URL도 설정할 수 있다. 이벤트가 트리거되면 깃허브는 구독한 이벤트의 세부 사항을 설정한 URL에 POST 방식으로 요청한다. JSON이나 `x-www-form-urlencoded` 같이 요청 시 응답으로 받을 데이터 형식도 지정할 수도 있다. 이러한 방식으로 새로운 인프라를 구축하거나 복잡한 코드 통합 관리 없이도 임의의 다른 웹 서비스와 손쉽게 통합할 수 있다.

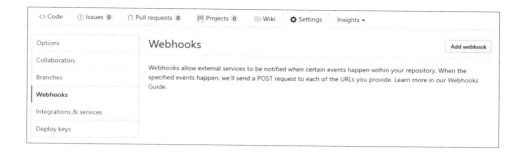

이처럼 5장에서는 웹훅을 효과적으로 사용해 타사 서비스와 사이트에 연결하고, Lambda 함수를 트리거하는 방법을 배워보자. 앞서 깃허브를 사용한 가벼운 예제를 살펴봤으니 이번에도 간단히 AWS Lambda와 웹훅, 그리고 깃허브 저장소 기능을 통합할 방법을 알아보겠다.

▌ Lambda와 GitHub 통합하기

본격적으로 진행하기에 앞서 이번 예제의 목적을 이해해보자. 우선 깃허브와 팀워크 Teamwork라는 두 개의 외부 서비스 도구를 사용할 것이다. 팀워크를 처음 접한 독자를 위해 살짝 언급하자면 팀워크는 기본적으로 프로젝트 관리 활동에 도움이 되는 생산성 및 커뮤니케이션 도구다. 더 자세한 내용은 https://www.teamwork.com을 참고하자.

이번 예제의 최종 목표는 깃허브 저장소에 새로운 이슈issue가 생성될 때마다 AWS Lambda를 이용해 팀워크에 자동으로 태스크task를 생성하는 과정을 살펴보는 것이다. 차례대로 생성된 각 이슈는 팀이 작업할 수 있게 팀워크 프로젝트에 관련 태스크가 만들어진다.

먼저 깃허브와 팀워크 계정이 필요하다. 팀워크 계정은 30일 동안 무료로 사용할 수 있으니 걱정하지 말고 시작하자!

첫 번째 단계는 SNS 주제를 만드는 작업이다. 왜 하필 SNS를 사용하느냐고 반문할지 모르겠다. 생각해보면 아주 간단한 문제다. Lambda 함수는 이벤트 페이로드를 보낼 수 있는 엔드포인트나 고유한 URL을 갖고 있지 않다. 즉 깃허브와 같은 다른 타사 서비스가 구독할 수 있는 AWS 알림 서비스를 제공해야 하며, AWS Lambda와 결합해 트리거로 동작할 수 있어야 한다. SNS를 사용하자!

다음은 주제를 만드는 단계다.

1. AWS 관리 콘솔에 로그인 후 메인 페이지에서 SNS 서비스를 선택한다.
2. SNS 대시보드 좌측에 있는 탐색창에서 **주제** 항목을 선택한다.
3. **주제 생성** 버튼을 선택하고 팝업창에서 **주제 이름**, **표시 이름**에 적절한 이름을 입력한다. 완료하면 **주제 생성** 버튼을 선택해 주제를 생성한다.
4. 새로 생성된 주제를 확인하고 주제 ARN을 기록해두자.

SNS 주제를 생성했으면 다음은 깃허브에서 SNS 주제로 메시지를 발행할 때 사용하는 별도의 사용자를 만드는 단계다.

1. IAM 대시보드에서 Users 항목을 선택한 다음 Add user 버튼을 선택한다.

2. 사용자 이름을 입력하고 Programmatic access 체크박스를 선택한 다음 Next: Permissions 버튼을 누른다.

3. 다음으로 해당 사용자에게 적용할 권한 설정 페이지가 나온다. 새로운 정책을 만들기 위해 Attach existing policies directly 항목을 선택한 다음 Create Policy 버튼을 누르면 새 창이 열린다. Create Your Own Policy 항목을 선택하고 적절한 Name과 Description을 입력한다. Policy Document에는 다음 정책 코드를 입력해야 한다. Resource 필드는 여러분이 생성한 SNS ARN을 정확히 입력해야 한다.

```
{
  "Version": "2012-10-17",
  "Statement": [
    {
      "Sid": "mySnsPermissions",
      "Effect": "Allow",
      "Action": [
        "sns:Publish"
      ],
      "Resource": [
        "arn:aws:sns:us-east-1:<계정ID>:myGitSNS"
      ]
    }
  ]
}
```

4. 정책을 만들고 나면 IAM 관리 콘솔로 돌아가 조금 전 생성한 정책을 선택하고 Next: Review 버튼을 누른다. 설정이 올바르게 적용됐는지 확인하고 Create user 버튼을 눌러 사용자 생성 단계를 완료한다. 사용자 생성 후 콘솔에 표시되는

Access key ID와 Secret access key를 기록해두거나 CSV 파일로 받아두자.

AWS 서비스의 기본 구성을 완료했으니 이제 깃허브 저장소 구성 방법을 살펴보자. 우선 깃허브 계정으로 로그인하고 AWS Lambda와 연결하기 위한 저장소를 선택한다.

1. 저장소의 **Settings** 탭에서 좌측에 위치한 **Integration and services** 항목을 선택한다.

2. **Add service** 버튼을 선택해 다음과 같이 Amazon SNS 항목을 선택한다.

3. **Add Amazon SNS** 대화 상자에서 이전에 만들었던 AWS 사용자의 접근 키와 SNS 주제 정보를 **Aws key, Aws secret, Sns topic, Sns region** 항목에 입력한다. 마지막으로 **Active** 체크박스의 활성화 여부를 확인하자. 활성화를 선택해야 해당 트리거가 호출될 때 서비스가 실행될 수 있다. 설정을 확인한 다음 **Add service** 버튼을 눌러 서비스 연결을 완료한다.

여기서 서비스 통합은 푸시 이벤트에만 응답하지만 모든 이슈와 풀 리퀘스트[Pull request] 이벤트 또한 응답이 필요하다는 점이 중요하다. 따라서 깃허브 API를 사용해 훅을 만들어야 한다. 다음은 저장소에 훅을 생성하는 간단한 Node.js 스크립트다. 훅을 생성하고 인증하려면 Github Personal access tokens가 필요하다. 이를 위해 깃허브 계정 설정 화면에서 다음 단계를 따르자.

1. Settings 탭으로 이동한 다음 좌측 패널에서 Developer settings 항목을 선택하면 Personal access tokens 항목을 볼 수 있다. 다음 화면과 같이 Generate new token 버튼을 선택한다.

Personal access tokens   Generate new token

Need an API token for scripts or testing? Generate a personal access token for quick access to the GitHub API.

⑦ Personal access tokens function like ordinary OAuth access tokens. They can be used instead of a password for Git over HTTPS, or can be used to authenticate to the API over Basic Authentication.

2. 대화 상자에 생성할 토큰 설명을 입력하고 목록에서 repo와 gist 항목을 선택한다. 마지막으로 Generate token 버튼을 누르면 화면에 토큰이 표시된다. 생성한 토큰을 저장해두자!

다음으로 Node.js 코드로 훅을 만들자.

```
var GitHubApi = require("github")
var github = new GitHubApi({
  version: "3.0.0"
})
var gitToken = process.env.gitToken;
github.authenticate({
  type: "oauth",
  token: gitToken
})
github.repos.createHook({
  owner: process.env.owner,
  user: process.env.user,
  repo: process.env.repoName,
  name: "amazonsns",
  config: {
    "aws_key": process.env.awsAccessKey,
```

```
    "aws_secret": process.env.awsSecretKey,
    "sns_topic": process.env.snsTopicARN,
    "sns_region": process.env.AWS_SNS_REGION || "us-east-1"
  },
  events: ["pull_request", "issues"]
}, function(err, result) {
  console.log(arguments)
});
```

보다시피 별도의 설명 없이도 코드를 이해할 수 있다. aws_key, gitToken 등 함수에 필요한 환경변수를 추가하고 createHook 호출을 사용해 이벤트로 pull_request와 issues 객체를 전달했다.

다음으로 가장 중요한 Lambda 함수를 만들어보자. 우선 함수에 지정할 역할을 다음과 같이 만든다.

```
{
  "Version": "2012-10-17",
  "Statement": [
    {
      "Sid": "myLogsPermissions",
      "Effect": "Allow",
      "Action": [
        "logs:CreateLogGroup",
        "logs:CreateLogStream",
        "logs:PutLogEvents"
      ],
      "Resource": [
        "*"
      ]
    },
    {
      "Sid": "myKMSPermissions",
      "Effect": "Allow",
```

```
    "Action": [
      "kms:Decrypt"
    ],
    "Resource": [
      "*"
    ]
  }
 ]
}
```

역할은 기본적으로 두 가지 작업, 즉 CloudWatch에 함수 로그를 추가하고 팀워크 태스크 생성에 사용하는 API 키를 복호화하는 데 필요하다.

처음부터 키를 암호화할 필요가 있을까? API 키는 중요하므로 KMS 키를 사용해 암호화한 다음, 사용하기 전에 코드에서 키를 복호화해야 한다. 사용하는 방법에는 약간의 차이가 있을지 몰라도 이러한 방식은 Lambda 함수에서 키를 처리하는 모범 사례라 할 수 있다. 역할을 만들고 나면 ARN 값을 기록해두자.

지금까지 APEX를 사용해 Lambda 함수를 만들었으니 이번에도 어김없이 APEX를 사용해보자. 우선 APEX에 필요한 프로젝트 디렉터리부터 만들자.

```
# mkdir ~/workdir/apex/event_driven/functions/myGitAWSIntegration
```

다음으로 function.dev.json 파일을 만들고 다음과 같이 함수 코드를 설명하는 요소를 입력한다.

```
{
  "description": "SNS 서비스를 통해 Git과 Lambda 간 통합을 보여주는
    Node.js로 작성된 Lambda 함수",
  "role": "arn:aws:iam::<계정ID>:role/myGitRole",
  "handler": "index.handler",
```

```
  "environment": {
    "kmsEncryptedAPIKey" : "<API 키>",
    "taskListID" : "<Task List ID>",
    "teamworkCompany" : "<팀워크 회사 이름>"
  }
}
```

 팀워크 웹 페이지에서 URL을 검색하면 taskListId를 알 수 있다.

이제 실제 함수 코드를 저장할 index.js 파일을 만든다. 전체 코드와 관련 파일은 https: //github.com/PacktPublishing/Mastering-AWS-Lambda를 참고하자.

코드는 handler와 createTask 함수 두 부분으로 나눈다. 우선 handler 함수는 트리거가 issue인지 판별하고 issue라면 KMS 암호화된 API 키가 있는지 확인한다. API 키가 존재한다면 이를 이용해 키를 복호화한 다음 이벤트와 API 키를 createTask 함수에 보낸다.

```javascript
'use strict';
const request = require('request');
const AWS = require('aws-sdk');
const company = process.env.teamworkCompany;
const kmsEncryptedAPIKey = process.env.kmsEncryptedAPIKey;
const taskListID = process.env.taskListID;
let teamworkAPIKey;
exports.handler = function(event, context, callback) {
  let githubEvent = JSON.parse(event.Records[0].Sns.Message);
  console.log('수신한 깃허브 이벤트 :', githubEvent);
  if (!githubEvent.hasOwnProperty('issue') || githubEvent.action !== 'opened') {
    // 이슈 생성을 위한 이벤트가 아닌 경우
    console.log("이슈 생성 이벤트 X!");
    callback(null, "이슈 생성 이벤트 X!");
  } else {
```

```
    // 이슈 생성을 위한 이벤트
    console.log("이슈 생성!");
    if (teamworkAPIKey) {
      // Container re-use
      createTask(githubEvent, callback);
    } else if (kmsEncryptedAPIKey &&
      kmsEncryptedAPIKey !== '<kmsEncryptedAPIKey>') {
      const encryptedBuf = new Buffer(kmsEncryptedAPIKey, 'base64');
      const cipherText = {
        CiphertextBlob: encryptedBuf
      };
      const kms = new AWS.KMS();
      kms.decrypt(cipherText, (err, data) => {
        if (err) {
          console.log('복호화 오류 :', err);
          return callback(err);
        }
        teamworkAPIKey = data.Plaintext.toString('ascii');
        createTask(githubEvent, callback);
      });
    } else {
      console.error("API Key가 설정되지 않았음.");
      callback("API Key가 설정되지 않았음.");
    }
  }
};
```

이제 createTask 함수는 이벤트와 API 키를 사용해 조회할 요청 URL을 구성하고 팀워크 API에 POST 요청을 보낸다. 이를 사용해 팀워크에서 프로젝트 팀이 작업할 태스크를 만든다.

```
function createTask(githubEvent, callback) {
  let taskName = githubEvent.issue.title;
  let path = "/tasklists/" + taskListID + "/tasks.json";
```

```javascript
let date = new Date();
let month = date.getMonth();
let day = date.getDate();
let endDate = date.getFullYear() + ((month + 2) < 10 ? '0' : '') +
  (month + 2) + (day < 10 ? '0' : '') + day;
let startDate = date.getFullYear() + ((month + 1) < 10 ? '0' : '') +
  (month + 1) + (day < 10 ? '0' : '') + day;
let base64 = new Buffer(teamworkAPIKey + ":xxx").toString("base64");
let json = {
  "todo-item": {
    "content": taskName,
    "startdate": startDate,
    "enddate": endDate
  }
};
let options = {
  uri: "https://" + company + ".teamwork.com" + path,
  hostname: company + ".teamwork.com",
  method: "POST",
  encoding: "utf8",
  followRedirect: true,
  headers: {
    "Authorization": "BASIC " + base64,
    "Content-Type": "application/json"
  },
  json: json
};
request(options, function(error, res, body) {
  if (error) {
    console.error("요청 오류 : " + error);
    callback(error);
  } else {
    console.log("상태 : " + res.statusCode);
    res.setEncoding("utf8");
    console.log("요청 Body : " + body);
    callback(null, "태스크 생성!");
```

```
    }
  });
}
```

코드를 보면 환경변수를 참조해 값을 가져와 사용한다. 다음과 같이 function.dev.json 파일에 environment 항목을 제대로 추가했는지 확인하자.

```
"environment": {
  "kmsEncryptedAPIKey" : "<API 키>",
  "taskListID" : "<Task List ID>",
  "teamworkCompany" : "<팀워크 회사 이름>"
}
```

다음으로 apex deploy 명령을 사용해 Lambda 함수를 배포한다.

```
# apex deploy --env dev myGitAWSIntegration
```

함수를 배포하고 나면 AWS 콘솔에 로그인해서 Lambda 함수에 환경변수가 성공적으로 추가됐는지 확인하자. 그리고 다음 화면과 같이 **전송 중 암호화용 헬퍼 활성화** 선택 박스를 선택해 kmsEncryptedAPIKey 키 값을 암호화하자.

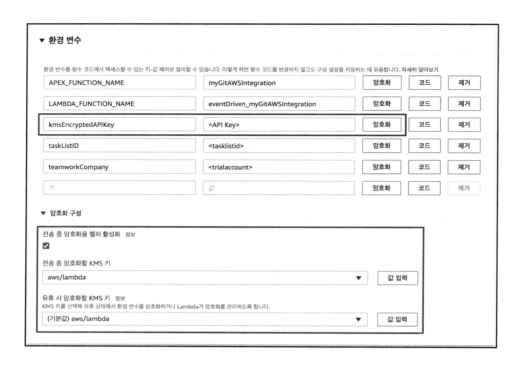

설정을 완료하면 Lambda 함수에 SNS 트리거를 구성하자. Lambda 함수의 트리거 구성 화면에서 SNS 서비스를 추가한 다음, 이전 단계에서 생성한 SNS 주제를 선택한다. **추가** 버튼을 누르기 전에 트리거를 활성화했는지 확인한다.

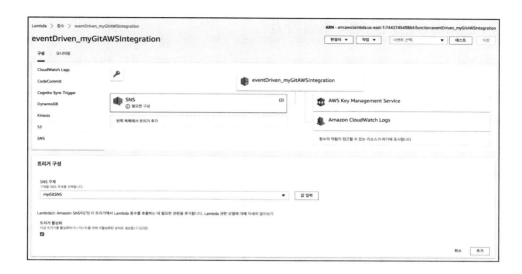

이제 남은 일은 지금까지 설정한 사항을 테스트하는 일이다! 깃허브 저장소에서 이슈를 하나 만들자. 설정에 문제가 없다면 팀워크에 다음과 같이 새로운 태스크를 볼 수 있다.

마찬가지로 깃허브 저장소의 특정 행위를 다른 서비스로 트리거하도록 설정할 수 있다. 예를 들면 트리거를 사용해 젠킨스[Jenkins]에서 코드를 자동으로 빌드하거나 배포할 수 있다.

다음 예제에서는 요즘 흔히 사용하는 팀 협업 도구를 살펴보자. 해당 도구를 이용하면 EC2 인스턴스의 상태 알림을 대화형 방식으로 확인할 수 있다.

▌ Lambda와 Slack 통합하기

슬랙slack은 최근에 가장 유행하는 협업 도구 중 하나로 직관적이고 다른 서비스와 연동할 수 있는 기능까지 갖췄다. 저자는 슬랙의 열혈 팬으로 오래전부터 사용하고 있다. 슬랙과 AWS Lambda를 연동해 활용하는 방법을 살펴보기 위해 이번 절에서는 저자가 즐겨 쓰는 예제를 소개한다. 이번 예제에서는 AWS Lambda와 다른 서비스를 연동하고, 슬랙을 사용해 사용자가 정의한 EC2 경보 알람 대시보드를 살펴본다. 경보 알람과 기타 중요한 알림은 IT 팀에서 추적할 수 있도록 슬랙 채널로 발송된다.

더 넓은 의미에서 이번 절에서 살펴볼 목록은 다음과 같다.

- Lambda 트리거로 동작하는 SNS 주제를 생성한다.
- 특정 EC2 머신에 CloudWatch 알람 생성 후 CPU 사용률이 80% 초과 시 알람을 트리거한다.
- CloudWatch 알람은 SNS 주제에 알림을 발송한다.
- SNS 주제는 Lambda 함수를 트리거하도록 동작한다.
- Lambda 함수에 트리거가 발생하면 슬랙 채널에 알림을 발송한다.

간단하지 않은가? 이제 구현 방법을 알아보자.

우선 이전 예제에서 살펴본 것처럼 Lambda 함수의 트리거로 동작할 SNS 주제를 다시 생성한다. CloudWatch 알람이 SNS 주제를 트리거하면, SNS 주제는 슬랙 채널에 CloudWatch 알람을 발송하는 Lambda 함수를 차례대로 트리거한다. 이전과 같이 간단한 SNS 주제를 만들자. 이번에도 SNS 주제를 만든 다음 잊지 말고 ARN을 기록해두자. 이번 예제에서는 IT 관리자 이메일로 간단한 알림을 전송하도록 SNS를 구성할 예정이다.

다음으로 CloudWatch 알람을 생성한다. AWS 관리 콘솔에서 CloudWatch 서비스를 선택하고 좌측 패널에서 경보 메뉴를 선택한 다음, **경보 생성** 버튼을 누른다. EC2 인스턴스를 모니터링 해야 하므로 **EC2 지표**를 선택한다. 필요하다면 다른 지표를 사용해도 무방하다. 여기서는 다음과 같이 간단히 CPUUtilization 알람으로 경보를 정의했다.

지표를 선택했으면 이제 다음과 같이 만들어둔 SNS 주제를 지정해야 한다.

별다른 문제가 없다면 CloudWatch 대시보드에 경보가 만들어졌다는 표시가 나온다.

다음으로 알림이 전송될 슬랙 채널을 구성해야 한다. 알림을 전송하는 데 사용할 훅 URL과 이를 수신하는 웹훅이 필요하다. 다음과 같이 슬랙 팀 설정 페이지에서 **Apps & integrations** 메뉴[1]를 선택하자.

---

1   최신 버전(2.9.0)에서는 메뉴명이 Manage apps로 변경됐다. – 옮긴이

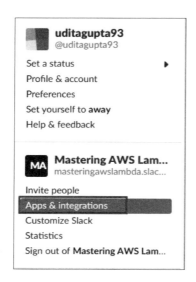

메뉴를 선택하면 새로운 창으로 연결된다. 검색창에서 Incoming WebHooks를 입력하고 표시되는 항목을 선택하면 간단한 앱 소개 페이지가 나온다. **Add Configuration** 버튼을 누르고 웹훅이 메시지를 전송할 채널을 선택하자. 채널을 선택하면 다음으로 각종 앱에 필요한 매개변수를 설정할 수 있는 페이지가 나온다. 설정을 완료하기 전에 웹훅 URL을 복사해두자.

이제 슬랙 훅 URL을 준비했으니 마지막으로 Lambda 함수를 만들어보자. 훅 URL은 중요 데이터로, 이전과 같은 방법으로 데이터를 암호화한 다음 사용 직전에 코드에서 복호화해서 사용한다. 예제에서는 슬랙 연동을 위해 미리 만들어진 Node.js 4.3 버전으로 구성된 Lambda 함수 블루프린트를 사용하자.

블루프린트에는 AWS 템플릿이 있으므로 간단히 기능만 살펴보기로 하자.

코드는 handler, processEvent, postMessage 세 가지 함수로 구성된다. handler 함수는 실행이 시작되는 지점으로, KMS 암호 키가 존재하는지 확인한 다음 키가 있다면 복호화해서 훅 URL을 구성한다. 그런 다음 processEvent 함수를 호출한다.

```javascript
const AWS = require('aws-sdk');
const url = require('url');
const https = require('https');
// 환경변수 kmsEncryptedHookUrl에 저장된 base64로 암호화된 키(CiphertextBlob)
const kmsEncryptedHookUrl = process.env.kmsEncryptedHookUrl;
// 환경변수 slackChannel에 저장된 메시지를 전송할 슬랙 채널
const slackChannel = process.env.slackChannel;
let hookUrl;
exports.handler = (event, context, callback) => {
  console.log("EVENT: ", JSON.stringify(event));
  if (hookUrl) {
    // 컨테이너 재사용, 단순히 메모리에 있는 키로 이벤트를 처리한다.
    processEvent(event, callback);
  } else if (kmsEncryptedHookUrl &&
    kmsEncryptedHookUrl !== '<kmsEncryptedHookUrl>') {
    const encryptedBuf = new Buffer(kmsEncryptedHookUrl, 'base64');
    const cipherText = {
      CiphertextBlob: encryptedBuf
    };
    const kms = new AWS.KMS();
    kms.decrypt(cipherText, (err, data) => {
      if (err) {
        console.log('Decrypt error:', err);
        return callback(err);
      }
      hookUrl = `https://${data.Plaintext.toString('ascii')}`;
      processEvent(event, callback);
    });
  } else {
    callback('훅 URL이 설정되지 않았음');
  }
};
```

이제 processEvent 함수는 이벤트에서 필요한 정보를 추출하고 슬랙 채널에 전달할 슬랙 메시지를 구성한다. 메시지가 구성되면 postMessage 함수를 호출한다.

```
function processEvent(event, callback) {
  const message = JSON.parse(event.Records[0].Sns.Message);
  const alarmName = message.AlarmName;
  //var oldState = message.OldStateValue;
  const newState = message.NewStateValue;
  const reason = message.NewStateReason;

  const slackMessage = {
    channel: slackChannel,
    text: `${alarmName} 상태는 현재 ${newState} : ${reason}`,
  };
  console.log("슬랙 메시지 : ", slackMessage);
  postMessage(slackMessage, (response) => {
    if (response.statusCode < 400) {
      console.info('메시지 발송 성공');
      callback(null);
    } else if (response.statusCode < 500) {
      console.error(`슬랙 API에 메시지 전송 오류 :
        ${response.statusCode} - ${response.statusMessage}`);
      callback(null); // 오류는 요청 문제로 발생했으니 재시도하지 않는다.
    } else {
      // Lambda 함수를 재실행한다.
      callback(`메시지 처리 중 발생한 서버 오류 :
        ${response.statusCode} - ${response.statusMessage}`);
    }
  });
}
```

postMessage 함수는 https와 url NPM 모듈을 사용해 슬랙 URL에 보낼 options를 구성한다. 예제에서는 POST 요청을 사용한다. 해당 모듈의 구문은 정말 간단해서 코드에서 바로 알아볼 수 있다.

```
function postMessage(message, callback) {
  const body = JSON.stringify(message);
  const options = url.parse(hookUrl);
  options.method = 'POST';
  options.headers = {
    'Content-Type': 'application/json',
    'Content-Length': Buffer.byteLength(body),
  };
  //console.log("options: ", options);
  const postReq = https.request(options, (res) => {
    const chunks = [];
    res.setEncoding('utf8');
    res.on('data', (chunk) => chunks.push(chunk));
    res.on('end', () => {
      if (callback) {
        callback({
          body: chunks.join(''),
          statusCode: res.statusCode,
          statusMessage: res.statusMessage,
        });
      }
    });
    return res;
  });
  postReq.write(body);
  postReq.end();
}
```

함수는 hookUrl과 슬랙 채널명 두 가지 환경변수를 받는다. 두 환경변수를 function.
dev.json 파일에 추가하자. 단, hookUrl에 https 프로토콜을 추가하면 안 된다.

```
{
  "description": "SNS 서비스를 통해 Slack과 Lambda 간 통합을 보여주는
    Node.js로 작성된 Lambda 함수",
```

```
  "role": "arn:aws:iam::<계정ID>:role/mySlackBotRole",
  "handler": "index.handler",
  "environment": {
    "slackChannel" : "<채널 이름>",
    "kmsEncryptedHookUrl" : "<프로토콜을 제외한 슬랙 훅 URL>"
  }
}
```

Lambda 함수를 배포하기 위해 APEX를 사용하자. 우선 Lambda 함수가 실행할 때 참고해야 할 역할을 만든다.

```
{
  "Version": "2012-10-17",
  "Statement": [
    {
      "Sid": "myLogsPermissions",
      "Effect": "Allow",
      "Action": [
        "logs:CreateLogGroup",
        "logs:CreateLogStream",
        "logs:PutLogEvents"
      ],
      "Resource": [
        "*"
      ]
    },
    {
      "Sid": "myKMSPermissions",
      "Effect": "Allow",
      "Action": [
        "kms:Decrypt"
      ],
      "Resource": [
        "*"
      ]
```

```
    }
  ]
}
```

역할을 만들고 나면 APEX를 사용해 Lambda 함수를 배포하면 된다. 다음 명령을 실행해 배포를 시작하자.

```
# apex deploy --env dev mySlackLambdaIntegration
```

함수가 배포되면 이전 예제에서 수행한 것처럼 Lambda 관리 콘솔에서 hookURL 환경 변수를 암호화하자. 구성 정보를 확인하고 변경 사항을 저장하자.

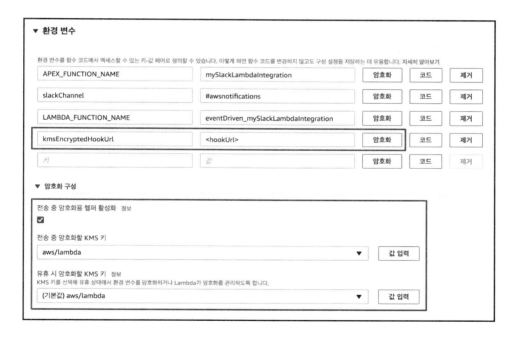

다음으로 Lambda 관리 콘솔의 구성 화면에서 함수 트리거를 설정하자. SNS 서비스를 선택하고 앞에서 만들었던 올바른 SNS 주제를 연결하자. 추가 버튼을 누르기 전에 트리

거를 활성화했는지 다시 한 번 확인하자.

이제 함수와 슬랙 연동이 완료되고 수행할 준비만 남았다! EC2 인스턴스에 CPU 부하가 증가하면 슬랙 채널에 경보 알림이 전송되기 시작한다. 예제에서는 임의로 인스턴스에 부하를 주기 위해 오픈소스 CPU 부하 테스트 도구인 stress를 사용했다. CloudWatch 경보 임곗값이 초과하면 CloudWatch에서 경보가 트리거돼 SNS 이벤트가 생성된다. SNS는 다음과 같이 슬랙 채널에 경보 알림을 전송할 수 있는 Lambda 함수를 트리거한다.

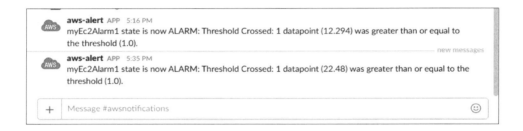

이처럼 알림 전송 및 경보 메커니즘을 사용해 IT 관리자에게 더 직관적이고 직접 정의한 메시지를 제공할 수 있다. 이제는 전통적으로 사용하던 이메일 방식의 경보 알림은 사용하지 않아도 된다!

■ 외부 애플리케이션에서 Lambda 함수 호출하기

지금까지 깃허브와 슬랙과 같은 외부 서비스를 사용해 Lambda 함수와 통합하는 방법을 알아봤다. 이번 절에서는 특정 Lambda 함수를 호출하는 간단한 예제 애플리케이션을 살펴보기로 하자.

이번 예제는 특정 도시 이름을 매개변수로 받아 해당 도시의 기상 상태를 자세히 제공하는 간단한 Node.js 애플리케이션이다. 도시 이름은 SNS를 사용해 이벤트 형태로

Lambda 함수에 전달된다. 이벤트가 Lambda 함수에 제공되면 도시 이름을 매개변수로 사용해 openweather라는 오픈소스 API를 호출한다. 해당 API는 현재 도시의 온도 상태뿐만 아니라 다양한 기상 정보를 반환하고, 현재 도시 온도가 25도보다 높다면 자동으로 특정 사용자에게 사용자 정의 SNS 이메일을 보낸다. 간단하지 않은가? 그렇다면 어떻게 동작하는지 살펴보자.

 openweather API 사용 방법을 자세히 알아보려면 https://openweathermap.org/api 를 참고하자.

지금까지 살펴본 예제와 마찬가지로, 이메일 알림을 발송하는 Lambda 함수에 연결할 간단한 SNS를 만든다. 다음 단계에서 필요한 SNS 주제의 ARN을 복사해둬야 한다. SNS 주제를 만들고 나면 Lambda 함수를 생성해야 한다. 우선 함수를 실행할 IAM 역할을 다음과 같이 만들자.

```
{
  "Version": "2012-10-17",
  "Statement": [
    {
      "Sid": "myLogsPermissions",
      "Effect": "Allow",
      "Action": [
        "logs:CreateLogGroup",
        "logs:CreateLogStream",
        "logs:PutLogEvents"
      ],
      "Resource": [
        "*"
      ]
    },
    {
```

```
      "Sid": "myKMSPermissions",
      "Effect": "Allow",
      "Action": [
        "kms:Decrypt"
      ],
      "Resource": [
        "*"
      ]
    },
    {
      "Sid": "mySNSPermissions",
      "Effect": "Allow",
      "Action": [
        "sns:Publish"
      ],
      "Resource": [
        "arn:aws:sns:us-east-1:<계정ID>:myWeatherSNS"
      ]
    }
  ]
}
```

보다시피 역할은 로그 권한과 함께 KMS 복호화, SNS 발행 권한을 갖고 있다. 코드는 openweather API를 사용하기 때문에 같은 API 키가 필요하다. 이전 예제와 마찬가지로 API 키를 암호화한 다음 키를 사용하기 전에 코드에서 복호화한다.

 온도가 25도 이상이면 이메일로 SNS를 발송해야 하므로 SNS 발송 권한이 필요하다.

다음으로 Lambda 함수를 위한 새로운 디렉터리를 만들고 function.dev.json 파일에 다음 내용을 복사하자.

```
{
  "description": "외부 애플리케이션에서 Lambda를 호출하는
    Node.js로 작성된 Lambda 함수",
  "role": "arn:aws:iam::<계정ID>:role/myWeatherLambdaRole",
  "handler": "index.handler",
  "environment": {
    "snsTopicARN" : "arn:aws:sns:us-east-1:<계정ID>:myWeatherSNS",
    "kmsEncryptedAPIKey" : "<API 키>",
    "language" : "en",
    "units" : "metric"
  }
}
```

마지막으로 openweather API에 city 매개변수를 전달하는 코드를 저장할 index.js 파일을 만들자. 코드는 handler 함수와 processEvent 함수 두 부분으로 나뉜다.

먼저 handler 함수는 암호화된 API 키가 존재하는지 확인하고, 키가 있다면 복호화해서 이후 처리를 위해 proccessEvent 함수로 이벤트를 전달한다. processEvent 함수는 이벤트를 받아 명시된 도시 이름을 사용해 openweather API에 기상 상태 정보를 요청한다. 그런 다음 해당 도시 온도가 25도 이상인지 확인해서 구독한 SNS 주제로 SNS 경보 알림을 보낸다.

```
'use strict';

const weather = require('openweather-apis');
const AWS = require('aws-sdk');
const sns = new AWS.SNS({
  apiVersion: '2010-03-31'
});
const kmsEncryptedAPIKey = process.env.kmsEncryptedAPIKey;
const snsTopicARN = process.env.snsTopicARN;
let language = process.env.language;
```

```
let units = process.env.units;
let apiKey;
function processEvent(event, callback) {
  let city = event.city;
  weather.setAPPID(apiKey);
  weather.setLang(language);
  weather.setUnits(units);
  weather.setCity(city);
  weather.getSmartJSON(function(err, smart) {
    if (err) {
      console.log("발생한 오류 : ", err);
      callback(err);
    } else {
      if (Number(smart.temp) > 25) {
        console.log("섭씨 25도 이상!!");
        let snsParams = {
          Message: "무척 뜨거운 날씨! 날씨 정보 : " + JSON.stringify(smart),
          Subject: '날씨 정보',
          TopicArn: snsTopicARN
        };
        sns.publish(snsParams, function(snsErr, data) {
          if (snsErr) {
            console.log("SNS 알림 전송 실패 : " +
              snsErr, snsErr.stack); // 발생한 오류
            callback(snsErr);
          } else {
            console.log("SNS 알림 전송 성공 : ",
              snsParams.Message); // 성공 응답
            callback(null, "완료");
          }
        });
      } else {
        console.log("날씨 정보 : ", smart);
        callback(null, "완료");
      }
    }
```

```
  });
}
exports.handler = function(event, context, callback) {
  //var weatherEvent = JSON.parse(event);
  console.log('수신한 이벤트 :', event);
  if (apiKey) {
    // 컨테이너 재사용, 단순히 메모리에 있는 키로 이벤트를 처리한다.
    processEvent(event, callback);
  } else if (kmsEncryptedAPIKey &&
    kmsEncryptedAPIKey !== '<kmsEncryptedAPIKey>') {
    const encryptedBuf = new Buffer(kmsEncryptedAPIKey, 'base64');
    const cipherText = {
      CiphertextBlob: encryptedBuf
    };
    const kms = new AWS.KMS();
    kms.decrypt(cipherText, (err, data) => {
      if (err) {
        console.log('복호화 오류 :', err);
        return callback(err);
      }
      apiKey = data.Plaintext.toString('ascii');
      processEvent(event, callback);
    });
  } else {
    callback('API Key가 설정되지 않았음.');
  }
};
```

Lambda에 함수를 배포하기 전에 다음 명령을 실행해야 한다. 코드는 openweather-apis NPM 모듈을 사용하므로 로컬 환경에 다음 명령을 사용해 모듈을 설치해야 한다.

```
# npm install --save openweather-apis
```

함수에 필요한 의존성이 준비됐으니 이제 다음 명령을 사용해 패키지를 업로드하자.

```
# apex deploy --env dev myCustomAppToLambda
```

명령을 실행하면 다음 화면과 유사한 출력 결과를 볼 수 있다.

```
ubuntu@ip-172-31-21-195:~/workdir/apex/event_driven$
ubuntu@ip-172-31-21-195:~/workdir/apex/event_driven$ apex deploy --env dev myCustomAppToLambda
  • creating function      env=dev function=myCustomAppToLambda
  • created alias current  env=dev function=myCustomAppToLambda version=1
  • function created       env=dev function=myCustomAppToLambda name=eventDriven_myCustomAppToLambd
a version=1
ubuntu@ip-172-31-21-195:~/workdir/apex/event_driven$
```

함수를 배포한 다음 Lambda 관리 콘솔에서 API 키를 암호화해야 한다. 다음과 같이 **전
송 중 암호화용 헬퍼 활성화**를 선택한 다음 API 키 항목에 있는 **암호화** 버튼을 누른다.

▼ 환경 변수

환경 변수를 함수 코드에서 액세스할 수 있는 키-값 페어로 정의할 수 있습니다. 이렇게 하면 함수 코드를 변경하지 않고도 구성 설정을 저장하는 데 유용합니다. 자세히 알아보기

APEX_FUNCTION_NAME	myCustomAppToLambda	암호화	코드	제거
snsTopicARN	arn:aws:sns:us-east-1:74527454184:myWeath	암호화	코드	제거
LAMBDA_FUNCTION_NAME	eventDriven_myCustomAppToLambda	암호화	코드	제거
kmsEncryptedAPIKey	\<API Key\>	암호화	코드	제거
language	en	암호화	코드	제거
units	metric	암호화	코드	제거
키	값	암호화	코드	제거

▼ 암호화 구성

전송 중 암호화용 헬퍼 활성화 정보
☑

전송 중 암호화할 KMS 키

aws/lambda	▼	값 입력

유휴 시 암호화할 KMS 키 정보
KMS 키를 선택해 유휴 상태에서 환경 변수를 암호화하거나 Lambda가 암호화를 관리하도록 합니다.

(기본값) aws/lambda	▼	값 입력

구성 정보를 저장하면 이제 사용자 정의 애플리케이션을 만들고 이를 이용해 Lambda 함수를 호출해야 한다. 애플리케이션은 사용자로부터 간단히 도시 이름을 매개변수로 받아 다음과 같이 JSON 형식의 이벤트로 함수를 호출한다.

```
{
  "city":"<도시 이름>"
}
```

코드는 정말 단순해서 이해하기 쉽다. 사용자가 도시 이름을 입력할 수 있도록 prompt라는 NPM 모듈을 사용하고, AWS SDK에 있는 invoke 함수를 사용해 Lambda 함수로 도시 이름을 전달한다.

 필수 매개변수는 함수 이름뿐이고 나머지는 모두 선택 사항이다. 자세한 내용은 AWS SDK 설명서를 참고하자.

```
const AWS = require('aws-sdk');
AWS.config.update({
  region: 'us-east-1',
  maxRetries: 20
});
const lambda = new AWS.Lambda({
  apiVersion: '2015-03-31'
});
const prompt = require('prompt');
console.log("안녕!");
console.log("날씨 정보를 얻고 싶은 도시를 입력하세요.");
prompt.start();
prompt.get(['city'], function(err, result) {
  // 결과 로깅
  console.log('도시 : ' + result.city);
```

```javascript
// Lambda 이벤트 생성
var event = "{\"city\":\"" + result.city + "\"}";
// Lambda 매개변수 설정
var params = {
  FunctionName: "<Lambda 함수 이름>",
  /* 필수 매개변수 */
  InvocationType: "Event",
  Payload: event
};
// Lambda 함수 호출
lambda.invoke(params, function(err, data) {
  if (err) console.log(err, err.stack); // 오류 발생
  else console.log(data); // 성공 응답
});
});
```

애플리케이션을 만들고 다음 명령을 실행하자.

```
# node weatherApp.js
```

도시 이름을 입력하라는 메시지가 나타나면 기상 상태를 확인하고 싶은 도시 이름을 입력하자. 예제에서는 비록 덥고 습하지만 매력적인 인도의 뭄바이[Mumbai]를 지정했다. 다음과 같이 CloudWatch 로그를 통해 애플리케이션 결과를 확인할 수 있다.

	2017-05-21	
		No older events found at the moment. Retry.
▶	23:43:09	START RequestId: 24ad0060-3e51-11e7-a704-cb4965690426 Version: $LATEST
▶	23:43:09	2017-05-21T18:13:09.576Z 24ad0060-3e51-11e7-a704-cb4965690426 Received custom event: { city: 'mumbai' }
▶	23:43:10	2017-05-21T18:13:10.613Z 24ad0060-3e51-11e7-a704-cb4965690426 Temperature is greater than 25 degree celsius!!
▼	23:43:10	2017-05-21T18:13:10.978Z 24ad0060-3e51-11e7-a704-cb4965690426 SNS Alert sent successfully: Its Hot outside!! Avoid wearing too many

```
2017-05-21T18:13:10.978Z 24ad0060-3e51-11e7-a704-cb4965690426 SNS Alert sent successfully: Its Hot outside!! Avoid wearing too many layers! WEATHER UPDATE:
{
    "temp": 28.84,
    "humidity": 97,
    "pressure": 1020.22,
    "description": "clear sky",
    "weathercode": 800,
    "rain": 0
}
```

▶	23:43:11	END RequestId: 24ad0060-3e51-11e7-a704-cb4965690426
▶	23:43:11	REPORT RequestId: 24ad0060-3e51-11e7-a704-cb4965690426 Duration: 1430.97 ms Billed Duration: 1500 ms Memory Size: 128 MB Max
		No newer events found at the moment. Retry.

뭄바이 기온이 25도 이상이므로 다음 화면과 같이 SNS 주제에 설정한 이메일로 알림을 받아볼 수 있다!

이와 같은 방식으로 사용자 정의 애플리케이션을 만들고 SNS와 Lambda 함수를 통합해 원하는 기능을 수행할 수 있다. 방금 살펴본 예제가 5장의 마지막 예제지만 마무리하기 전에 중요한 단계가 남아 있다. 이제 웹훅과 외부 서비스를 Lambda와 통합할 때 명심해야 할 권장 사항과 모범 사례를 살펴보자.

■ 향후 계획 수립

지금까지 AWS Lambda 활용해 다른 외부 서비스와 통합하는 방법을 살펴봤지만 사실 빙산의 일각에 불과하다. 하지만 여러 외부 서비스와 통합 기능을 제공하는 자피어^{Zapier} 또는 IFTTT의 도움을 받아 간단한 방법으로 통합을 시도해볼 수 있다. 자피어를 이용하면 슬랙, 팀워크, 트윌리오^{Twilio}와 같은 다른 서비스를 Lambda와 손쉽게 통합할 수 있다. 간단히 몇 번의 클릭만으로 단 몇 분 만에 안전하게 연결을 구성하고 실행할 수 있다.

 자피어에서 **AWS Lambda**를 연결하려면 프리미엄 서비스를 이용해야 한다. 하지만 가입 후 일부 서비스를 무료로 사용할 수 있다.

또는 다른 도구를 이용하지 않고 직접 웹훅을 구축하는 방법도 있다. 많은 외부 서비스가 API를 지원하므로 사용자 본인이 직접 웹훅 서버를 구축한 다음, 웹훅 이벤트를 받아 변환해서 외부 서비스 API로 다시 전달하는 방식으로 사용할 수 있다. 결코 쉬운 일은 아닐지라도 더욱 안전하고 맞춤화된 웹훅을 만들고 싶다는 의욕이 있다면 개발자로서 한번 도전해볼 만하다.

▌ 권장 사항 및 모범 사례

다음은 웹훅뿐만 아니라 통합 서비스를 작업할 때 유의해야 할 몇 가지 주요 권장 사항과 모범 사례다.

- **웹훅 보안**: 웹훅이 애플리케이션에서 공개적으로 이용 가능한 URL로 데이터를 전달할 때 스푸퍼spoofer 종류의 해킹 프로그램이 데이터를 가로챌 수 있다. 이러한 악의적인 접근을 방지하려면 TLS 연결을 강제하는 방법이 가장 간단하다. 게다가 고유한 식별 기능을 제공하기 위해 URL에 토큰을 추가하고 일정 시간을 기준으로 토큰을 변경해서 웹훅을 더욱 안전하게 보호할 수 있다.
- **API 보안**: 항상 Lambda가 제공하는 암호화 도구와 KMS 서비스를 사용해 비밀 키와 API 키를 암호화하자. 복호화 로직은 Lambda 함수에 작성해서 AWS SDK 를 사용해 호출할 수 있다.

▌ 요약

6장으로 넘어가기 전 지금까지 5장에서 다뤘던 내용을 요약해보자.

먼저 웹훅의 기본 개념을 이해하고 애플리케이션을 외부 서비스와 연결하는 데 활용할 수 있는 방법을 알아봤다. Lambda 함수를 팀워크, 깃허브, 슬랙과 같은 다수의 서비스에 통합하는 방법, 직접 만든 애플리케이션을 Lambda 함수와 연결해 실제 사용 가능한 예제를 살펴봤다. 마지막으로 외부 서비스를 이용해 Lambda를 호출할 때 유의해야 할 주요 권장 사항과 모범 사례를 다뤘다.

다음 6장에서는 AWS에서 제공하는 몇 가지 새로운 서비스를 살펴보고 이를 이용해 서버리스 애플리케이션을 구축하는 방법을 배워보겠다. 여기서 멈추어서는 안 된다. Lambda를 활용하는 예제와 사용법은 시작에 불과하다!

06

AWS Lambda와 서버리스 애플리케이션 구축 및 배포

5장에서는 AWS Lambda 함수를 사용해 애플리케이션과 외부 서비스를 구축하고 통합하는 방법이 얼마나 간단한지 살펴봤다. 6장에서는 AWS Lambda와 다른 AWS 서비스를 사용해 서버리스 애플리케이션 모델과 Step Functions라는 신규 서비스 형태로 서버리스 애플리케이션을 설계하고 구축하는 방법을 설명한다.

6장에서 다루는 내용은 다음과 같다.

- SAM 템플릿 소개
- SAM 예제를 사용해 서버리스 애플리케이션 빌드하고 배포하기
- AWS Step Functions 소개
- Step Functions의 시각적인 워크플로우를 사용해 AWS Lambda 서비스 구축하기

그럼 본격적으로 시작해보자!

▌ SAM 소개

서버리스 애플리케이션 모델$^{SAM, Serverless Application Model}$, 즉 SAM의 이야기는 AWS CloudFormation이 직면한 문제점을 살펴보는 것으로 거슬러 올라간다. AWS CloudFormation은 강력하고 자동화된 인프라 배포 기능을 갖추고 있지만, 사용하기 어렵고 유지 보수가 쉽지 않다. 간단한 인프라 배포 템플릿도 작성 방법에 따라 100줄부터 시작해 1,000줄까지 다양한 코드 길이가 존재한다. 게다가 서버리스 애플리케이션 정의에 최적화된 특수한 자원 유형이 부족했다. 따라서 이를 해결하기 위해 Flourish라는 프로젝트가 시작됐고, 해당 프로젝트가 나중에 이름을 변경해 SAM이 됐다.

SAM은 AWS CloudFormation을 확장한 버전이다. SAM을 이용하면 CloudFormation에서 제공하던 템플릿과 비슷한 방식으로 API Gateway, DynamoDB, Lambda와 같이 서버리스 서비스에 필요한 템플릿을 손쉽고 간단하게 작성할 수 있다.

 참고로 SAM은 Apache 2.0 라이선스로 제공된다.

서버리스 애플리케이션을 위한 표준 애플리케이션 모델을 정의하는 일이 SAM의 주요 목표다. 이를 통해 개발자는 CloudFormation 템플릿을 사용해 애플리케이션을 설계하고 배포 및 관리하는 데 도움을 받을 수 있다.

SAM은 CloudFormation과 유사하게 구조화돼 있고, 마찬가지로 JSON과 YAML을 이용한 템플릿을 지원한다. 또한 개별 Lambda 함수 패키지를 저장하기 위한 S3 버킷을 정의하고 생성할 수 있고, 필수 구성 정보를 사용해 API Gateway 생성 및 간단한 DB 생성, SNS 알림을 구성하는 등의 다양한 작업을 지원한다. 게다가 간단한 commandlets

도구를 사용해 템플릿을 훨씬 더 쉽게 읽고 관리할 수 있다.

SAM 템플릿 작성하기

SAM 템플릿을 작성하기에 앞서 SAM에서 사용하는 전문 용어부터 이해해야 한다. 우선, SAM은 표준 CloudFormation 서비스 기반으로 구축할 수 있다. 따라서 대부분의 SAM 템플릿은 표준 CloudFormation 스택을 배포하는 것처럼 단순화된 CloudFormation 템플릿에 불과하다. 자원resource, 매개변수parameter, 속성property 등의 개념조차도 SAM에서 모두 재사용된다. SAM이 서버리스 AWS 서비스를 더 단순화된 방법으로 지원한다는 점이 주요 차이점이다. 다시 말하면 API Gateway, Lambda, DynamoDB를 여러 SAM 템플릿을 사용해 기존의 CloudFormation 템플릿보다 훨씬 쉽게 작성하고 관리할 수 있다.

SAM 템플릿을 작성하려면 CloudFormation 템플릿과 마찬가지로 `AWSTemplateFormat Version`을 지정한 다음, SAM에서 필요한 변환transform 영역이 필요하다. 변환 영역에는 다음과 같이 `AWS::Serverless-2016-10-31` 값을 지정한다.

```
AWSTemplateFormatVersion: '2010-09-09'
Transform: 'AWS::Serverless-2016-10-31'
```

변환 영역 다음에는 서버리스 자원을 정의할 수 있는 자원 영역을 지정해야 한다. 이 책을 쓰는 시점에 SAM은 다음과 같이 세 가지 자원 유형을 지원한다.

- `AWS::Serverless::Function`
- `AWS::Serverless::Api`
- `AWS::Serverless::SimpleTable`

AWS::Serverless::Function

`AWS::Serverless::Function` 자원 유형은 Lambda 함수를 정의하고 생성하는 데 사용하며, 함수를 트리거하는 이벤트 소스 매핑과 관련이 있다.

SAM을 사용해 간단한 Lambda 함수를 만드는 다음 예제를 살펴보자.

```
Handler: index.js
Runtime: nodejs4.3
CodeUri: 's3://myS3Bucket/function.zip'
Description: SAM 설명을 위한 간단한 함수
MemorySize: 128
Timeout: 15
Policies:
  - LambdaFunctionExecutePolicy
  - Version: '2012-10-17'
    Statement:
      - Effect: Allow
        Action:
          - s3:GetObject
          - s3:GetObjectACL
        Resource: 'arn:aws:s3:::myS3Bucket/*'
Environment:
  Variables:
  key1: Hello
  key2: World
```

예제에서 `Handler`, `Runtime`, `MemorySize`, `Timeout` 등을 포함하는 대부분 속성을 잘 알고 있어야 한다. `CodeUri`는 S3 URI 혹은 SAM이 배포용 Lambda 함수를 얻기 위한 유효한 위치를 나타낸다. 중요한 사실은 Lambda 함수가 index.js 파일 하나만 포함하고 있더라도 zip 확장자로 패키지돼야 한다는 점이다.

정책^{Policies} 영역에는 함수 실행에 필요한 AWS가 관리하는 IAM 정책이나 정책 문서명

을 포함해야 한다. 마지막으로 함수의 환경변수를 설정하는 데 사용할 수 있는 환경 Environment 영역이 있다.

AWS::Serverless::Api

AWS::Serverless::Api 자원 유형은 여러 Amazon API Gateway 자원과 HTTPS 엔드 포인트를 호출할 수 있는 메소드 정의에 사용한다. SAM은 다음과 같이 API Gateway를 만드는 두 가지 방법을 지원한다.

- **암묵적인**implicitly **방법**: API는 AWS::Serverless::Function 자원을 사용해 정의한 다수의 API 이벤트를 결합해 암시적으로 생성된다. 예를 들어 AWS::Server less::Function의 Events 매개변수를 사용해 API Gateway를 만드는 간단한 예제를 떠올려보자. 이런 경우 SAM은 자동으로 API를 생성한다. 위에서 살펴본 세 가지 API 이벤트로 생성되는 API는 다음과 같다.

```
Resources:
  GetFunction:
    Type: AWS::Serverless::Function
    Properties:
      Handler: index.js
      Runtime: nodejs4.3
      Policies: myAWSLambdaReadOnlyPolicy
      Environment:
        Variables:
          Key: Hello
      Events:
        GetSomeResource:
          Type: Api
          Properties:
            Path: /resource/{resourceId}
            Method: get
```

- **명시적인**[explicitly] **방법**: 다음과 같이 AWS::Serverless::Api 자원 유형, 유효한 Swagger 파일과 StageName을 지정해서 API Gateway 자원을 추가로 구성하고 생성할 수 있다.

```
Resources:
  ApiGatewayApi:
    Type: AWS::Serverless::Api
    Properties:
      DefinitionUri: s3://myS3Bucket/swagger.yaml
      StageName: Dev
```

StageName 매개변수는 API Gateway에서 URL 호출을 위해 첫 번째 경로 세그먼트로 사용된다.

AWS::Serverless::SimpleTable

AWS::Serverless::SimpleTable 자원을 사용하면 단일 속성의 기본 키를 가진 Dynamo DB 테이블을 만들 수 있다. 추가로 다음과 같이 매개변수로 기본 키의 이름과 유형, 그리고 테이블의 프로비저닝된 처리량을 지정할 수 있다.

```
MySimpleTable:
  Type: AWS::Serverless::SimpleTable
  Properties:
    PrimaryKey:
      Name: userId
      Type: String
    ProvisionedThroughput:
      ReadCapacityUnits: 5
      WriteCapacityUnits: 5
```

테이블에 고급 기능이 필요한 경우 SimpleTable 대신 AWS::DynamoDB::Table 자원을 사용할 수 있다.

지금까지 API Gateway와 DynamoDB, Lambda 함수 형태로 백엔드 기반의 서버리스 애플리케이션을 배포할 수 있는 템플릿을 준비했다. 이제 준비한 템플릿을 사용해 서비스에 배포하는 방법을 알아보자.

SAM을 이용한 서버리스 애플리케이션 구축

지금까지 기본 개념을 다뤘으니 이제 SAM을 사용해 간단한 애플리케이션을 배포해보자. 여기서는 Lambda가 제공하는 블루프린트를 사용한다. 우선 Lambda 대시보드에서 **함수 생성** 버튼을 선택해 블루프린트 선택 페이지로 이동하자. 필터에서 microservice를 입력해서 나오는 `microservice-http-endpoint`를 선택하고 **내보내기** 버튼을 눌러 블루프린트를 다운로드한다. 다운로드 받은 블루프린트는 Lambda 함수와 API Gateway를 사용해 특정 DynamoDB 테이블에 데이터를 읽고 쓸 수 있는 간단한 백엔드 서비스를 제공한다.

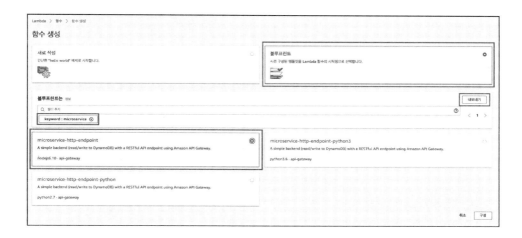

파일을 다운로드한 다음 디렉터리에 압축을 풀자. 압축을 풀면 index.js와 template.yaml 두 개의 파일이 생긴다. SAM 템플릿에는 Lambda 자원이 선언돼 있으니 API를 암묵적으로 생성할 수 있다. index.js 파일에는 API Gateway를 통해 PUT, GET, DELETE,

POST 등 여러 메소드와 함께 전달되는 매개변수를 기반으로 특정 DynamoDB 테이블을 쿼리하는 데 필요한 코드가 들어 있다.

이제 template.yaml 파일을 살펴보자. `AWS::Serverless::Function` 자원 아래의 `CodeUri` 매개변수가 단순히 점(.)으로 표시된 사실에 주목하자. 이유는 잠시 후에 설명할 테니 우선 지금 당장은 그대로 두자. 템플릿의 나머지 부분은 추가 설명이 없어도 이해할 수 있을 만큼 쉽다.

전체 템플릿을 배포하는 방법에는 두 가지가 있다. 첫 번째는 Lambda 대시보드를 사용하는 방법으로, 간단히 `microservice-http-endpoint` 블루프린트를 선택해서 이전에 배운 대로 Lambda 함수를 만들면 된다. 두 번째는 템플릿 파일을 CloudFormation에 업로드해서 실행하는 방법이다. 여기서는 AWS CLI를 사용해 두 번째 방법으로 진행해 보자.

AWS CLI를 사용하려면 설치 및 구성이 필요하다. 파이썬 pip 도구를 사용해 CLI를 최신 버전으로 업그레이드하거나 https://aws.amazon.com/cli를 참고해 직접 최신 버전의 CLI를 설치하자.

 AWS CLI 구성 방법은 https://docs.aws.amazon.com/ko_kr/cli/latest/userguide/cli-chap-getting-started.html을 참고하자.

다음으로 microservice-http-endpoint 디렉터리로 이동해 다음 명령을 실행한다.

```
# aws cloudformation package
--template-file template.yaml
--output-template-file output.yaml
--s3-bucket sam-codebase
```

입력한 명령은 template.yaml 파일을 이용해 CloudFormation 스택으로 패키징한 다음, 결과 파일의 CodeUri 매개변수를 변경한다. 다음과 같이 template.yaml과 output.yaml 파일을 비교해보면 차이를 명확히 알 수 있다.

이처럼 Lambda 함수를 지속적 통합 및 지속적 전달(CI/CD) 파이프라인으로 구현하고자 할 때 유용하게 사용할 수 있다. CloudFormation의 package 명령은 파일을 압축해서 지정한 S3에 업로드하고, CodeUri 매개변수를 올바른 URI로 변경하는 작업을 수행한다. 이러한 방법으로 CodeUri를 매번 수동으로 변경하지 않고도 코드를 패키징하고 다양한 버전으로 배포 패키지를 만들 수 있다. 정말 간단하다!

코드를 업로드했으니 다음 단계는 새로 생성된 output.yaml 파일을 사용해 CloudFormation 스택으로 코드를 배포하는 일이다. 다음 명령을 입력하자.

```
# aws cloudformation deploy
--template-file output.yaml
--stack-name MyFirstSAMDeployment
--capabilities CAPABILITY_IAM
```

--capability CAPABILITY_IAM 매개변수를 사용하면 CloudFormation이 Lambda 함수를 실행하는 데 필요한 역할을 만들 수 있다. 문제가 없다면 신규 애플리케이션이 CloudFormation에 스택으로 배포됐을 것이다. 다음과 같이 CloudFormation 대시보드에서 새로 생성된 스택을 확인해보자.

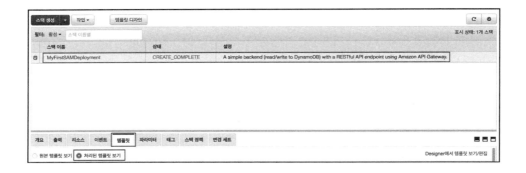

새로 생성된 스택을 선택하고 **템플릿** 탭을 누르면 **원본 템플릿 보기**와 **처리된 템플릿 보기**
라는 두 체크박스가 표시된다. 두 번째 항목을 선택하면 필수 권한과 CloudFormation
이 Lambda 함수가 적절히 실행할 수 있도록 자동으로 채워둔 이벤트 매개변수를 볼 수
있다.

스택을 배포한 다음 POST 또는 GET 요청을 보내려면 API Gateway URL이 필요하다.
Lambda 대시보드로 이동해 새로 배포된 Lambda 함수를 선택(저자의 경우 `MyFirstSAM`
`Deployment-microservicehttpendpoint-1ZTJ5P2QMJKB`)하고 다음과 같이 트리거 구성을 확인
한다.

화면에 표시된 API Gateway URL을 기록해두자. 해당 URL에 쿼리를 실행하려면 Post
man(https://www.getpostman.com)과 같은 도구를 사용할 수 있다. 다음과 같이

TableName에 DynamoDB 테이블 이름을 지정해서 호출해보자.

해당하는 테이블이 존재하면 다음과 같이 테이블에 있는 항목이 응답 결과로 표시된다.

```
1 ▾ {
2 ▾   "Items": [
3 ▾     {
4          "IP_ADDRESS": "10.0.0.0"
5        },
6 ▾     {
7          "IP_ADDRESS": "192.168.76.90"
8        }
9      ],
10     "Count": 2,
11     "ScannedCount": 2
12  }
```

같은 방식으로 SAM을 사용한 서버리스 애플리케이션을 구축하고 배포할 수 있다. 지금 껏 여러 번 살펴봤던 계산기 코드를 수정해서 API Gateway를 이용해 연산자와 피연산자를 받는 예제를 만들어보자. 코드는 사용자가 게이트웨이를 사용해 값을 전달하면, 답을 계산해 DynamoDB 테이블에 데이터를 저장하는 Lambda 함수를 트리거한다.

우선 계산기 함수 코드를 살펴보자. API Gateway에서 매개변수를 받아 DynamoDB 테이블에 결과를 저장할 수 있도록 코드를 약간 수정했다.

```
'use strict';
console.log('계산기 함수 준비');
let doc = require('dynamodb-doc');
let dynamo = new doc.DynamoDB();
const tableName = process.env.TABLE_NAME;
```

```javascript
const createResponse = (statusCode, body) => {
  return {
    "statusCode": statusCode,
    "body": body || ""
  }
};
let response;
exports.handler = function(event, context, callback) {
  console.log('수신 이벤트 :', JSON.stringify(event, null, 2));
  let operand1 = event.pathParameters.operand1;
  let operand2 = event.pathParameters.operand2;
  let operator = event.pathParameters.operator;
  if (operand1 === undefined || operand2 === undefined
  || operator === undefined) {
    console.log("유효하지 않은 입력(400)");
    response = createResponse(400, "유효하지 않은 입력(400)");
    return callback(null, response);
  }
  let res = {};
  res.a = Number(operand1);
  res.b = Number(operand2);
  res.op = operator;
  if (isNaN(operand1) || isNaN(operand2)) {
    console.log("유효하지 않은 연산자(400)");
    response = createResponse(400, "유효하지 않은 연산자(400)");
    return callback(null, response);
  }
  switch (operator) {
    case "add":
      res.c = res.a + res.b;
      break;
    case "sub":
      res.c = res.a - res.b;
      break;
    case "mul":
      res.c = res.a * res.b;
```

```
      break;
    case "div":
      if (res.b === 0) {
        console.log("나눗셈 제수는 0이 될 수 없다.");
        response = createResponse(400,
          "나눗셈 제수는 0이 될 수 없다.(400)");
        return callback(null, response);
      } else {
        res.c = res.a / res.b;
      }
      break;
    default:
      console.log("유효하지 않은 연산자(400)");
      response = createResponse(400, "유효하지 않은 연산자(400)");
      return callback(null, response);
      break;
  }
console.log("결과 : " + res.c);
console.log("DynamoDB에 삽입");
let item = {
  "calcAnswer": res.c,
  "operand1": res.a,
  "operand2": res.b,
  "operator": res.op
};
let params = {
  "TableName": tableName,
  "Item": item
};
dynamo.putItem(params, (err, data) => {
  if (err) {
    console.log("DB 삽입 실패 : ", err);
    response = createResponse(500, err);
  } else {
    console.log("DB 삽입 성공");
    response = createResponse(200, JSON.stringify(res));
```

```
    }
    callback(null, response);
  });
};
```

코드를 index.js 파일에 복사하고 저장하자. 다음으로 계산기 애플리케이션을 위해 가장 중요한 SAM 파일인 template.yaml을 만든다.

```yaml
AWSTemplateFormatVersion: '2010-09-09'
Transform: AWS::Serverless-2016-10-31
Description: 계산기 웹 서비스. 상태는 DynamoDB 테이블에 저장한다.
Resources:
  CalcGetFunction:
    Type: AWS::Serverless::Function
    Properties:
      Handler: index.handler
      Policies: AmazonDynamoDBFullAccess
      Runtime: nodejs4.3
      Role: <역할 ARN>
      Environment:
        Variables:
          TABLE_NAME: !Ref: Table
      Events:
        GetResource:
          Type: Api
          Properties:
            Method: get
            Path: /calc/{operand1}/{operand2}/{operator}
  Table:
    Type: AWS::Serverless::SimpleTable
    Properties:
      PrimaryKey:
        Name: calcAnswer
        Type: Number
```

```
ProvisionedThroughput:
  ReadCapacityUnits: 5
  WriteCapacityUnits: 5
```

SAM을 모두 설정하고 나면 다음으로 가장 중요한 output.yaml 파일을 생성하고 CloudFormation을 사용해 애플리케이션을 배포해야 한다. 우선 다음 명령을 사용해 template.yaml을 패키징하자. index.js 파일과 template.yaml 파일이 저장된 계산기 애플리케이션 디렉터리로 이동해 다음 명령어를 실행한다.

```
# aws cloudformation package
--template-file template.yaml
--output-template-file output.yaml
--s3-bucket sam-codebase
```

패키징 명령의 출력 결과는 output.yaml 파일이다. 해당 파일에는 CodeUri 매개변수가 존재하고, 자동으로 입력된 고유한 S3 URI가 지정된다. 코드를 업로드했으니 다음 단계는 새로 생성된 output.yaml 파일을 사용해 CloudFormation 스택으로 코드를 배포하는 일이다. 다음 명령을 실행하자.

```
# aws cloudformation deploy
--template-file output.yaml
--stack-name MyCalcSAMDeployment
--capabilities CAPABILITY_IAM
```

이전에 언급한 대로 CloudFormation이 Lambda 함수 실행에 필요한 역할을 만들 수 있도록 --capability CAPABILITY_IAM 매개변수를 추가해야 한다는 사실을 잊지 말자. 잠시 후면 생성된 애플리케이션 스택을 확인할 수 있다. 다음과 같이 CloudFormation 대시보드를 사용해 똑같은 스택이 있는지 확인해보자.

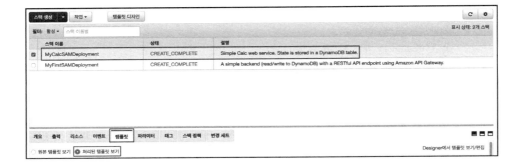

이제 재미있는 부분만 남았다! 전체 애플리케이션 설정이 예상대로 동작하는지 테스트해보자. 우선 호출할 API Gateway URL이 필요하다. API Gateway 대시보드에서 URL을 확인하거나 다음에 설명하는 대로 Lambda 대시보드에서 URL을 찾을 수 있다.

먼저 Lambda 관리 대시보드를 열고 새로 생성된 함수를 선택하자. 함수 이름은 `MyCalc SAMDeployment-CalcGetFunction-18T7IJLS4F53L`처럼 CloudFormation 스택명과 임의의 문자열이 접두사로 붙는다. 다음으로 트리거 탭을 선택해서 API Gateway URL을 확인하자.

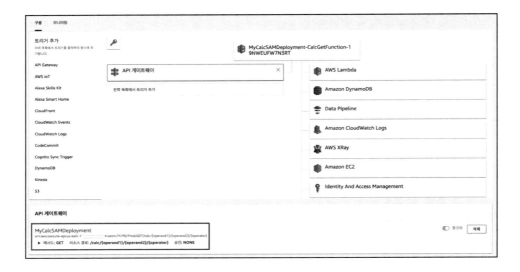

Postman과 같은 도구를 사용해 API Gateway URL로 요청을 보낼 수 있다. 최신 버전의 Postman을 다운로드하려면 https://www.getpostman.com을 참고하자.

API Gateway URL을 붙여 넣고 {Operator1}, {Operator2}, {Operand}를 다음과 같이 임의의 값으로 변경하자. 준비를 완료하면 **Send** 버튼을 눌러 호출한다. 애플리케이션이 올바르게 설정되면 **Body** 항목에 출력 결과가 표시된다. DynamoDB 테이블을 확인해 결과를 검증할 수도 있다. 해당 테이블은 Lambda 함수명에 적용된 명명 규칙과 유사하게 CloudFormation 스택명과 임의의 문자열이 접두사로 붙는다. 예를 들면 `MyCalcSAMDeployment-Table-9G02RMWZ904M` 같은 형식이다.

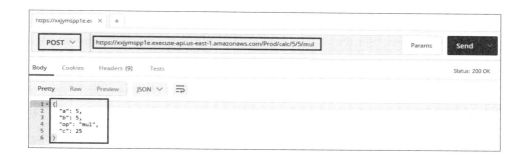

마찬가지로 표준화된 SAM 템플릿을 사용하면 이번에 살펴본 예제와 같이 완벽한 서버리스 애플리케이션을 손쉽게 구축하고 배포할 수 있다. 하지만 애플리케이션에 점점 더 많은 Lambda 함수가 추가되면 복잡성이 증가하고, 구성 요소 간에 상호작용을 조정하고 작성하는 데 많은 어려움이 생긴다. 하지만 염려하지 말자! 서버리스 애플리케이션을 손쉽게 구축하고 조정할 수 있는 또 다른 AWS 서비스가 있다. 이제 AWS Step Functions를 알아보자!

▋ AWS Step Functions 소개

지금까지 Lambda 함수로 정말 멋진 작업을 해냈다. 모두 만족할만한 경험이길 바란다! 하지만 AWS Lambda 서비스만으로는 해결할 수 없는 문제가 있다. 복잡한 워크플로우를 필요로 하는 실제 분산 애플리케이션을 구성하기 위해 Lambda 함수를 효율적으로 조율하고 조정하는 방법이 있을까? AWS를 오랫동안 사용했다면 AWS SWF^{Simple Workflow Service}를 사용하거나 다른 함수를 조정하는 다른 Lambda 함수를 만들 수 있다. 하지만 이런 기법에는 장단점이 존재한다. 이러한 문제를 해결하기 위해 AWS re:Invent 2016 행사에서 Step Functions라는 웹 서비스가 소개됐다.

AWS Step Functions는 기본적으로 여러 Lambda 함수의 실행을 조정하고 제어할 수 있는 Lambda 함수를 위한 오케스트레이션^{orchestration} 서비스다. Step Functions를 사용하면 특정 작업을 수행하는 개별 함수를 만들 수 있고, 각 작업은 서로 독립적으로 확장할 수 있다. 스케일링^{scaling}, 실패 시 재처리, 다른 구성 요소 간에 조정 작업 모두 Step Functions가 직접 처리하므로 사용자는 적합하다고 생각하는 워크플로우를 설계할 수 있다.

구성 요소

AWS Step Functions는 다른 필수 구성 요소와 별개로 작업과 상태 머신을 필요로 한다. 이러한 구성 요소가 수행하는 작업을 간략히 들여다보기로 하자.

- **상태 머신**^{State machine}: 상태 머신은 기본적으로 하나 이상의 상태^{state}를 정의하는 데 사용하는 JSON 기반의 구조화된 언어다. 상태는 특정 작업을 수행하는데, 예를 들어 작업 상태^{task states}는 일부 활동을 수행하고, 선택 상태^{choice states}는 상태 전환을 결정하며 실패 상태^{fail states}는 오류가 있는 실행을 중지하도록 설계됐다. 상태는 차례로 실행되거나 실행^{execution}이라는 상태 머신의 복사본과 함께 병렬로 실행될 수 있다. 다중 실행은 주어진 시점에 독립적으로 실행할 수 있다.

다음은 간단한 상태 머신을 표현한 예제다.

```
{
  "Comment": "전달(Pass) 상태를 사용하는 Hello World 상태 머신 예제",
  "StartAt": "HelloWorld",
  "States": {
    "HelloWorld": {
      "Type": "Pass",
      "Result": "Hello World!",
      "End": true
    }
  }
}
```

- **상태**States: 상태 머신을 구성하는 개별 요소 또는 도우미 함수다. 상태 머신에서 다음에 설명하는 다양한 기능을 수행할 수 있다.
- **작업 상태**Task state: 상태 머신에서 활동을 수행하는 데 사용한다.
- **선택 상태**Choice state: 다중 실행 사이에서 의사 결정에 사용한다.
- **전달 상태**Pass state: 한 지점에서 다른 지점으로 일부 데이터를 전달하는 데 사용한다.
- **대기 상태**Wait state: 실행을 지연하는 데 사용한다.
- **병렬 상태**Parallel state: 작업의 병렬 실행을 시작한다.
- **성공/실패**Succeed/Fail state **상태**: 성공 또는 실패를 기준으로 실행을 중지하는 데 사용한다.
- **작업 및 활동**Tasks and activities: 상태 머신에서 수행되는 하나의 작업 단위를 나타낸다. 작업은 두 가지 유형으로 세분화할 수 있으며, 첫 번째는 작성된 코드를 기반으로 일부 작업을 수행하는 Lambda 함수다. 두 번째 유형은 기본적으로 EC2, ECS 컨테이너, 물리 인프라 또는 모바일 장치에서 호스팅되는 모든 코드의 활동이다.

- **전환**Transitions: 전환은 Step Functions가 진행할 다음 상태를 결정하는 상태 머신의 실행 지점이다. 일부 상태는 단일 전환 규칙만 제공할 수 있지만, 선택 상태를 사용하는 경우 여러 전환 규칙을 지정할 수 있다.

이러한 개념 외에도 Step Functions는 정말 간단하고 사용하기 쉬운 시각적 워크플로우 편집기를 제공한다. 시각적 워크플로우를 사용하면 실행 중 워크플로우에서 색상 코드를 표현할 수 있다. 게다가 워크플로우 디버깅 시 편리하게 사용할 수 있을뿐더러 상태 머신에 전달되는 다양한 입력 및 출력값을 확인하는 데 유용하다.

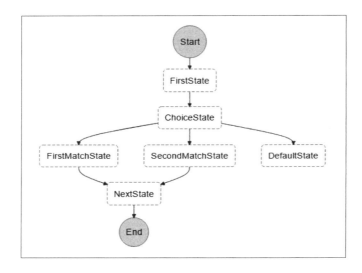

이제 Step Functions를 활용해 Lambda 함수를 조정하고 구성하는 방법을 몇 가지 예제를 통해 살펴보자.

Step Functions 시작하기

이번 절에서는 간단한 예제를 통해 Step Functions 상태 머신을 설정하고 시작하는 방법을 알아본다. 예제 시나리오는 정말 간단하다. 집안의 전구를 켜거나 끄기 위해 사용하는 두 개의 Lambda 함수만 있으면 된다. 여기에서 AWS IoT 서비스를 사용하지는 않으니 걱정하지 말자! 함수는 간단히 전구를 켜고 끄는 행위를 가정해서 수행한다. 중요한 부분은 최소한의 상태 머신을 만드는 방법을 이해해서 도움을 받는 것이다.

상태 머신을 만들기 위한 첫 번째 단계는 Lambda 함수를 만드는 일이다. 이번에 사용하는 Lambda 함수는 실제 동작이 아닌 모의 실험용이므로 전구를 켜고 끄는 동작을 수행하는 약간의 작업만 지정하면 된다.

```
'use strict';
console.log('함수 준비');
exports.handler = (event, context, callback) => {
  console.log('전구를 켤 수 있는 코드가 여기에 위치한다!', event.onoff);
  callback(null, "전구에 불이 들어왔다!");
};
```

함수는 단순히 이벤트 매개변수를 받아 callback 메소드에 메시지를 반환한다. 해당 함수에 적절한 이름을 지정해서 AWS Lambda에 배포하자. 예제에서는 함수 이름을 switchOn이라고 지정했다. 함수 switchOn을 트리거하는 이벤트는 다음과 같이 제공한다.

```
{
  "onoff": "on"
}
```

코드를 배포한 다음 ARN을 기록해두자. ARN은 상태 머신을 만드는 단계에서 필요하다. 마찬가지로 switchOff 함수도 만들어야 한다. 필요한 함수를 만들었으니 이제 두 번째 단계인 상태 머신을 만들어야 한다.

AWS 관리 콘솔에서 Step Functions 서비스를 선택한 다음 대시보드에서 **시작** 버튼을 누르면 아래와 같이 **상태 시스템 생성** 화면이 나온다. 상태 시스템에 적절한 이름을 지정하자.

이번 예제에서 블루프린트는 사용하지 않으므로 2단계 **블루프린트 선택**에서는 **사용자 지정**을 선택하고, 3단계 **코드** 항목에 다음 상태 머신 코드를 붙여 넣자.

```
{
  "Comment": "전구의 전원 상태 변경",
  "StartAt": "SwitchState",
  "States": {
    "SwitchState": {
      "Choices": [
        {
          "Next": "OnSwitch",
          "StringEquals": "on",
          "Variable": "$.onoff"
        },
        {
          "Next": "OffSwitch",
          "StringEquals": "off",
          "Variable": "$.onoff"
        }
      ],
      "Default": "DefaultState",
```

```
      "Type": "Choice"
    },
    "DefaultState": {
      "Cause": "No Matches!",
      "Type": "Fail"
    },
    "OffSwitch": {
      "End": true,
      "Resource": "arn:aws:lambda:us-east-1:12345678910:
        function:switchOff",
      "Type": "Task"
    },
    "OnSwitch": {
      "End": true,
      "Resource": "arn:aws:lambda:us-east-1:12345678910:
        function:switchOn",
      "Type": "Task"
    }
  }
}
```

코드에 붙여 넣은 내용을 파악해보자. 우선, StartAt은 상태 머신의 시작을 정의하는 가장 중요한 매개변수다. 다음으로 나오는 Choices 매개변수는 여러 선택 사항을 나열할 수 있다. 예제에서는 함수가 on 또는 off 이벤트를 받으면 선택해야 할 사항을 표시했다. 또한 선택 사항에 정의한 조건에 부합할 경우 상태 머신이 따라야 하는 다음 논리적 단계를 Choice 절 안에 Next 매개변수로 전달했다. 선택 사항의 조건에 충족되지 않으면 기본적으로 수행해야 할 작업을 처리하는 Default 상태 또한 지정했다. 예제에서 기본 상태는 선택 상태에 일치하는 조건이 없으면 단순히 오류 메시지와 함께 실패 처리된다.

상태 머신의 마지막 단계에서는 호출 시 필요한 Lambda 함수를 부르는 실제 동작 가능 상태, 즉 OffSwitch와 OnSwitch를 정의했다. 상태 머신에 표시된 ARN 값을 작성한 Lambda 함수의 ARN 값으로 교체하고 **시각적 워크플로우**에서 새로 고침 버튼을 눌러 미리 보기를 해보자. 다음과 비슷한 순서도가 표시된다.

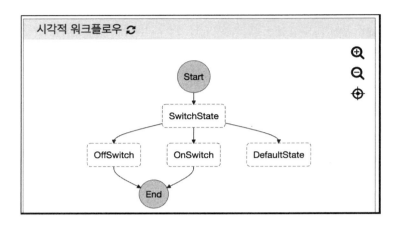

상태 시스템 생성 버튼을 눌러 프로세스를 완료하려고 하면, 작업에 필요한 IAM 역할을 선택하라는 창이 나온다. 다음 정책을 사용해 IAM 역할을 만들자.

```
{
  "Version": "2012-10-17",
  "Statement": [
    {
      "Effect": "Allow",
      "Action": [
        "lambda:InvokeFunction"
      ],
      "Resource": [
        "*"
      ]
    }
  ]
}
```

해당 역할을 Step Functions가 사용할 수 있도록 신뢰 관계를 형성해야 한다. **Trust**

entities 항목에 다음 정책을 추가해야 한다.[1]

```json
{
  "Version": "2012-10-17",
  "Statement": [
    {
      "Sid": "",
      "Effect": "Allow",
      "Principal": {
        "Service": "states.us-east-1.amazonaws.com"
      },
      "Action": "sts:AssumeRole"
    }
  ]
}
```

Step Functions에 역할을 지정해서 생성을 완료하면 다음과 같이 첫 번째 상태 머신이 생성된다.

---

1 역할 생성 단계에서는 Step Functions를 지정할 수 없다. 따라서 역할 생성 단계에서는 Lambda 함수를 선택한 다음, 역할 세부 항목의 'Trust Relationships' 탭에서 정책을 수정하자. – 옮긴이

상태 머신을 테스트하고 실행하기 위해 **새 실행** 버튼을 선택하자. 버튼을 누르면 상태 머신에 이벤트를 전달할 수 있는 JSON 편집기가 나온다. 예제에서는 다음과 같이 이벤트를 보냈다.

```json
{
  "onoff": "on"
}
```

실행 시작 버튼을 선택해 상태 머신을 시작하자. 상태 머신에 별다른 문제가 없다면 계획대로 진행돼 성공적으로 수행을 마치고 다음과 같은 결과를 볼 수 있다. SwitchState와 OnSwitch 상태를 선택해 해당 상태의 자세한 내용을 볼 수 있다. 예를 들어, OnSwitch 상태에서 우측의 **단계 세부 정보**의 **출력** 탭을 선택하면 전구가 켜져 있다는 메시지를 확인할 수 있다.

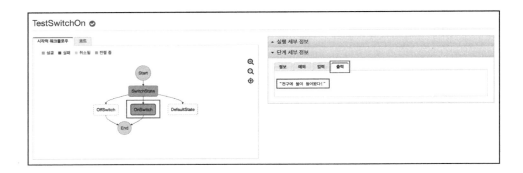

또한 다른 작업을 선택한 다음 제공한 입출력 매개변수를 확인해서 상태 머신의 실행 단계를 상세히 볼 수 있다. 다만 상태 머신을 계속해서 테스트하려면 새로운 **실행** 버튼으로 상태 머신을 추가해야 한다.

지금까지 Step Functions의 간단한 동작을 알아봤다. 다음 절에서는 지금까지 배운 사항을 계산기 예제에 적용해보도록 하자.

Step Functions를 사용한 분산 애플리케이션 구축

Step Functions의 진정한 목적은 개발자가 손쉽게 여러 Lambda 함수를 작성하고 저장할 수 있게 하는 것이다. 이는 대량의 Lambda 함수를 갖고 있고, 각각이 매우 구체적인 작업을 수행하는 데다가 서로 간에 행위를 조정하고자 할 때 편리하게 사용할 수 있다. 이번 예제에서는 이전에 배포한 SAM 템플릿에서 단일 계산기 예제 코드를 Step Functions를 이용해 재설계하고자 한다. 먼저 이번 예제를 위해 생성한 Lambda 함수를 살펴보자. 우선 기본적인 덧셈, 뺄셈, 곱셈 함수는 다음에 표시된 코드와 같다.

```
'use strict';
console.log('더하기 함수 준비');
exports.handler = function(event, context, callback) {
  console.log('수신 이벤트 :', JSON.stringify(event, null, 2));
  let operand1 = event.a;
  let operand2 = event.b;
  let operator = event.op;
  let res = {};
  res.a = Number(operand1);
  res.b = Number(operand2);
  res.op = operator;
  res.c = res.a + res.b;
  console.log("결과 : " + res.c);
  callback(null, res);
};
```

함수는 이해하기 쉬울뿐더러 구현하기도 간단하다. 세 개의 매개변수 operand1, operand2, operator를 이벤트로 받아 계산한 다음, 계산 결과를 callback( )으로 전달한다.

나눗셈 코드는 약간 다른 동작 방식을 갖고 있다. 다음 코드와 같이, 두 개의 피연산자에 나누기 연산을 하기 전에 몇 가지 검사를 수행한다.

```
function ZeroDivisorError(message) {
  this.name = "ZeroDivisorError";
  this.message = message;
}
  if (res.b === 0) {
    console.log("나눗셈 제수는 0이 될 수 없다.");
    const zeroDivisortError = new ZeroDivisorError("나눗셈 제수는 0이 될 수 없다!");
    callback(zeroDivisortError);
  } else {
    res.c = res.a / res.b;
    console.log("결과 : " + res.c);
    callback(null, res);
  }
```

두 함수 외에도 기본적으로 필요한 모든 값의 입력 여부와 피연산자가 숫자인지 아닌지를 판별하는 함수를 만들었다. 피연산자가 검사를 통과하면 추가 계산을 위해 각 Lambda 함수로 전달된다.

```
'use strict';
console.log('계산기 함수 준비');
function InvalidInputError(message) {
  this.name = "InvalidInputError";
  this.message = message;
}
function InvalidOperandError(message) {
  this.name = "InvalidOperandError";
  this.message = message;
}
exports.handler = function(event, context, callback) {
  console.log('수신 이벤트:', JSON.stringify(event, null, 2));
  let operand1 = event.operand1;
  let operand2 = event.operand2;
  let operator = event.operator;
```

```
InvalidInputError.prototype = new Error();
if (operand1 === undefined || operand2 === undefined
   || operator === undefined) {
  console.log("유효하지 않은 입력");
  const invalidInputError =
    new InvalidInputError("유효하지 않은 입력!");
  return callback(invalidInputError);
}
let res = {};
res.a = Number(operand1);
res.b = Number(operand2);
res.op = operator;
InvalidOperandError.prototype = new Error();
if (isNaN(operand1) || isNaN(operand2)) {
  console.log("유효하지 않은 연산자");
  const invalidOperandError =
    new InvalidOperandError("유효하지 않은 연산자!");
  return callback(invalidOperandError);
}
callback(null, res);
};
```

계산이 완료되면 최종 결과는 다음 코드를 사용해 사전에 정의한 DynamoDB 테이블에
저장된다.

```
let item = {
  "calcAnswer": event.c,
  "operand1": event.a,
  "operand2": event.b,
  "operator": event.op
};
let params = {
  "TableName": tableName,
  "Item": item
```

```
    };
    dynamo.putItem(params, (err, data) => {
        if (err) {
            console.log("DB 삽입 실패 : ", err);
            callback(err);
        } else {
            console.log("DB 삽입 성공");
            callback(null, "성공!");
        }
    });
```

일반적인 계산기 코드를 이용해 총 6개의 Lambda 함수로 기능을 분리했다. 각 함수를 Lambda에 배포하고 나면 Step Functions를 이용해 관련된 상태 머신을 만들기만 하면 된다. 우선 차례로 상태 머신을 만들며 하나씩 살펴보자.

첫 번째는 기본적으로 피연산자와 연산자를 이벤트로 받아 유효성 검증을 위해 값을 전달하는 시작 상태, 즉 FetchAndCheck를 정의하는 부분이다. 오류가 발견되면 적절한 오류 메시지와 함께 FailState를 호출하고, 그렇지 않으면 ChoiceStateX를 호출해 실행을 이어 나간다.

```
{
    "Comment": "AWS Lambda 함수를 사용하는 Amazon State Language 예제",
    "StartAt": "FetchAndCheck",
    "States": {
        "FetchAndCheck": {
            "Type": "Task",
            "Resource": "arn:aws:lambda:us-east-1:12345678910:
                function:fetchandCheckLambda",
            "Next": "ChoiceStateX",
            "Catch": [
                {
                    "ErrorEquals": ["InvalidInputError", "InvalidOperandError"],
                    "Next": "FailState"
```

```
            }
        ]
    },
```

ChoiceStateX 상태는 상태 머신 실행 중에 전달된 연산자 매개변수를 기반으로 호출 작업을 결정한다.

```
"ChoiceStateX": {
  "Type": "Choice",
  "Choices": [
    {
      "Variable": "$.op",
      "StringEquals": "add",
      "Next": "Addition"
    },
    {
      "Variable": "$.op",
      "StringEquals": "sub",
      "Next": "Subtraction"
    },
    {
      "Variable": "$.op",
      "StringEquals": "mul",
      "Next": "Multiplication"
    },
    {
      "Variable": "$.op",
      "StringEquals": "div",
      "Next": "Division"
    }
  ],
  "Default": "DefaultState"
},
```

선택 상태를 정의했으니 이제 상태 머신의 개별 작업을 정의해야 한다. 여기서는 이전에 만들었던 Lambda 함수의 개별 ARN 값을 제공해야 한다.

```
"Addition": {
  "Type" : "Task",
  "Resource": "arn:aws:lambda:us-east-1:<계정ID>:function:additionLambda",
  "Next": "InsertInDB"
},

"Subtraction": {
  "Type" : "Task",
  "Resource": "arn:aws:lambda:us-east-1:<계정ID>:function:subtractionLamb
  da",
  "Next": "InsertInDB"
},

"Multiplication": {
  "Type" : "Task",
  "Resource": "arn:aws:lambda:us-east-1:<계정ID>:function:multiplication",
  "Next": "InsertInDB"
},

"Division": {
  "Type" : "Task",
  "Resource": "arn:aws:lambda:us-east-1:<계정ID>:function:divisionLambda",
  "Next": "InsertInDB",
  "Catch": [
      {
          "ErrorEquals": ["ZeroDivisorError"],
          "Next": "FailState"
      }
    ]
},

"DefaultState": {
```

```
    "Type": "Pass",
    "Next": "FailState"
  },
```

InsertInDB 상태는 피연산자와 연산자, 계산된 값을 사전에 정의한 DynamoDB 테이블에 저장하는 상태 머신 실행 단계의 최종 상태다.

```
  "InsertInDB": {
    "Type": "Task",
    "Resource": "arn:aws:lambda:us-east-1:<계정ID>:function:insertInDBLambda",
    "Next": "SuccessState",
    "Catch": [
        {
            "ErrorEquals": ["States.ALL"],
            "Next": "FailState"
        }
      ]
  },

  "FailState": {
    "Type": "Fail"
  },

  "SuccessState": {
    "Type": "Succeed"
  }
 }
}
```

코드를 붙여 넣고 시각적 워크플로우에서 미리 보기를 하면 다음과 유사한 순서도를 확인할 수 있다.

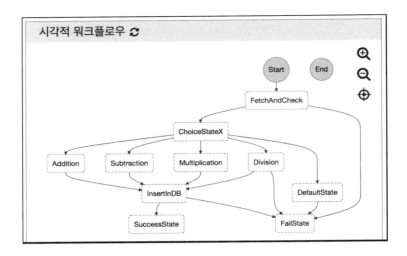

이제 **상태 시스템 생성** 버튼을 눌러 상태 머신에서 사용할 IAM 역할을 선택하자. 이번에는 이벤트를 CloudWatch에 로깅하고 특정 DynamoDB 테이블에 항목을 저장하는데 필요한 정책을 만들어야 한다. 예제에서는 이전에 사용했던 테이블을 계속해서 사용한다.

```
{
  "Version": "2012-10-17",
  "Statement": [
    {
      "Sid": "Stmt1497293444000",
      "Effect": "Allow",
      "Action": [
        "logs:CreateLogGroup",
        "logs:CreateLogStream",
        "logs:PutLogEvents"
      ],
      "Resource": [
        "*"
      ]
    },
```

```
  {
    "Sid": "Stmt1497293498000",
    "Effect": "Allow",
    "Action": [
      "dynamodb:PutItem"
    ],
    "Resource": [
      "arn:aws:dynamodb:us-east-1:<계정ID>:table/myCalcResults"
    ]
  }
 ]
}
```

IAM 역할을 만들고 상태 머신에 할당하고 나면 이제 작업을 수행할 수 있다. **새 실행** 버튼을 선택해 다음 이벤트를 전달하자.

```
{
  "operand1": "3",
  "operand2": "5",
  "operator": "mul"
}
```

이벤트 매개변수를 전달하면 다음 순서도에 표시된 대로 입력 및 출력 결과가 표시된다.

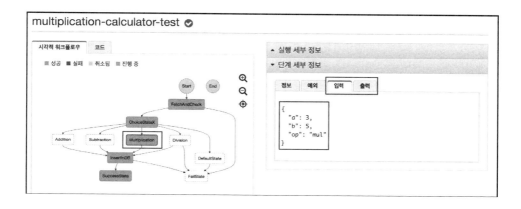

요구 사항에 따라 비슷한 방식으로 상태 머신을 치환하거나 조합해서 실행할 수 있다. 예제에서 실행한 데이터가 DynamoDB 테이블에 잘 들어갔는지 확인해보자. 실행에 문제가 있다면 문제 해결 및 오류 검사를 위해 CloudWatch Logs를 확인하면 된다.

▌ 향후 계획 수립

Lambda 애플리케이션을 구축하고 배포할 때 SAM과 Step Functions를 사용해 다양한 작업을 수행할 수 있다. 하지만 이러한 서비스 외에도 AWS CodeBuild와 AWS CodeDeploy와 같은 AWS 서비스를 이용할 수 있다. CodeBuild를 활용하면 서버리스 애플리케이션을 빌드하고 로컬 테스트 및 패키징이 가능하다. 반면에 CodeDeploy는 애플리케이션의 릴리즈 관리 단계를 자동화할 수 있다. 자세한 구현 단계는 http://docs. aws.amazon.com/ko_kr/lambda/latest/dg/automating-deployment.html을 참고하자.

또한 AWS 서비스인 Amazon SWF를 사용해도 무방하다. Step Functions는 SWF의 전체 기능 중 일부에 불과하다. 하지만 분산 서버리스 애플리케이션을 조정하고 실행할 때 상대적으로 Step Functions가 전반적으로 더 높은 사용자 경험을 가져다준다. 하지만 SWF와 Step Functions를 알맞게 사용하려면 어떻게 해야 할까? 글쎄, 마냥 간단하지는 않다. 두 서비스 모두 장단점이 존재한다. 하지만 저자의 경우 실행하고자 하는 작업의 복잡성에 따라 최종 선택을 내린다. 예를 들어 SWF는 설계에 따라 외부 애플리케이션에서 프로세스를 개입시키는 작업에 더 적합하다고 할 수 있다. SWF는 의사 결정 단계를 일부 활동을 수행하는 실제 단계와 분리하는 결정자^{Decider} 프로그램이라는 개념을 사용한다. Step Functions에는 애플리케이션이 조정 역할을 수행하는 서비스 유형과 통신할 필요가 없다. 따라서 몇 가지 형태를 조정하고 관리하는 데 필요한 단순한 애플리케이션에 적합하다. http://docs.aws.amazon.com/ko_kr/amazonswf/latest/developerguide/lambda-task.html을 참고하면 SWF를 사용해볼 수 있다.

▌ 요약

드디어 6장이 끝났다. 지금쯤 Lambda 함수를 처리하는 적절한 방법과 여러 Lambda 함수를 함께 동작하는 방법을 깨우쳤을 것이다. 다음 7장으로 넘어가기 전에 지금까지 살펴본 내용을 간략히 요약해보자.

6장에서는 SAM, Step Functions와 같은 AWS 서비스를 활용해 서버리스 애플리케이션을 빌드하고 배포 및 조정하는 방법을 알아봤다. 이러한 서버리스 애플리케이션은 주로 DynamoDB, API Gateway, Lambda 서비스를 조합해 실행했다. 게다가 SAM 템플릿을 만들어 이를 효과적으로 배포하는 방법을 배웠을 뿐만 아니라 몇 가지 편리한 배포 예제를 통해 AWS Step Functions를 집중적으로 알아봤다. 마지막으로 Lambda 애플리케이션 구축에 사용 가능한 일부 AWS 서비스를 소개하며 6장을 마무리했다.

7장에서는 Lambda 함수를 사용할 때 중요하게 다뤄야 할 사항을 살펴보기로 한다. 즉 Lambda 함수를 효율적으로 모니터링하고 문제를 해결하는 방법을 알아볼 것이다. 계속해서 책장을 넘기자. 아직도 배울 게 많다!

07

AWS Lambda 모니터링과 트러블슈팅

지금까지 AWS Lambda 서비스를 사용해서 서버리스 애플리케이션을 구축하는 방법을 알아봤다. 7장에서는 Lambda 함수를 지금까지와는 다른 관점으로 접근하고자 한다. AWS CloudWatch 서비스와 Datadog, Loggly라는 타사 도구를 활용해 Lambda 애플리케이션을 효율적으로 모니터링하고 트러블슈팅 방법을 알아보겠다.

7장에서 다루는 내용은 다음과 같다.

- CloudWatch를 사용해 Lambda 함수를 모니터링하는 방법
- AWS X-Ray를 사용해 서버리스 애플리케이션을 모니터링하는 방법
- Datadog를 사용해 Lambda 함수를 모니터링하는 방법
- Loggly에 Lambda 함수와 애플리케이션 로그를 남기고 분석하는 방법
- Lambda 함수의 트러블슈팅을 위한 권장 사항 및 모범 사례

자, 그럼 본격적으로 시작해보자!

▌ CloudWatch를 사용해 Lambda 함수 모니터링하기

지금까지 책 전반에 걸쳐 CloudWatch를 사용해 Lambda 함수를 검사하고 모니터링하는 방법을 알아봤다. 일단 기본적인 준비를 마치면 설정 작업은 어렵지 않다. 대부분함수는 모니터링하는 데 같은 설정을 재사용할 수 있다. 우선 CloudWatch를 사용해Lambda 함수를 모니터링하는 방법을 복습해보자.

우선 시작하기 전에 사전 작업이 필요하다. 사전 작업이라고 해봤자 단순히 CloudWatch에 문제없이 로그를 보낼 수 있는 정책 모음에 불과하다. 함수는 보통 CloudWatch에 로그 그룹과 스트림 생성, 로그 이벤트를 특정 스트림에 넣을 수 있는 권한이 필요하다. 로그 그룹 및 로그 스트림 생성 작업 모두 CloudWatch가 직접 처리한다. 다음은 기본적으로 Lambda 함수가 CloudWatch에 로그를 보낼 수 있는 간단한 IAM 정책이다. 해당 정책은 예제에서만 사용하는 단순한 템플릿일 뿐, 실제 운영 환경에서 동작하는 함수는 항상 구체적인 IAM 정책과 역할이 필요하다.

```json
{
  "Version": "2012-10-17",
  "Statement": [
    {
      "Effect": "Allow",
      "Action": [
        "logs:CreateLogGroup",
        "logs:CreateLogStream",
        "logs:PutLogEvents"
      ],
      "Resource": "*"
    }
```

```
    ]
}
```

일단 사전 작업을 완료하고 나면 함수를 작성하고 패키징해서 Lambda 서비스에 함수를 업로드할 수 있다. 함수가 트리거되면 문제없이 CloudWatch에 로그를 전송하기 시작할 것이다. CloudWatch 대시보드의 로그 탭에서 다음과 같이 함수 이름을 입력해서 해당 로그를 볼 수 있다.

/aws/lambda/<Lambda_함수명>

함수를 선택하면 생성된 로그 스트림이 표시된다. 로그 스트림이 표시되지 않는다면 CloudWatch에 로그를 작성할 수 있는 권한, 즉 IAM 역할 구성을 확인해보자. 또한 CloudWatch 대시보드의 로그 탭에서 각 애플리케이션 로그를 필터링할 수 있다. 다음 은 6장에서 작성한 계산기 함수 예제의 CloudWatch 로그 대시보드다.

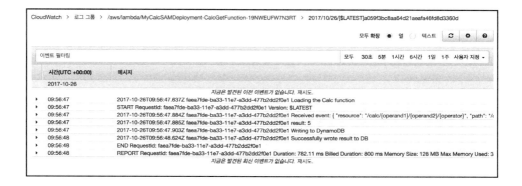

표준 로그 외에도 CloudWatch의 호출^{Invocations}, 오류^{Errors}, 기간^{Duration}, 제한^{Throttles}과 같 은 지표를 사용해 함수의 런타임 매개변수를 확인하고 분석할 수 있다. 각 지표를 간략히 설명하자면 다음과 같다.

- **호출**: API 호출 또는 이벤트 응답으로 함수 호출 횟수를 측정한다.
- **오류**: 함수 오류로 발생한 실패한 호출 횟수를 측정한다. 다만 내부 서비스 오류나 Lambda 함수에 연결된 다른 AWS 서비스에서 발생된 오류는 고려하지 않는다.
- **기간**: 함수 호출 이후 실행을 중단할 때까지 걸린 실행 시간을 측정한다.
- **제한**: 호출 비율이 동시 실행 한계점을 초과하는 경우 병목 현상이 발생한 호출 횟수를 측정한다.

함수 지표를 보려면 CloudWatch 대시보드에서 **지표** 항목을 선택하면 된다. 다음으로 **모든 지표** 탭에서 Lambda 지표 그룹을 검색하자. 검색 결과에서 **Lambda ▶ 리소스별** 또는 **Lambda ▶ 함수 이름별**로 개별 함수를 추가로 필터링할 수 있다. 또는 **Lambda ▶ 전체 함수** 항목을 사용해 모든 함수의 측정 지표를 볼 수도 있다.

여기서는 **Lambda ▶ 함수 이름별** 항목을 골라 6장에서 배포한 계산기 함수의 오류, 제한, 호출, 기간 지표를 선택했다. 이 단계에서 각기 필요한 함수 지표를 적절히 선택할 수 있다. 지표를 선택하고 나면 자동으로 함수 실행의 전체 기간과 오류, 제한 이벤트 여부를 나타내는 간단한 그래프가 표시된다. 그래프 영역 아래에 **그래프 옵션** 탭을 선택하면 행 또는 누적 면적을 기준으로 그래프를 전환할 수 있다.

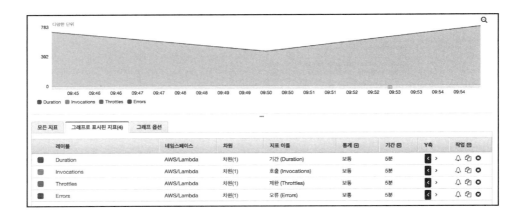

화면에 표시된 **그래프로 표시된 지표** 탭에서 개별 지표에 위치한 알람 아이콘을 선택하면 CloudWatch 경보를 구성할 수 있다.

CloudWatch가 Lambda 함수를 모니터링하기 위한 다양하고 훌륭한 서비스를 제공하지만, 여전히 부족한 점이 존재한다. 알다시피 Lambda 함수는 각 서비스에서 자체 함수 컨테이너를 갖고 있는 방식인 마이크로서비스 원칙에 기반을 두고 설계됐다. 모놀리식 애플리케이션을 호스팅하는 기존 EC2 인스턴스와 달리 수천 개의 컨테이너는 Lambda 를 사용해 순식간에 동작할 수 있다. 다시 말하면, CloudWatch가 DynamoDB와 API Gateway 같은 AWS 서비스 구조에서 방대한 데이터 흐름을 모두 처리하기는 무리가 있다는 것을 의미한다. 따라서 여러 서비스에 걸쳐 함수의 개별 요청을 효율적으로 추적하고, 성능 병목 현상을 분석해 해결할 수 있는 특별한 도구가 필요했다. 자, 이제 새로운 서비스인 AWS X-Ray를 만나보자.

▌ AWS X-Ray 소개

2016년 AWS re:Invent 행사에서 소개된 AWS X-Ray는 분산 애플리케이션을 디버 깅할 수 있는 도구다. 개발자는 X-Ray를 사용해 애플리케이션 구성 요소에서 발생하는 호출을 추적하고 분석할 수 있다. 성능을 분석하면 병목 현상이나 오류로 발생한 문제 원인을 분리해 해결할 수 있다. 다양한 애플리케이션과 서비스에 적용할 수 있다는 점이 X-Ray의 강점이다. 예를 들면 단일 EC2 인스턴스에서 실행 중인 애플리케이션이나 수천 개의 Lambda 함수를 포함하는 고도로 분산된 애플리케이션에 적합하다. X-Ray 는 Node.js, .NET, Java에 상관없이 통합할 수 있으며 성능 지표를 같은 방식으로 제공한다. X-Ray는 EC2, ECS, Beanstalk, DynamoDB, SNS, SQS, Lambda 서비스에서 발생한 요청을 추적할 수 있을 뿐만 아니라 애플리케이션 성능 관리 관점에서도 무척 중요한 도구다.

X-Ray의 동작 방식을 알아보자. X-Ray는 성능 모니터링을 위해 애플리케이션에 포함해야 하는 SDK를 제공한다. 또는 EC2 인스턴스에 호스팅된 애플리케이션에 X-Ray가 제공하는 에이전트를 설치해 활용할 수도 있다. Elastic Beanstalk 환경에서는 에이전트가 이미 설치돼 있으므로 단순히 SDK를 애플리케이션에 포함하면 즉시 트레이스[trace]를 시작할 수 있다. 트레이스는 애플리케이션의 각 요청을 추적하는 데 사용한다. 각 서비스 또는 애플리케이션 구성 요소에서 전달된 데이터는 트레이스 항목에 기록되며 X-Ray 대시보드에서 다음과 같이 시각적인 맵 형태로 표시된다.

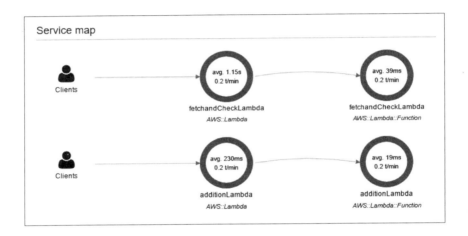

애플리케이션을 실제로 모니터링하기 전에 X-Ray에 사용하는 몇 가지 개념과 용어를 알아보자.

- **세그먼트**[Segments]: 실행 중인 애플리케이션 데이터를 포함하는 소규모 작업 단위다. 일반적인 요청을 가진 세그먼트는 트레이스 그룹으로 분류한다. 세그먼트는 자원 이름과 요청 및 응답, 완료된 작업의 세부 정보를 제공한다.
- **하위 세그먼트**[Subsegments]: 단일 세그먼트 안에서보다 세부적인 데이터를 표시하는 소규모 그룹으로, 애플리케이션이 요청에 대응하는 특정 응답에 대한 자세한 정보를 제공한다.

- **서비스 그래프**^{Service Graph}: 애플리케이션이 전달한 지표를 사용해 X-Ray에서 서비스 그래프를 생성할 수 있다. X-Ray로 데이터를 전송하는 각 AWS 자원은 그래프에서 서비스로 나타난다.
- **트레이스**^{Trace}: 애플리케이션을 통해 생성된 요청 경로를 추적한다. 단일 트레이스는 코드부터 시작해 애플리케이션이 호출된 시점부터 로드밸런서에 이르기까지, 그리고 다른 AWS 서비스 또는 외부 API로 호출되는 GET, POST 등의 요청을 수집할 수 있다.

이제 기본 개념을 살펴봤으니 X-Ray를 사용해 서버리스 애플리케이션을 모니터링하는 방법을 알아보자.

추적 용도로 X-Ray를 사용하기 위해 API Gateway와 단일 Lambda 함수, DynamoDB를 백엔드 시스템으로 활용하는 계산기 코드를 재사용해보자. 코드의 자세한 설명은 6장을 참고하자. 여기서는 X-Ray를 사용해 Lambda 함수를 들여다볼 것이다. 기쁜 소식을 하나 전하자면 단순히 Lambda 함수 설정에서 X-Ray 추적을 활성화하는 체크박스만 선택하면 된다는 것이다. 농담이 아니다! 문자 그대로 Lambda 대시보드의 체크박스를 말하는 것이다. Lambda 함수에서 X-Ray 모니터링을 활성화하려면 **구성** 탭을 선택하고 **디버깅 및 오류 처리** 항목에서 **적극 추적 활성화**를 선택하면 된다. 함수 코드를 실행하기 전에 설정한 정보를 저장하자.

버튼을 활성화하려고 하면 X-Ray 실행 권한이 필요하다는 메시지가 나올 수 있다. Lambda 함수를 X-Ray가 추적할 수 있게끔 IAM 역할을 추가해야 한다. 다음은 AWS에서 미리 정의해둔 AWSXrayWriteOnlyAccess 정책이다.

```
{
  "Version": "2012-10-17",
  "Statement": [
    {
      "Effect": "Allow",
```

```
    "Action": [
      "xray:PutTraceSegments",
      "xray:PutTelemetryRecords"
    ],
    "Resource": [
      "*"
    ]
  }
 ]
}
```

X-Ray 추적을 사용하기 전에 해당 정책을 Lambda 함수의 실행 역할에 추가해야 한다. 다음으로 AWS가 제공하는 상세한 X-Ray 문서를 살펴보면 Lambda의 요청에 따라 서비스 맵에 세 가지 유형의 노드가 있다는 사실을 알 수 있다.

- Lambda 서비스 (AWS::Lambda)
- Lambda 함수 (AWS::Lambda::Function)
- 다운스트림 서비스 호출

트레이스는 세그먼트 및 하위 세그먼트 형태로 Lambda 함수에 관련된 세부 정보를 표시한다. 동기 또는 비동기 이벤트 유형 등 다양한 방식의 세그먼트와 하위 세그먼트가 존재한다. 기본적으로 함수에서 X-Ray를 활성화하면 기본 세그먼트와 하위 세그먼트가 트레이스 화면에 표시된다. 하지만 다운스트림 호출에 대한 사용자 정의 세그먼트와 주석, 하위 세그먼트를 확인하려면 코드에 추가 라이브러리와 주석을 포함해야 한다.

예제에서는 DynamoDB에 대한 다운스트림 호출을 수행하므로 추가 라이브러리가 필요하다. 따라서 배포 패키지에 Node.js용 AWS X-Ray SDK를 포함해야 한다. 또한 다음과 같이 require 구문을 사용해 AWS SDK를 감싸야 한다.

```
'use strict';
console.log('계산기 함수 준비');
```

```
var AWSXRay = require('aws-xray-sdk-core');
var AWS = AWSXRay.captureAWS(require('aws-sdk'));
```

코드에 표시된 AWS 환경변수는 X-Ray로 추적할 서비스 클라이언트를 초기화한다. 예를 들면 다음과 같다.

```
s3Client = AWS.S3();
```

 다운스트림 호출에 대한 사용자 정의 세그먼트, 주석 및 하위 세그먼트 기능은 Java와 Node.js 런타임에만 제공된다.

코드의 나머지 부분은 변경된 사항이 거의 없다. 이제 SAM 템플릿을 사용해 계산기 코드를 배포해보자. 다음은 6장에서 사용했던 SAM 템플릿이다. 기억이 나지 않는다면 다시 6장으로 돌아가 자세한 사항을 살펴보자.

```
AWSTemplateFormatVersion: '2010-09-09'
Transform: AWS::Serverless-2016-10-31
Description: 계산기 웹 서비스. 상태는 DynamoDB에 저장된다.
Resources:
  CalcGetFunction:
    Type: AWS::Serverless::Function
    Properties:
      Handler: index.handler
      Runtime: nodejs4.3
      Policies: AmazonDynamoDBReadOnlyAccess
      Role: arn:aws:iam::<계정ID>:role/MyCalcSAMDeployment-CalcGetFunctionRole-
      1JSUDGR70YY0N
      Environment:
        Variables:
          TABLE_NAME: !Ref Table
```

```
    Events:
      GetResource:
        Type: Api
        Properties:
          Path: /calc/{operand1}/{operand2}/{operator}
          Method: post
  Table:
    Type: AWS::Serverless::SimpleTable
    Properties:
      PrimaryKey:
        Name: calcAnswer
        Type: Number
      ProvisionedThroughput:
        ReadCapacityUnits: 5
        WriteCapacityUnits: 5
```

다음은 SAM 템플릿을 배포하기 위한 CLI 명령이다. '< >'에 있는 내용을 적절한 값으로 변경한 다음 명령을 실행하자.

```
# aws cloudformation package --template-file <템플릿명.yaml> --s3-bucket <버킷명>
--output-template-file <패키지_템플릿명.yaml>
# aws cloudformation deploy --template-file <패키지_템플릿명.yaml> --stack-name
<스택명>
```

스택을 배포하면 다음과 같이 Lambda 함수 화면으로 이동해 **적극 추적 활성화**를 선택해 X-Ray 추적을 시작하자.

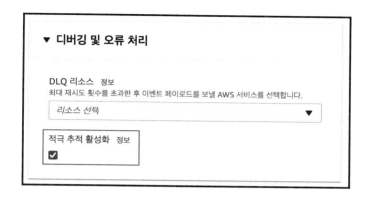

API Gateway를 사용해 배포된 애플리케이션으로 값을 전달한 다음, X-Ray 대시보드로 이동해 좌측 영역의 Service map 탭을 선택하면 다음과 같은 그래프가 표시된다.

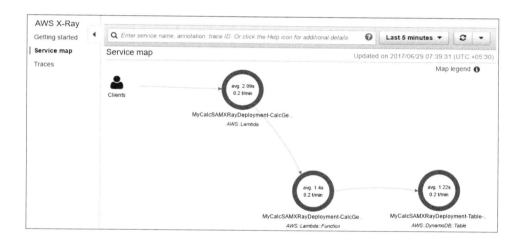

특정 애플리케이션의 추적 목록을 보려면 Traces 탭을 선택한다. 추적 ID를 선택하면 다음과 같이 애플리케이션의 성능 및 추적에 대한 상세한 분석 정보를 볼 수 있다.

CloudWatch와 X-Ray와 같이 여러 AWS 서비스를 조합해 서버리스 애플리케이션의 성능을 효율적으로 분석 및 모니터링하는 방법은 일부분에 불과하다. 다음 절에서는 서버리스 애플리케이션의 성능을 분석 및 모니터링할 수 있는 유용한 타사 도구를 살펴보겠다.

■ Datalog를 사용해 Lambda 함수 모니터링하기

CloudWatch와 X-Ray는 훌륭한 도구다. 하지만 개발 도구의 성숙도 관점으로 본다면 엔터프라이즈 수준에서 사용하기에는 충분하지 않다. 예를 들어 X-Ray는 실시간 추적 통계를 제공하지만, 아직 개발 초기 단계인 데다가 Dynatrace와 같이 엔터프라이즈 트랜잭션 모니터링 도구가 제공하는 기능을 지원하려면 시간이 필요하다. Dynatrace는 실제로 인공지능을 활용해 성능과 가용성 문제를 탐지하고 근본 원인을 정확히 찾아낸다. X-Ray는 아직 이러한 기능을 제공하지 않는다. CloudWatch 또한 마찬가지다. CloudWatch를 사용해 AWS 인프라를 모니터링할 수 있지만, 사용자가 필요한 모니터링을 위해서는 Datadog, New Relic, Splunk 등의 추가 도구가 필요하다. 하지만 이러한 점이 AWS 서비스의 모니터링이나 성능 튜닝에 문제가 있다는 것을 의미하지는 않는다. 단순히 사용하는 관점과 요구 사항에 따른 문제다.

따라서 이 절에서는 서버리스 애플리케이션과 인프라를 모니터링하기 위한 타사 도구를 활용하는 방법을 알아보겠다. 우선 Datadog를 간단히 살펴보자. Datadog는 클라우드 인프라와 애플리케이션 모니터링 서비스로, 알림 및 경보 기능과 함께 성능 메트릭을 볼 수 있는 직관적인 대시보드를 제공한다. 이 절에서는 Datadog를 AWS 환경과 통합하고, AWS Lambda와 일부 서버리스 서비스를 손쉽게 모니터링할 수 있는 몇 가지 간단한 시나리오를 살펴보겠다.

Datadog를 시작하려면 먼저 서비스를 등록해야 한다. Datadog는 14일간 모든 서비스를 무료로 이용할 수 있는 평가판을 제공한다. 전체 통합 프로세스 내용은 http://docs.datadoghq.com/integrations/aws를 참고하자. 통합을 완료하면 단순히 Datadog의 List Dashboard에서 AWS Lambda 대시보드를 선택하기만 하면 된다. 이는 Lambda 함수를 모니터링하기 위해 바로 사용할 수 있도록 특별히 미리 만들어진 대시보드다. 또한 Clone Dashboard를 선택해 새로운 대시보드를 생성하거나 모니터링을 위해 메트릭을 추가할 수 있다. 물론 대시보드의 전체 설정 또한 변경할 수 있다.

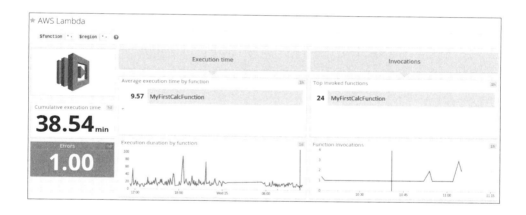

정말 간단하게 사용할 수 있다. 설명한 사항 외에도 대시보드에서 제공하는 기능이 여럿 있으니 이리저리 둘러보자.

기본적인 내용을 살펴봤으면 이제 AWS Lambda를 이용해 새로운 예제를 살펴보자. 이번 예제는 인스턴스에서 동작하는 테스트 웹사이트를 모니터링하면서 사용자가 정의한 측정 항목을 Lambda 함수를 사용해 전송한다. 측정 항목은 시각화를 위해 Datadog로 전송한다.

EC2 인스턴스에서 간단한 아파치 웹 서버를 설치한 다음, 인스턴스 URL이 호출될 때 기본 index.html 페이지가 표시될 수 있도록 하자. 함수 코드에서는 조금 전 생성한 웹사이트에서 성공을 의미하는 200 응답 코드를 가져오는지 확인한다. 성공 응답을 받으면 함수는 시각화를 위해 Datadog에 측정 항목인 gauge 값을 'websiteCheck = 1'이라고 전송하고, 실패 응답을 받으면 'websiteCheck = 0'이라고 보낸다.

실제로 설정을 하기 전에 AWS Lambda와 Datadog 통합 작업을 수행할 때 염두에 두어야 할 몇 가지 사항이 있다.

- 이 책을 쓰는 시점에 Datadog는 AWS Lambda의 gauge 및 count 측정 항목만 지원한다.
- Datadog 에이전트는 AWS 계정을 모니터링하고 10분마다 측정 항목을 전송한다.
- 대시보드를 사용한 대부분의 서비스 통합은 이미 Datadog에서 미리 제공하고 있다. 따라서 사용자 정의 메트릭을 위한 대시보드를 생성할 필요가 없다.

시작하려면 먼저 AWS 계정을 Datadog와 통합해야 한다. 우선 AWS 계정의 EC2 인스턴스에 Datadog 인스턴스를 설치해야 한다. 해당 에이전트는 AWS 자원을 모니터링하고 주기적으로 Datadog로 메트릭 데이터를 전송한다. 에이전트는 메트릭을 수집하고 Datadog로 전송할 수 있는 특정 권한이 필요하다. http://docs.datadoghq.com/integrations/aws를 참고하면 AWS 역할을 만들 수 있다. 역할은 요구 사항에 따라 수정할 수 있으며, 이번 예제에서는 EC2 인스턴스의 세부 정보와 로그를 가져올 수 있는 권한이 필요하다. 다음 코드를 참고해 역할을 생성하자.

```
{
  "Version": "2012-10-17",
  "Statement": [
```

```
{
    "Action": [
      "ec2:Describe*",
      "ec2:Get*",
      "logs:Get*",
      "logs:Describe*",
      "logs:FilterLogEvents",
      "logs:TestMetricFilter"
    ],
    "Effect": "Allow",
    "Resource": "*"
  }
 ]
}
```

역할을 생성하면 이제 AWS 환경에 Datadog 에이전트를 설치해야 한다. Datadog에 계정이 있다면 Integration으로 이동해 Agent 항목을 선택하자. 예제에서는 Amazon Linux를 선택했다. 선택하고 나면 Amazon Linux EC2 인스턴스에서 Datadog 에이전트를 쉽고 간단하게 설치하고 구성할 수 있는 몇 가지 단계가 나온다.

TIP Amazon Linux 인스턴스에 Datadog 에이전트를 설치하려면 Datadog 계정으로 로그인해 https://app.datadoghq.com/account/settings#agent/aws에 나오는 단계를 수행하자.

Datadog 에이전트를 설치하면 이제 마지막으로 서비스와 에이전트를 간단히 통합 구성할 수 있다. Datadog 대시보드에서 Integrations 항목과 Amazon Web Services 항목을 선택하면 된다. 다음으로 서비스 목록에서 Lambda 항목을 선택한다. 또한 이번 예제를 위해 Collect custom metrics 항목을 선택해야 한다. 마지막으로 Datadog 에이전트 역할에 필요한 AWS 계정 정보와 조금 전 만들었던 역할을 입력하자. 모든 설정 정보를 입력하고 나면 Update Configuration 항목을 선택해 에이전트 구성을 완료한다.

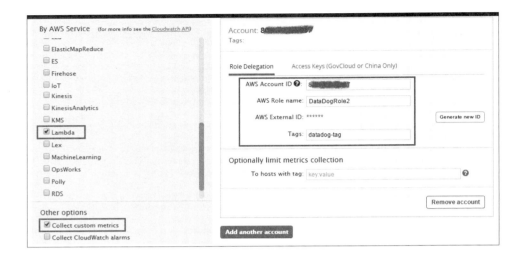

이제 AWS와 Datadog 통합을 완료했으니 AWS Lambda 설정이 필요하다. 우선 Lambda 함수가 Datadog로 메트릭 데이터를 전송하는 방법을 이해해야 한다. Datadog에 맞춤형 메트릭을 보내려면 다음 형식을 사용해 Lambda에서 로그 라인을 출력해야 한다.

```
MONITORING|unix_epoch_timestamp|value|metric_type|my.metric.name|#tag1:value,
tag2
```

각 항목을 자세히 살펴보자.

- `unix_epoch_timestamp`: 초 단위로 계산된 타임스탬프 값
- `value`: 메트릭의 실제값
- `metric_type`: 메트릭의 유형을 정의한다. 책을 쓰는 시점에서 `gauge` 및 `count` 메트릭만 지원한다.
- `metric.name`: 사용자가 정의한 이름으로, 예제에서는 `websiteCheckMetric` 이다.
- `tag`: Datadog 대시보드에서 필터링하기 위해 사용자 정의 메트릭에 지정할 태그 이름이다.

다음은 Lambda 함수를 모니터링하기 위해 Datadog에서 제공하는 메트릭을 간략하게 보여준다.

aws.lambda.duration (gauge)	함수 코드가 실행을 시작한 시점부터 실행을 중지할 때까지 평균 경과 시간을 측정한다. 밀리초 단위로 표시한다.
aws.lambda.duration. maximum (gauge)	함수 코드가 실행을 시작한 시점부터 실행을 중지할 때까지 최대 경과 시간을 측정한다. 밀리초 단위로 표시한다.
aws.lambda.duration. minimum (gauge)	함수 코드가 실행을 시작한 시점부터 실행을 중지할 때까지 최소 경과 시간을 측정한다. 밀리초 단위로 표시한다.
aws.lambda.duration.sum (gauge)	실행 중인 Lambda 함수의 총 실행 시간을 측정한다. 밀리초 단위로 표시한다.
aws.lambda.errors (count every 60 seconds)	응답 코드 4XX와 같이 함수의 오류 코드로 실패한 호출 수를 측정한다.
aws.lambda.invocations (count every 60 seconds)	호출이나 이벤트 API 요청에 대한 응답으로 함수가 호출된 횟수를 측정한다.
aws.lambda.throttles (count every 60 seconds)	사용자가 동시 한계(오류 코드 429)를 초과해서 호출을 시도할 때 조절된 Lambda 함수의 호출 시도 횟수를 측정한다. 실패한 호출은 성공 응답을 위해 트리거를 통해 재시도할 수 있다.

참고 : Datadog-Lambda 통합 (http://docs.datadoghq.com/integrations/awslambda)

 TIP 함수가 Datadog에 메트릭 데이터를 수집하고 전송하려면 IAM 역할에 logs:describelog groups, logs:describelogstreams, logs:filterlogevents 권한을 포함해야 한다.

다음으로 간단한 웹사이트의 시작 및 동작을 모니터링하기 위한 Lambda 함수가 필요하다. 코드에서 <웹사이트URL> 필드에는 모니터링을 위한 웹사이트 URL을 입력하자.

```javascript
'use strict';
const request = require('request');
let target = "<웹사이트URL>";
let metric_value, tags;
exports.handler = (event, context, callback) => {
```

```javascript
// DataDog 사용자 지정 메트릭에 필요한 매개변수
let unix_epoch_timeshtamp = Math.floor(new Date( ) / 1000);
let metric_type = "gauge";  // 현재는 gauge 또는 count 유형만 제공된다.
let my_metric_name = "websiteCheckMetric"; // 사용자 정의 메트릭
request(target, function (error, response, body) {
  // 성공 응답
  if (!error && response.statusCode === 200) {
    metric_value = 1;
    tags = ['websiteCheck:'+metric_value,'websiteCheck'];
    console.log("MONITORING|" +unix_epoch_timeshtamp+ "|"
      +metric_value+ "|"+ metric_type +"|"+ my_metric_name+ "|"+ tags.
      join( ));
    callback(null, "UP!");
  }
  // 오류 응답
  else {
    console.log("오류 : ",error);
    if (response) {
      console.log(response.statusCode);
    }
    metric_value = 0;
    tags = ['websiteCheck:'+metric_value,'websiteCheck'];
    console.log("MONITORING|" +unix_epoch_timeshtamp+ "|"
      +metric_value+ "|"+ metric_type +"|"+ my_metric_name+ "|"+ tags.
      join( ));
    callback(null, "DOWN!");
  }
});
};
```

이제 코드를 패키지하고 AWS Lambda에 업로드하자. 최소한 한 번은 빌드해야 필요한
NPM 모듈을 다운로드할 수 있다. 준비되면 아파치 웹 서버 인스턴스의 웹사이트 URL
에 접근해 맞춤형 메트릭을 테스트할 수 있다. 페이지가 성공적으로 표시되면 Lambda
함수가 해석한 200 응답 코드를 Datadog에 맞춤 메트릭으로 1이라는 값을 전송한다.

Lambda 대시보드나 CloudWatch에서 다음과 같이 함수 로그를 확인할 수 있다.

The area below shows the result returned by your function execution. Learn more about returning results from your function.

"UP!"

Summary

Code SHA-256

Request ID   60fb5ee2-5205-11e7-bd8e-
             3d7a412c108a

Duration   301.54 ms

Billed duration   400 ms

Log output

The area below shows the logging calls in your code. These correspond to a single row within the CloudWatch log group corresponding to this Lambda function. Click here to view the CloudWatch log group.

```
START RequestId: 60fb5ee2-5205-11e7-bd8e-3d7a412c108a Version: $LATEST
2017-06-15T20:01:12.572Z          60fb5ee2-5205-11e7-bd8e-3d7a412c108a   MONITORING|1497556872|1|gauge|websitec
END RequestId: 60fb5ee2-5205-11e7-bd8e-3d7a412c108a
REPORT RequestId: 60fb5ee2-5205-11e7-bd8e-3d7a412c108a   Duration: 301.54 ms   Billed Duration: 400 ms
```

이제 Datadog로 돌아와 사용자 정의 메트릭을 확인해보자. Datadog는 사용자 정의 메트릭을 표시할 수 있도록 사전에 정의된 대시보드를 제공한다. 기존에 정의된 Lambda 모니터링 대시보드를 사용해 새로운 위젯을 추가할 수도 있다.

사용자 정의 메트릭을 보려면 Datadog의 **List Dashboard**에서 **Custom Metrics** 대시보드를 선택한다. 여기에서 그래프의 속성을 수정하고 요구 사항에 따라 사용자가 임의로 값을 지정할 수 있다. **Edit this graph** 항목을 선택하면 된다.

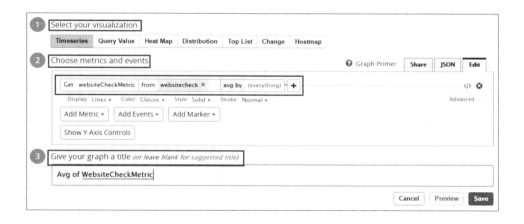

Timeseries 항목에서 Timeseries에서 Heat Map까지 그래프의 시각화 유형을 편집할 수 있다. 또한 **Choose metrics and events** 항목을 사용해 사용자 정의 메트릭의 결과를 표

시하도록 그래프를 구성할 수 있다. 예제에서 사용하는 쿼리 문자열은 무척 간단하다. Lambda 함수에서 구성한 메트릭 이름을 제공해서 메트릭 값을 얻을 수 있다. 변경 사항을 완료하면 **Save** 버튼을 눌러 그래프 속성 편집을 종료하자. 잠시 후 자동으로 구성된 사용자 정의 메트릭이 표시된다. Datadog 에이전트가 10분 간격으로 메트릭을 전송하므로 메트릭이 표시되는 데 시간이 걸릴 수 있으니 인내심을 갖고 기다리자. 기본적으로 그래프에는 메트릭의 평균값이 표시된다. 하지만 대시보드를 복사해서 입맛에 맞게 변경할 수 있다. 그래프를 알맞게 구성하면 어떻게 표시되는지 다음 그림을 통해 확인해보자.

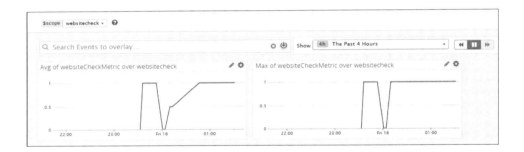

보다시피 4시간 동안 발생한 websiteCheckMetric의 평균값과 최댓값인 average와 maximum 값을 표시한다. 비슷한 방법으로 여러 Lambda 함수를 사용자 정의 메트릭을 구성하고, Datadog의 사용자 정의 대시보드를 사용해 시각화할 수 있다. 대시보드를 설정하고 나면 오류 또는 임곗값이 감지될 때 트리거되는 경보 및 알림 방식을 구성할 수 있다.

이제 7장의 마지막 절이다. 다음으로 실제 환경에서 유용하게 사용할 수 있는 인기 있는 도구 Loggly를 살펴보자. Loggly를 사용하면 함수 로그를 훑어보고 애플리케이션에 대한 이해도를 높일 수 있다.

▌Loggly를 사용해 Lambda 함수 로깅하기

지금까지 Lambda 함수 예제를 살펴보면서 CloudWatch 로그 스트림을 사용했다. CloudWatch도 훌륭한 도구지만 여전히 로그 필터링 및 분석을 수행하기에는 부족한 면이 있다. 지금이 바로 Loggly가 필요한 시점이다! Loggly는 로그 데이터를 분석하고 강력한 필터링 기능을 제공하며, 로그 데이터의 이상 현상을 탐지하는 중앙 집중형 로깅 솔루션이다.

이 절에서는 Lambda 함수와 Loggly를 함께 사용하는 두 가지 예제를 살펴보겠다. 첫 번째 예제에서는 Lambda 함수를 사용해 CloudWatch에서 Loggly까지 로그를 전송한다. 두 번째 예제에서는 Loggly에서 지원하는 일부 NPM 모듈을 사용해 애플리케이션 로그를 Loggly에 전송한다. 이제 본격적으로 시작해보자!

우선 Loggly 계정을 생성해야 한다. 가입을 하면 한 달 동안 무료로 사용할 수 있으니 https://www.loggly.com/signup을 참고하자. 가입 후 AWS 계정에서 새로 생성한 Loggly 계정으로 CloudWatch 로그를 전송할 때 사용할 기본 인증인 Customer Token 이라는 고유한 토큰을 생성해야 한다. 탐색창에서 Source Setup 탭으로 이동해 Customer Token 항목을 선택한다.

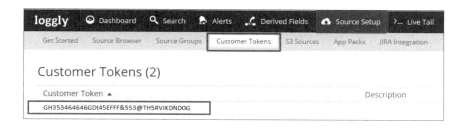

토큰을 생성했으니 이제 Lambda 대시보드로 이동해 `cloudwatch-logs-to-loggly`라는 블루프린트를 선택하자. 블루프린트는 Lambda 함수를 작성할 때 무척 유용하다. 만들고자 하는 대부분 서비스에서 사용할 수 있도록 미리 준비된 블루프린트 템플릿이 존재한다. 해당 템플릿을 사용해 Lambda 함수를 배포해보자.

함수 이름에 적절한 이름을 제공하고, **cloudwatch-logs** 항목에서는 분석을 위해 Loggly로 전송할 로그 그룹을 선택한다. 원한다면 로그에 적합한 필터 이름과 필터 패턴을 입력할 수 있다. **트리거 활성화**를 선택하는 것도 잊지 말자. 환경변수에는 다음과 같이 적절한 값을 입력하자.

- kmsEncryptedCustomerToken: Loggly 대시보드에서 생성한 토큰을 입력한다. KMS 암호화 키를 사용해 암호화해야 한다.
- logglyTags: Loggly를 사용해 로그를 식별하는 간단한 태그로, 자동으로 입력된다.
- logglyHostName: 의미 있는 식별자로 구성된 호스트 이름을 입력한다.

또한 함수 실행을 위한 역할을 지정해야 한다. 해당 역할은 다음과 같이 로그에 대한 접근 권한만 있으면 충분하다.

```
{
  "Version": "2012-10-17",
  "Statement": [
```

```
{
  "Action": [
    "logs:*"
  ],
  "Effect": "Allow",
  "Resource": "*"
}
]
}
```

설정은 완료했으면 **함수 생성** 버튼을 선택하자. 다음으로 **테스트** 항목에서 CloudWatch Logs를 템플릿을 선택해 생성한 함수를 테스트할 수 있다.

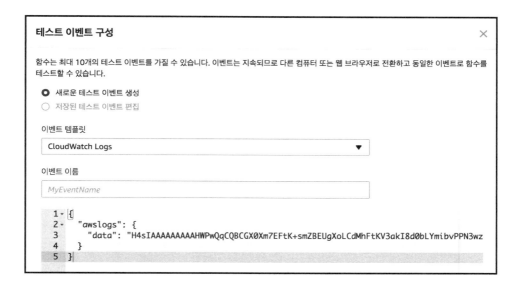

이벤트가 Loggly에 전달됐는지 확인하려면 Loggly 계정으로 로그인한 다음, **Search** 탭에서 다음과 같이 Lambda 함수를 생성할 때 입력한 태그 이름을 입력한다.

```
tag:CloudWatch2Loggly
```

다음과 같이 테스트에 전달한 이벤트가 표시돼야 한다.

첫 번째 예제는 무척 간단하다. 이제 Loggly가 제공하는 NPM 모듈을 사용해 애플리케이션 로그를 Loggly로 전송해서 분석하는 두 번째 예제를 살펴보자. 두 번째 시나리오에서 실제로 제공된 NPM 모듈 일부분을 살펴보고 애플리케이션 로그를 Loggly로 손쉽게 전송하는 방법을 알아본다. 시작하기에 앞서 Loggly API를 준수하는 가장 일반적으로 사용하는 NPM 모듈을 소개한다.

- **Node-Loggly**: 로그 데이터를 전송 및 검색할 수 있으며, 관련 정보도 추출할 수 있다. 해당 모듈은 태그를 사용해 데이터를 로깅할 수 있으며, 로그 메시지를 단순화하거나 복잡한 JSON 객체로 전송할 수 있다.
- **Winston**: 사람들이 가장 선호하는 모듈이다. Loggly가 권장하는 모듈이기도 한 Winston은 Node-Loggly 모듈보다 훨씬 더 많은 기능을 지원한다. 로깅 프로파일링, 예외 처리뿐만 아니라 오류 수준을 사용자가 정의하는 등 여러 기능을 지원한다.
- **Bunyan**: 기능 면에서 Winston과 매우 유사한 도구다. 이번 예제에서는 Bunyan의 로깅 모듈을 사용한다.
- **Morgan**: 다른 모듈과 달리 Morgan은 그리 강력하지도 않고 유연하지도 않다. 하지만 Express.js 애플리케이션과 함께 사용할 때 가장 적합하도록 설계됐다.

Bunyan의 상세 정보는 https://github.com/trentm/node-bunyan을 참고하자.

우선 애플리케이션에서 CloudWatch로 로그를 보낼 수 있는 권한과 KMS 키를 복호화할 수 있는 권한을 IAM 역할로 만들어야 한다. 다음 코드를 참고하자.

```json
{
  "Version": "2012-10-17",
  "Statement": [
    {
      "Sid": "myLogsPermissions",
      "Effect": "Allow",
      "Action": [
        "logs:CreateLogGroup",
        "logs:CreateLogStream",
        "logs:PutLogEvents"
      ],
      "Resource": [
        "*"
      ]
    },
    {
      "Sid": "myKMSPermissions",
      "Effect": "Allow",
      "Action": [
        "kms:Decrypt"
      ],
      "Resource": [
        "*"
      ]
    }
  ]
}
```

IAM 역할을 만들고 나면 이제 애플리케이션으로 이동해 Bunyan 코드를 추가해야 한다. 코드를 index.js 파일에 복사하고 `npm install` 명령을 사용해 bunyan과 bunyan-loggly NPM 모듈을 설치하자. 코드가 준비되면 zip 파일로 만들어 AWS Lambda에 직접 업로드하거나 이전에 살펴본 대로 APEX를 사용해 업로드하자.

코드는 두 개의 환경변수, 사용자 토큰과 Loggly 서브 도메인이 필요하다. 실행 중에 코드는 단순히 `mylogglylog`라는 새로운 로깅용 스트림을 만든다. 처음 복호화되는 사용자 토큰과 Loggly 서브 도메인은 코드 업로드 후 환경변수 항목에 설정해야 한다.

```
'use strict';
const bunyan = require('bunyan');
const Bunyan2Loggly = require('bunyan-loggly');
const AWS = require('aws-sdk');
const kms = new AWS.KMS({
  apiVersion: '2014-11-01'
});
const decryptParams = {
  CiphertextBlob: new Buffer(process.env.kmsEncryptedCustomerToken, 'base64'),
};
let customerToken;
let log;
exports.handler = (event, context, callback) => {
  kms.decrypt(decryptParams, (error, data) => {
    if (error) {
      console.log(error);
      return callback(error);
    } else {
      customerToken = data.Plaintext.toString('ascii');
      log = bunyan.createLogger({
        name: 'mylogglylog',
        streams: [{
          type: 'raw',
          stream: new Bunyan2Loggly({
            token: customerToken,
```

260

```
        subdomain: process.env.logglySubDomain,
        json: true
      })
    }]
  });
  log.info("Loggly에 전송하는 첫 번째 로그!!!");
  return callback(null, "Loggly에 모든 이벤트 전송!");
  }
 });
};
```

코드를 업로드하고 환경변수에 다음과 같이 사용자 토큰과 Loggly 서브 도메인을 입력하고 **전송 중 암호화용 헬퍼 활성화** 항목을 선택한다.

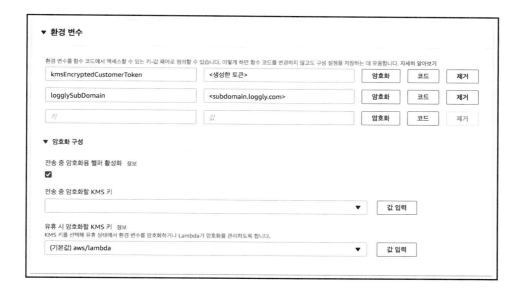

이제 애플리케이션을 테스트할 수 있다. 코드는 특정 이벤트를 필요하지 않으므로 바로 실행을 하면 다음과 같이 함수 로그에 결과가 표시된다.

Loggly에 출력되는 Bunyan은 프로세스 ID인 PID와 호스트 이름, 타임스탬프, 로그 메
시지를 포함한다.

이러한 NPM 모듈이나 C#, Java 등 다른 언어로 작성된 타사 라이브러리를 활용하면 손
쉽게 로그를 생성하고 분석을 위해 Loggly로 전송할 수 있다. 이제 서버리스 애플리케이
션의 모니터링, 로깅 및 트러블슈팅과 관련해 유지 보수와 권장 사항 및 모범 사례를 살
펴보기로 하자.

▌ 권장 사항 및 모범 사례

다음은 모니터링 및 로깅 서비스 작업 시 유의해야 할 주요 권장 사항과 모범 사례다.

- **모니터링을 위해 AWS 서비스 활용하기**: 완벽한 모니터링 솔루션은 아직 나오지 않았다. 따라서 서버리스 애플리케이션을 모니터링하기 위해 CloudWatch와 X-Ray를 사용하는 방법은 여전히 좋은 선택이라 할 수 있다. 이상적인 방법은 CloudWatch와 X-Ray 두 서비스를 항상 함께 활용하는 것이다.

- **올바른 IAM 권한 제공하기**: 대부분 문제는 함수 코드가 아니라 부적절하거나 누락된 IAM 권한으로 발생한다. 함수 실행에 필요한 최소한의 권한을 제공한 다음, 정기적으로 불필요한 IAM 역할과 정책을 정리하자.

- **모든 로그 기록하기**: 애플리케이션 성능 병목을 식별하는 가장 좋은 방법은 항상 애플리케이션과 AWS 서비스에 대한 로깅을 활성화하는 것이다. 최소한 개발 및 테스트 단계에서는 로깅 활성화를 고려하자. 모든 로그를 활성화하면 성능 개선도 할 수 있고, 운영 환경에 애플리케이션을 배포하기 전에 잠재적인 버그를 식별할 수 있다.

- **Elasticsearch를 이용해 로그 시각화하기**: 의미 있는 로그를 확인하기 위해 로그 데이터를 시각화하는 게 중요하다. AWS CloudWatch와 AWS Elasticsearch를 사용하면 로그를 시각화할 수 있다.

▌ 요약

지금까지 7장에서 다룬 내용을 정리해보자. 먼저 CloudWatch 메트릭과 그래프를 사용해 Lambda 함수를 효과적으로 모니터링하는 방법을 살펴봤다. 최신 성능 모니터링 서비스인 AWS X-Ray 서비스도 알아보고 X-Ray에서 사용하는 용어를 학습했다. 게다가 X-Ray를 사용해 서버리스 애플리케이션을 모니터링하는 방법을 알아봤다. 또한 타사 도구인 Datadog와 Loggly라는 멋진 모니터링 및 로깅 서비스를 살펴보고, 요구 사항에 따라 이를 효과적으로 사용할 수 있는 방법을 알아봤다. 마지막으로 유용한 권장 사항과 모범 사례를 살펴보며 7장을 마무리했다.

8장에서는 서버리스 애플리케이션을 클라우드 환경에 배포할 때 무척 유용하게 사용할 수 있는 프레임워크를 살펴보겠다.

08

서버리스 애플리케이션 프레임워크 소개

지금까지 Lambda 함수를 손쉽게 배포하고 관리할 수 있는 유용한 도구와 플랫폼을 살펴봤다. 필자가 더 좋은 도구를 찾기 위해 고군분투하던 중에 함께 논의해볼 만한 가치가 있는 특색 있는 프레임워크를 발견했다. 바로 서버리스 프레임워크다!

8장에서 다루는 내용은 다음과 같다.

- 서버리스 프레임워크의 중요성과 전반적인 내용
- 서버리스 프레임워크를 개발 환경에 설정하는 방법
- 일부 예제를 사용해 서버리스 프레임워크를 시작하는 방법

▌ 서버리스 프레임워크란?

서버리스 애플리케이션을 개발하고 배포할 때, 한 가지 분명한 사항이 하나 있다. 개발자는 개발 환경을 설정하는 데 많은 시간과 노력을 낭비하고 싶지 않으며, 각기 다른 함수의 버전을 배포하고 관리하는 부담을 떠안고 싶지 않다는 사실 말이다. 게다가 API Gateway와 DynamoDB 같은 다른 AWS 서비스를 함께 사용한다면, 결국 수많은 Lambda 함수로 인해 상황이 더 복잡해진다. 더욱이 여러 함수와 복잡한 서비스 통합을 조정해야 하는 상황에서 개발자는 서버리스 애플리케이션 배포에 대한 표준화가 절실할 것이다.

따라서 AWS 커뮤니티는 개발자의 원활한 작업을 목표로 웹, 모바일, IoT 애플리케이션 기능이나 백엔드 서비스 개발에 더 쉽고 유용하게 사용할 수 있는 프레임워크 개발에 착수했다.

이렇게 해서 서버리스 프레임워크^{Serverless Framework}가 탄생했다! 서버리스 프레임워크는 기본적으로 여러 클라우드 서비스와 함께 서버리스 함수를 개발하고 배포하는 데 도움이 되는 풍부한 CLI다. 서버리스 프레임워크를 사용하면 개발자는 구조 및 자동화, 모범 사례를 언제든지 이용할 수 있을뿐더러 다른 데 신경 쓰지 않고서도 애플리케이션 작성에만 집중할 수 있다. 가장 중요한 사항은 서버리스 프레임워크가 AWS뿐만 아니라 다음과 같은 다른 클라우드 제공 업체 또한 지원한다는 점이다.

- Google Cloud Functions: 현재는 베타 서비스지만 런타임 환경으로 Node.js를 지원한다.
- Microsoft Azure Functions: JavaScript, C#, Python, PHP, Bash, Batch, PowerShell 등 다양한 언어를 지원한다.
- IBM Bluemix OpenWhisk: 도커 컨테이너^{docker container}에 캡슐화된 Node.js, Swift 및 임의의 2진수 프로그램을 지원한다.

개발자는 서버리스 프레임워크를 사용해 두 가지 유용한 측면을 얻을 수 있다. 첫째로,

서버리스 프레임워크는 서버리스 함수를 위해 최소한의 명확한 구조를 제공한다. 해당 구조를 사용하면 개발자는 버전 관리, 별칭, 변수, 환경, IAM 역할 등 서버리스 모범 사례의 모든 형태를 준수하면서 함수를 유지 보수할 수 있다.

둘째로 함수를 실제 배포할 때 필요한 부담스러운 작업을 프레임워크가 대신 처리한다는 점이다. 이는 실제로도 API Gateway 및 데이터베이스와 관련된 복잡한 설정과 여러 함수를 처리할 때 편리하다.

서버리스 프레임워크 시작하기

실습을 시작하기 전에 먼저 서버리스 프레임워크에서 제공하는 몇 가지 필수 개념과 용어를 알아보자.

- **프로젝트**Project: 프로젝트는 이름에서 알 수 있듯이 독립된 서버리스 프로젝트다. 프로젝트는 신규 생성 또는 사전에 생성된 프로젝트를 기반으로 만들 수 있다. 프로젝트는 표준 NPM 모듈을 사용해 공유할 수 있다.
- **함수**Function: AWS Lambda와 마찬가지로 함수는 프로젝트에서 핵심 기능을 한다. Lambda 함수의 개념과 유사하게 개발자는 서버리스 애플리케이션에서 특정 유형의 임무를 수행하는 작고 독립적인 코드를 작성할 수 있다. 모든 작업을 수행하는 단일 함수를 가질 수도 있지만, 서버리스 프레임워크를 활용해 프레임워크 자체에서 구성하고 실행할 수 있는 더욱 작고 독립적인 코드를 만드는 것이 좋다.
- **이벤트**Event: 이벤트의 개념은 8장에 걸쳐 배우는 내용과 같다. 함수는 SNS, S3, Kinesis 스트림 등 여러 AWS 서비스에서 트리거될 수 있는 이벤트를 기반으로 호출될 수 있다. 서버리스 프레임워크의 가장 중요한 부분은 서버리스 프레임워크를 사용해 Lambda 함수의 이벤트를 정의할 때, 프레임워크가 자동으로 이벤트 실행에 필요한 기본 AWS 자원을 만들고 자동으로 함수가 이벤트를 수신하도록 구성한다는 점이다.

- **자원Resource**: 서버리스 프레임워크 용어에서 자원은 IAM 역할, 정책, SNS 주제, S3 버킷 등 모든 구성 요소를 의미한다. 다시 한 번 언급하자면 서버리스 프레임워크가 모든 자원 생성을 처리하므로 개발자가 직접 함수에 필요한 인프라를 설정하는 데 시간을 낭비할 필요가 없다.
- **서비스Service**: 서비스는 함수 실행에 필요한 자원 목록과 함수를 트리거하는 이벤트, 그리고 함수 그 자체를 포함하는 논리적인 그룹 또는 구성이라 할 수 있다. 서비스는 serverless.yml/json 파일에 정의한다.
- **플러그인Plugin**: 서버리스 프레임워크의 주요 기능 중 하나는 풍부한 플러그인 집합을 사용해 핵심 프레임워크에 유용한 기능을 추가할 수 있는 확장성을 지원한다는 점이다. 플러그인은 함수를 로컬에서 테스트하거나 AWS 서비스를 시뮬레이션하고 암호화된 변수를 저장하는 등 다양한 목적으로 사용할 수 있다. 물론 사용자가 직접 플러그인을 만들어 플러그인 레지스트리plugin registry에 등록할 수도 있다.

 서버리스 프레임워크의 플러그인 레지스트리에 대한 자세한 내용은 https://github.com/serverless/plugins를 참고하자.

이제 기본 개념을 살펴봤으니 서버리스 프레임워크를 직접 사용해보자.

서버리스 프레임워크 작업하기

이번 절에서는 쉽고 복사하기 쉬운 예제를 사용해 서버리스 프레임워크의 기능을 살펴보겠다. 다루는 내용을 요약하면 다음과 같다.

- 전통적인 hello world 예제에서 서버리스를 사용해 함수를 패키징하고 배포하는 방법을 살펴본다. 또한 서버리스 YAML 파일에 환경변수와 함수와 관련된 설정을 포함하는 방법을 알아본다.

- DynamoDB와 API Gateway 형태로 예제에서 다른 AWS 자원을 포함하는 다소 복잡한 예제를 살펴본다.
- 서버리스 오프라인 플러그인을 사용해 DynamoDB와 API Gateway, AWS Lambda를 시뮬레이션한다. 실제로 AWS에 배포하기 전에 로컬에서 함수를 테스트하기를 원하는 개발자에게 무척 유용할 것이다.

이제 본격적으로 시작해보자. 먼저 서버리스 프레임워크 설치부터 진행한다. 예제에서는 AWS에서 호스팅하는 간단한 리눅스 서버를 사용한다. 간단하더라도 리눅스에서 사용하는 명령은 로컬에서 아무 문제없이 동작한다.

```
# npm install -g serverless
```

 서버리스는 Node v4 이상에서만 실행할 수 있으므로 리눅스 시스템에 최신 버전의 Node를 설치해야 한다.

설치를 완료하고 터미널에 다음 명령을 입력해서 서버리스 CLI를 확인해보자.

```
# sls --help
```

명령을 입력하면 전체 프레임워크를 관리하는 데 필요한 유용한 명령어 목록을 보여준다. 명령어 목록 일부만 간략히 살펴보기로 하자.

- config: 서버리스 프레임워크를 구성한다.
- configcredentials: 서버리스 프레임워크에 대한 새로운 공급자 프로필을 구성한다.
- create: 새로운 서버리스 서비스를 생성한다.
- deploy: 새로 생성한 서버리스 서비스를 배포한다.

- deploy function: 서비스에서 특정 기능이나 단일 기능을 배포한다.

- info: 특정 서비스에 대한 정보를 표시한다.

- install: 깃허브에서 서버리스 서비스를 설치할 때 사용한다. 이러한 서비스는 NPM 모듈로 패키지된다.

- invoke: 배포된 함수를 호출한다.

- invokelocal: 함수를 로컬에서 호출한다. AWS Lambda에 배포하기 전에 함수를 테스트할 때 유용하게 사용할 수 있다.

- logs: 배포된 특정 함수의 로그를 표시한다.

설치를 완료하면 이제 환경 설정 정보를 담을 YAML 파일을 만들어야 한다. 해당 파일에 원하는 기능과 환경 설정 정보를 명시할 수 있다. 일반적으로 파일은 서비스와 함수, 자원 목록으로 구성한다. 게다가 기본적으로 특정 함수를 런타임에 제공할 클라우드 공급자를 provider 항목에 기재해야 한다. 이번 예제에서는 당연히 AWS를 입력하면 된다. 다음은 표준 serverless.yml 파일이다.

```
service: my-helloWorld-service
provider:
  name: aws
  runtime: nodejs6.10
  iamRoleStatements:
  - Effect: "Allow"
    Action:
      - "logs:CreateLogGroup"
      - "logs:CreateLogStream"
      - "logs:PutLogEvents"
    Resource: "*"
functions: hello:
  handler: handler.hello
    events:
      - schedule: rate(1 minute)
    environment:
```

```
testEnvVariable: "it works!"
```

보다시피 파일 상단에는 서비스 이름을, 그 다음 provider에는 AWS를 입력했다. 눈여겨볼 사항은 함수에 IAM 역할을 추가로 전달할 수 있다는 점이다. 더는 IAM 역할을 만드는 데 시간을 낭비하지 말자. 이제는 서버리스 프레임워크의 몫이다! provider 정보를 입력하고 나면, functions에 여러 서버리스 함수를 핸들러, 이벤트를 함께 정의할 수 있다. 심지어 환경변수도 전달할 수 있다. 서버리스 프레임워크의 명령어를 사용하면 serverless.yml을 만들 수 있다. 다음 명령어로 간단한 hello-world 예제를 만들어보자.

sls create --template "hello-world"

--template 매개변수는 환경 설정 파일을 만들 때 필수로 입력해야 한다. 해당 매개변수는 기본적으로 환경 설정 파일을 만드는 데 사용할 표준 템플릿을 프레임워크에 알려준다. 이 책을 쓰는 시점에 --template 매개변수[1]에서 사용할 수 있는 값은 "aws-nodejs", "aws-python", "aws-python3", "aws-groovy-gradle", "aws-java-maven", "aws-java-gradle", "aws-scala-sbt", "aws-csharp", "aws-fsharp", "azure-nodejs", "openwhisk-nodejs", "openwhisk-python", "openwhisk-swift", "google-nodejs", "plugin", "hello-world"가 있다. 명령을 실행하면 serverless.yml과 handler.js라는 두 개의 파일이 생성된다.

```
[ec2-user@ip-172-31-70-9 ~]$ sls create --template "hello-world"
Serverless: Generating boilerplate...

              The Serverless Application Framework
                     serverless.com, v1.17.0

Serverless: Successfully generated boilerplate for template: "hello-world"
Serverless: NOTE: Please update the "service" property in serverless.yml with your service name
[ec2-user@ip-172-31-70-9 ~]$
```

---

1   최신 버전에서는 더 많은 템플릿을 지원하며, 'sls create --template --help' 명령으로 확인할 수 있다. – 옮긴이

다음은 handler.js 파일의 내용이다.

```javascript
'use strict';
module.exports.hello = (event, context, callback) => {
  console.log(process.env.testEnvVariable);
  const response = {
    statusCode: 200,
    body: JSON.stringify({
      message: '함수 실행 성공!',
      input: event,
    }),
  };
  callback(null, response);
};
```

이제 AWS에 함수를 배포하자. 배포에 필요한 귀찮은 작업은 서버리스 프레임워크가 간단하게 해결해줄 것이다! 다음 명령을 입력하고 가만히 기다리면 된다.

```
# serverless deploy --verbose
```

 ––verbose 매개변수는 선택 사항이다.

```
[ec2-user@ip-172-31-70-9 ~]$
[ec2-user@ip-172-31-70-9 ~]$ serverless deploy --verbose
Serverless: Packaging service...
Serverless: Creating Stack...
Serverless: Checking Stack create progress...
CloudFormation - CREATE_IN_PROGRESS - AWS::CloudFormation::Stack - serverless-hello-world-dev
CloudFormation - CREATE_IN_PROGRESS - AWS::S3::Bucket - ServerlessDeploymentBucket
CloudFormation - CREATE_IN_PROGRESS - AWS::S3::Bucket - ServerlessDeploymentBucket
CloudFormation - CREATE_COMPLETE - AWS::S3::Bucket - ServerlessDeploymentBucket
CloudFormation - CREATE_COMPLETE - AWS::CloudFormation::Stack - serverless-hello-world-dev
Serverless: Stack create finished...
```

코드를 배포하는 데 몇 분이 소요되므로 그동안 서버리스가 실제로 AWS Lambda에 함수를 배포하는 방법을 살펴보기로 하자. 서버리스는 단일 CloudFormation 템플릿을 사용해 전체 서버리스 스택을 생성, 업데이트 및 배포를 한다. 즉 배포 도중 오류가 발생하면 CloudFormation은 수행한 모든 변경 사항을 되돌리기만 하면 되므로 처음부터 다시 시작할 수 있다. 템플릿은 S3::Bucket을 생성해서 코드의 ZIP 파일과 관련된 파일을 저장한다. 그런 다음 IAM 역할과 이벤트, 다른 자원을 CloudFormation 템플릿에 추가한다. 배포가 완료되면 다음과 같이 배포 정보가 표시된다.

```
Service Information
service: my-hello-world-service
stage: dev
region: us-east-1
stack: my-hello-world-dev-service
api keys:
  None
endpoints:
  None
functions:
  hello: my-hello-world-service-dev-hello
```

 환경 설정을 지정하는 serverless.yml 파일의 provider 영역에서 stage(기본값: dev)와 region(기본값: us-east-1) 값을 수정할 수 있다.

AWS Lambda 관리 콘솔에 로그인해서 함수를 확인해보자. 생성한 함수에서 매개변수를 전달해 테스트를 실행하면 다음과 같이 로그 메시지를 확인할 수 있을 것이다.

```
{
  "testEnvVariable": "Serverless is fun!"
}
```

```
● Execution result: succeeded (logs)

The area below shows the result returned by your function execution. Learn more about returning results from your function.

{
    "statusCode": 200,
    "body": "{\"message\":\"Your function executed successfully!\",\"input\":{\"testEnvVariable\":\"Serverless is fun!\"}}"
}
```

Log output

The area below shows the logging calls in your code. These correspond to a single row within the CloudWatch log group corresponding to this Lambda function. Click here to view the CloudWatch log group.

```
START RequestId: 88b75e4d-6ed4-11e7-828c-991560281771 Version: $LATEST
2017-07-22T11:54:36.455Z        88b75e4d-6ed4-11e7-828c-991560281771   it works!
END RequestId: 88b75e4d-6ed4-11e7-828c-991560281771
REPORT RequestId: 88b75e4d-6ed4-11e7-828c-991560281771  Duration: 0.46 ms        Billed Duration: 100 ms
```

로컬 리눅스 서버에서는 sls CLI를 사용해서 함수를 호출할 수 있다. `sls invoke` 명령에 환경변수를 변경해가며 호출하며 테스트해보자.

지금까지 기본적인 사항을 살펴봤으니 이제는 AWS DynamoDB, API Gateway, AWS Lambda를 활용해 간단한 음식 설명 애플리케이션을 만드는 좀 더 복잡한 예제를 살펴보기로 하자. 우선 앞서 살펴본 대로 `sls create` 명령을 사용해 serverless.yml 파일을 만들고 다음 코드를 붙여 넣자.

```
service: my-serverless-app
provider:
  name: aws
  runtime: nodejs6.10
  stage: dev
  region: us-east-1

  iamRoleStatements:
  - Effect: Allow
    Action:
      - logs:CreateLogGroup
      - logs:CreateLogStream
```

```
        - logs:PutLogEvents
        - dynamodb:PutItem
      Resource: "*"
functions:
  hello:
    handler: index.handler
    name: serverless-apiGW-Dynamodb
    events:
      - http:
          path: /food/{name}/{description}
          method: post
    environment:
      TABLE_NAME:
        ${self:resources.Resources.foodTable.Properties.TableName}

# 여기에 CloudFormation 자원 템플릿을 추가하자.
resources:
  Resources:
    foodTable:
      Type: AWS::DynamoDB::Table
      Properties:
        TableName: foodTable-serverless
        AttributeDefinitions:
          - AttributeName: id
            AttributeType: S
          - AttributeName: name
            AttributeType: S
        KeySchema:
          - AttributeName: id
            KeyType: HASH
          - AttributeName: name
            KeyType: RANGE
        ProvisionedThroughput:
          ReadCapacityUnits: 5
          WriteCapacityUnits: 5
```

새로운 디렉터리에서 sls create 명령을 실행하자. 새로운 디렉터리에서 명령을 실행하면 함수를 명백히 분류해서 훨씬 더 쉽게 관리할 수 있다.

유념해야 할 사항을 다시 한 번 짚고 넘어가겠다. 우선 앞서 말한 대로 provider 영역에 stage와 region 매개변수를 명시적으로 지정했다. 물론 요구 사항에 따라 값을 수정할 수 있다. 다음은 정말 중요한 IAM 역할 정책과 뒤이어 나오는 events 영역이다. 보다시피 http 이벤트를 추가하고 이벤트 경로를 path에 명시했다. 7장에서 살펴본 SAM 템플릿을 작업할 때와 유사한 방식이다. 이렇게 하면 필요한 API Gateway가 환경 설정 정보와 함께 자동으로 만들어지기 때문에 같은 작업을 수행하지 않아도 된다. environment 영역에는 DynamoDB 테이블 이름을 특별한 형식으로 지정한다. 해당 값은 resources 영역을 참조하며, CloudFormation 템플릿이 생성할 자원을 의미한다. 전체 스키마 값은 다음과 같다.

```
${self:resources.Resources.<Resource_name>.<Resource_property>.<resource_attribute>}
```

serverless.yml 파일의 self-reference 속성은 ${self:} 구문을 사용해 객체 트리를 상세히 탐색할 수 있다. resource 영역에는 DynamoDB를 추가하고 키 스키마를 포함하는 환경 설정을 지정했다. 게다가 함수가 DynamoDB에 데이터를 입력할 수 있도록 iamRoleStatements 매개변수를 추가해 DynamoDB의 PutItem 권한 여부를 확인해야 한다. 파일 준비를 완료하면 이제 index.js를 만들 수 있다. 명심해야 할 사항은 함수는 테이블의 모든 항목에 고유한 ID를 만들기 위해 uuid NPM 모듈을 활용한다는 점이다. AWS로 코드를 배포하기 전에 NPM 모듈 디렉터리를 생성했는지 확인하자.

다음은 index.js 파일의 코드를 나타낸다.

```
'use strict';
console.log('함수 준비');
let doc = require('dynamodb-doc');
let dynamo = new doc.DynamoDB();
const uuidv4 = require('uuid/v4');
const tableName = process.env.TABLE_NAME;
const createResponse = (statusCode, body) => {
  return {
    "statusCode": statusCode,
    "body": body || ""
  }
};
let response;
module.exports.handler = function(event, context, callback) {
  console.log('수신 이벤트 :', JSON.stringify(event, null, 2));
  let name = event.pathParameters.name;
  let description = event.pathParameters.description;
  console.log("DynamoDB 삽입!");
  let item = {
    "id": uuidv4(),
    "name": name,
    "description": description
  };
  let params = {
    "TableName": tableName,
    "Item": item
  };
  dynamo.putItem(params, (err, data) => {
    if (err) {
      console.log("DB 삽입 실패 : ", err);
      response = createResponse(500, err);
    } else {
      console.log("DB 삽입 성공");
      response = createResponse(200, JSON.stringify(params));
    }
```

```
    callback(null, response);
  });
};
```

코드를 확인했으면 이제 다음 명령을 사용해 배포하자.

```
# sls deploy --verbose
```

서버리스 프레임워크는 코드에 필요한 AWS 자원을 만들고, 코드를 패키징해서 AWS Lambda에 배포한다. 코드가 성공적으로 업로드되면 다음과 같이 Service Information 항목이 표시된다.

```
Service Information
service: my-serverless-app
stage: dev
region: us-east-1
api keys:
  None
endpoints:
  POST - https://cv5s19ba56.execute-api.us-east-1.amazonaws.com/dev/food/{name}/{description}
functions:
  hello: my-serverless-app-dev-hello
```

출력 결과의 endpoints 영역을 보면 새로 생성된 API Gateway의 URL이 표시된다. 해당 URL을 사용해서 좋아하는 음식에 대한 설명을 추가할 수 있다. 다음과 같이 API Gateway URL에 음식과 음식에 대한 설명을 매개변수로 호출하면, 관련된 Lambda 함수가 트리거돼 새로 생성한 DynamoDB에 값이 추가된다.

```
# curl -X POST https://<계정ID>.execute-api.us-east-1.amazonaws.com/dev/food/
Burgers/Awesome
```

URL을 호출한 다음 DynamoDB 테이블에서 해당하는 항목을 확인해보자.

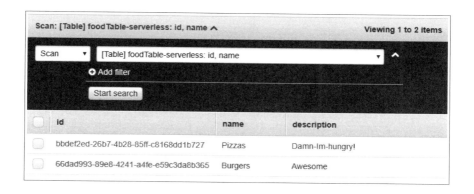

이제 서버리스 프레임워크 예제도 거의 마무리돼 간다. 이제 마지막으로 서버리스 프레임워크를 확장하기 위해 타사 플러그인을 활용하는 예제를 살펴보자. 조금 전 살펴본 AWS DynamoDB, API Gateway, AWS Lambda를 사용해 음식을 설명하는 서비스 예제를 활용할 것이다. 유일한 차이점은 serverless−offline 플러그인을 사용해 오프라인 DynamoDB와 API Gateway 시뮬레이터를 사용해 로컬에서 함수를 테스트한 다음 AWS에 배포한다는 점이다.

먼저 serverless-dynamodb-local 모듈을 사용해 로컬 DynamoDB를 설정해야 한다. 플러그인 정보는 https://github.com/99xt/serverless−dynamodb−local을 참고하자. 마찬가지로 API Gateway를 사용해 Lambda 함수를 오프라인으로 호출하려면 serverless-offline 플러그인을 사용해야 한다. serverless-offline 플러그인의 자세한 정보는 https://github.com/dherault/serverless−offline을 참고하자.

플러그인을 설치하려면 터미널에서 다음 명령을 실행하면 된다.

```
# npm install serverless-offline --save-dev
# npm install --save serverless-dynamodb-local
```

이제 다음과 같이 serverless.yml 파일 하단에 plugins 영역을 추가해 serverless-offline 플러그인과 serverless-dynamodb-local 플러그인을 명시한다.

```
plugins:
  - serverless-dynamodb-local
  - serverless-offline
```

서버리스 플러그인보다 로컬 DynamoDB가 먼저 로드돼야 하므로 플러그인 명시 순서가 중요하다. 플러그인을 추가하고 다음 명령을 실행한다.

```
# sls
```

출력 결과로 플러그인 목록에 추가한 플러그인을 확인할 수 있다. serverless.yml 파일의 최종 모습은 다음과 같다.

```
service: serverless-offline-plugins-service
frameworkVersion: ">=1.1.0 <2.0.0"
provider:
  name: aws
  runtime: nodejs4.3
  environment:
    TABLE_NAME:
      ${self:resources.Resources.foodTable.Properties.TableName}
  iamRoleStatements:
    - Effect: Allow
      Action:
        - dynamodb:PutItem
      Resource: "arn:aws:dynamodb:${opt:region, self:provider.region}:
        *:table/${self:provider.environment.TABLE_NAME}"
    - Effect: Allow
      Action:
        - logs:CreateLogGroup
        - logs:CreateLogStream
        - logs:PutLogEvents
      Resource: "*"
```

```yaml
plugins:
  - serverless-dynamodb-local
  - serverless-offline
custom:
  dynamodb:
    start:
      port: 8000
      inMemory: true
      migrate: true
functions:
  create:
    handler: todos/create.handler
    events:
      - http:
          path: /food/{name}/{description}
          method: post
          cors: true
resources:
  Resources:
    foodTable:
      Type: AWS::DynamoDB::Table
      Properties:
        TableName: foodTable-serverless-plugins
        AttributeDefinitions:
          - AttributeName: id
            AttributeType: S
          - AttributeName: name
            AttributeType: S
        KeySchema:
          - AttributeName: id
            KeyType: HASH
          - AttributeName: name
            KeyType: RANGE
        ProvisionedThroughput:
          ReadCapacityUnits: 5
          WriteCapacityUnits: 5
```

보다시피 plugins 영역을 추가하고, 로컬 DynamoDB 실행에 필요한 포트 번호와 여러 옵션 정보를 custom 영역에 지정했다. create.js 파일에는 AWS SDK 대신 Node.js 패키지인 serverless-dynamodb-client를 사용했다. AWS SDK를 사용하면 코드에서 같은 정보를 구성해야 하는데, 이런 경우 같은 코드를 로컬에서 실행할 때 문제가 발생한다. 따라서 로컬과 AWS에 모두 함수를 배포하기 위해 serverless-dynamodb-client를 사용했다. 해당 모듈은 코드 배포 시 로컬 서버나 AWS 플랫폼의 사용 여부를 자동으로 감지해 관련 설정을 처리한다. 게다가 나머지 코드는 그대로 사용할 수 있다.

```
'use strict';
console.log('함수 준비');
var AWS = require("aws-sdk");
var dynamodb = require('serverless-dynamodb-client');
var docClient = dynamodb.doc;
const uuidv4 = require('uuid/v4');
const tableName = process.env.TABLE_NAME;
const createResponse = (statusCode, body) => {
  return {
    "statusCode": statusCode,
    "body": body || ""
  }
};
let response;
module.exports.handler = function(event, context, callback) {
  console.log('수신 이벤트 :', JSON.stringify(event, null, 2));
  let name = event.pathParameters.name;
  let description = event.pathParameters.description;
  console.log("DynamoDB 삽입!");
  let item = {
    "id": uuidv4(),
    "name": name,
    "description": description
  };
  let params = {
```

```
    "TableName": tableName,
    "Item": item
  };
  docClient.put(params, (err, data) => {
    if (err) {
      console.log("DB 삽입 실패 : ", err);
      response = createResponse(500, err);
    } else {
      console.log("DB 삽입 성공");
      response = createResponse(200, JSON.stringify(params));
    }
    callback(null, response);
  });
};
```

이제 해당 코드를 사용해 플러그인을 시작할 수 있다. 하지만 serverless-offline 플러그인을 사용하기 전에 DynamoDB 서버를 로컬에 설치해야 한다. 다음 명령을 실행하자.

```
# sls dynamodb install
```

로컬 시스템에 DynamoDB를 설치하면, 이전에 구성한 대로 로컬 DynamoDB는 포트 3,000번으로 실행된다. 이제 로컬 포트 3,000번을 수신하는 serverless-offline 플러그인을 시작할 수 있다.

```
# serverless offline start
```

```
[ec2-user@ip-172-31-70-9 serverless-plugins-2]$
[ec2-user@ip-172-31-70-9 serverless-plugins-2]$ serverless offline start
Dynamodb Local Started, Visit: http://localhost:8000/shell
Serverless: DynamoDB - created table foodTable-serverless-plugins
Serverless: Starting Offline: dev/us-east-1.

Serverless: Routes for create:
Serverless: POST /food/{name}/{description}

Serverless: Offline listening on http://localhost:3000
```

플러그인은 자동으로 DynamoDB 테이블을 로컬에 만들고 포트 번호 3,000번을 수신한다. 애플리케이션을 로컬에서 테스트하려면 터미널 세션을 복사한 다음 POST 메소드로다음 URL을 호출해보자.

```
# curl -d POST http://localhost:3000/food/taco/yummy/
```

서버리스는 함수를 로드하고 AWS Lambda에 배포된 함수가 실행된 것처럼 동작한다.또한 DynamoDB Shell UI를 사용해 쿼리를 통해 로컬 DynamoDB에 입력된 데이터를확인할 수 있다. 브라우저에서 http://localhost:8000/shell에 접속해보자.

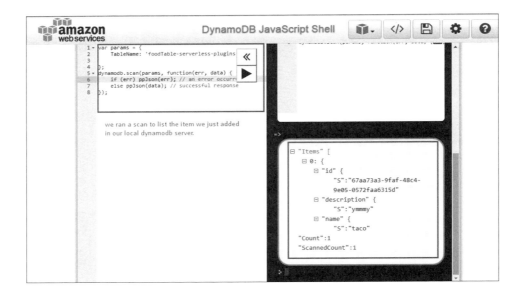

함수가 예상대로 동작하면 이제 다음 명령을 사용해 AWS 환경에 배포하면 된다.

```
# serverless deploy --verbose
```

지금까지 서버리스 프레임워크의 개념과 사용 방법을 살펴봤다. 9장으로 넘어가기 전에 서버리스 프레임워크를 사용하기 위한 유용한 권장 사항과 모범 사례를 살펴보자.

▌ 권장 사항 및 모범 사례

서버리스 프레임워크를 사용할 때 다음과 같이 몇 가지 간단한 권장 사항을 따르자.

- '`sls deploy <함수명>`' **명령 사용하기**: 겉보기에는 단순한 '`sls deploy`'와 '`sls deploy <함수명>`' 명령에는 큰 차이가 있다. 명령어의 차이점을 알면 애플리케이션 배포 시간을 상당히 개선할 수 있다. 우선 '`sls deploy`' 명령을 실행하면 전체 CloudFormation 스택을 처음부터 다시 배포하기 시작한다. 따라서 '`sls deploy`' 명령을 실행할 때마다 CloudFormation은 애플리케이션의 전체 자원 목록을 검토하는 과정을 수행한다. 그리하여 많은 AWS 자원을 사용하는 복잡한 애플리케이션은 배포 시간이 더 오래 걸릴 수 있다. 반면 '`sls deploy <함수명>`' 명령은 간단히 코드를 패키지하고 다른 AWS 자원을 변경하지 않고 새로운 Lambda 함수를 만들어 업로드한다.

- **함수 테스트하기**: 여러 번 언급했지만, 항상 함수를 배포하기 전에 테스트해야 한다. 서버리스 프레임워크에서 제공하는 방대한 플러그인을 활용해 함수를 로컬에서 테스트한 다음 클라우드에 배포하자. 서버리스 프레임워크가 제공하는 문서를 보면 함수를 테스트하는 방법을 알 수 있다. https://serverless.com/framework/docs/providers/aws/guide/testing을 참고하자.

- **로그 남기기**: 함수 실행뿐만 아니라 로깅 또한 중요하다. 함수 실행과 더불어 별도의 터미널 창에서 다음 명령을 사용해 로그를 확인할 수 있다.

```
# serverless logs -f <function-name> -t
```

-t 매개변수를 사용하면 로그를 뒤에서부터 확인할 수 있다.

- **CICD 파이프라인 구축하기**: 지속적인 통합과 배포 전략은 애플리케이션 품질을 크게 높일 뿐만 아니라 빌드와 배포에 걸리는 시간과 노력을 최소화할 수 있다. AWS CodeBuild와 AWS CodePipeline 등 여러 AWS 서비스를 활용하면 지속적인 통합 및 배포 파이프라인을 사용자 입맛에 맞게 구축할 수 있다. 해당 파이프라인을 사용하면 개발자가 Lambda 함수를 서버리스 프레임워크를 사용해 로컬에서 애플리케이션을 빌드하고 패키지, 테스트까지 할 수 있다. 더 빠른 빌드와 배포를 위해 CICD와 서버리스 프레임워크를 통합하는 방법은 https://serverless.com/blog/cicd-for-serverless-part-1을 참고하자. 도움이 될만한 예제를 찾을 수 있을 것이다.

▌ 요약

지금까지 AWS Lambda를 충분히 파악하고 관련된 서비스와 도구, 프레임워크를 이해했으리라 생각한다. 배운 내용을 요약하며 8장을 마무리하기로 하자.

8장에서는 서버리스 프레임워크를 전반적으로 살펴봤다. 서버리스 프레임워크를 활용해 여러 클라우드 플랫폼(예제에서는 AWS Lambda)에 서버리스 애플리케이션을 빌드하고 패키징해서 배포하는 방법을 배웠다. 서버리스 프레임워크의 몇 가지 중요한 개념을 살펴본 다음, 예제를 통해 기본적인 배포 방법과 애플리케이션을 로컬에서 개발, 테스트할 때 타사 플러그인을 활용하는 방법을 알아봤다. 마지막으로, 몇 가지 유용한 권장 사항을 살펴보며 8장을 마무리했다.

9장에서는 AWS Lambda의 실제 사용 사례를 개발 코드와 함께 살펴볼 것이다. 아직도 더 흥미로운 부분이 남아 있다. 물론 더 배울 것도 많다!

09

AWS Lambda 사용 사례

8장에서는 서버리스 프레임워크의 개념을 살펴봤다. 또한 사용자와 개발자 관점에서 서버리스 프레임워크를 활용해 서버리스 애플리케이션을 빌드하고 패키지해서 AWS Lambda에 배포하는 방법을 알아봤다. 9장에서는 가장 일반적으로 사용하는 AWS Lambda의 사용 사례를 살펴보고, AWS 환경을 관리하는 데 활용할 수 있는 방법을 알아보자. 사용 사례는 크게 다음 범주로 분류한다.

- Lambda 함수를 활용해 인프라를 관리하는 방법
- AWS 계정의 비용 관리 – 사용하지 않을 시 대형 인스턴스 유형 중지
- 태그를 활용한 효율적인 인스턴스 관리 및 비용 관리
- 데이터 백업을 위해 볼륨의 예약된 스냅숏 생성
- Lambda 함수를 사용해 스트리밍 또는 정적 데이터를 데이터베이스에 업로드하기 전에 변환하는 방법

모두 흥미 있는 주제다! 이제 본격적으로 알아보자.

▌ 인프라 관리

AWS Lambda를 활용하는 핵심 사례이자 가장 흔하게 사용하는 예제는 바로 불필요하게 비용이 발생하는 EC2 인스턴스를 효율적으로 관리하는 방법이다. Lambda 함수를 도입하기 전에는 대다수 기업이 EBS 볼륨의 주기적인 백업, 인스턴스의 태그 추가 여부 확인, 연중무휴로 운영할 필요가 없으면 대형 인스턴스를 중지하는 등 간단하고 쉬운 작업을 수행하기 위해 타사의 자동화 도구와 서비스에 의존할 수밖에 없었다.

설상가상으로 자동화 도구 또한 관리가 필요했다. 대부분 작업을 EC2 인스턴스에서 실행해야 했기에 관리자는 불필요한 오버헤드를 감수해야 했다. 하지만 이젠 모두 옛말이다. AWS Lambda를 사용하면 관리자는 이전과 같이 복잡한 타사 도구를 사용할 필요 없이 여러 작업을 수행할 수 있는 간단한 함수를 만들 수 있다. 각 사용 사례를 자세히 살펴본 다음 실제 환경에 어떻게 활용할 수 있는지 알아보자.

인스턴스 시작 및 중지 예약하기

우선 CloudWatch의 예약 이벤트를 기반으로 인스턴스를 중지하고 다시 시작하는 함수를 살펴보자. 다음 코드를 사용해 특정 인스턴스 또는 인스턴스 집합을 시작하는 간단한 함수를 만들어보자. 나머지 코드는 그대로 사용하되 <인스턴스 실제 ID> 필드에 실제 인스턴스 ID를 지정하면 된다.

```
'use strict';
console.log('Loading function');
exports.handler = (event, context, callback) => {
  var AWS = require('aws-sdk');
```

```
AWS.config.region = 'ap-southeast-1';
var ec2 = new AWS.EC2();
var params = {
  InstanceIds: [ /* 필수 항목 */
    '<인스턴스 실제 ID>'
    /* 추가 항목 */
  ]
// AdditionalInfo: 'STRING_VALUE',
// DryRun: true || false
};
ec2.startInstances(params, function(err, data) {
  if (err) console.log(err, err.stack); // 오류 발생
  else console.log(JSON.stringify(data));
});
}
```

함수가 인스턴스를 시작하고 중지하려면 IAM 역할 정의가 필요하다. 다음 예제와 같이 IAM 역할을 만들 때 resource 영역에 함수의 ARN을 제공해야 한다.

```
{
  "Version": "2012-10-17",
  "Statement": [
    {
      "Sid": "Stmt1483458245000",
      "Effect": "Allow",
      "Action": [
        "ec2:StartInstances",
        "ec2:StopInstances"
      ],
      "Resource": [
        "*"
      ]
    },
    {
```

```
      "Sid": "Stmt1483458787000",
      "Effect": "Allow",
      "Action": [
        "logs:CreateLogGroup",
        "logs:CreateLogStream",
        "logs:PutLogEvents"
      ],
      "Resource": [
        "*"
      ]
    },
    {
      "Sid": "Stmt148345878700",
      "Effect": "Allow",
      "Action": [
        "lambda:InvokeFunction"
      ],
      "Resource": [
        "arn:aws:lambda:ap-southeast-1:<계정ID>:function:Instance_Stop",
        "arn:aws:lambda:ap-southeast-1: <계정ID>:function:Instance_Start"
      ]
    }
  ]
}
```

지금까지는 별다른 문제가 없을 것이다. 남은 작업은 CloudWatch 이벤트 규칙을 사용해서 생성한 함수를 트리거하면 된다. 이제 CloudWatch 대시보드를 사용해 이벤트 규칙을 만들고 구성할 수 있을 뿐만 아니라 함수 대시보드에서 트리거를 설정할 수 있다. Lambda 함수의 대시보드에 있는 트리거 구성 화면이 바로 이번 절에서 살펴볼 사용 사례다.

함수의 **구성** 탭에서 CloudWatch Events 트리거를 선택하면 인스턴스 시작 규칙에 필요한 몇 가지 간단한 필드가 나타난다. 다음과 같이 적절한 규칙 이름과 설명을 입력하자.

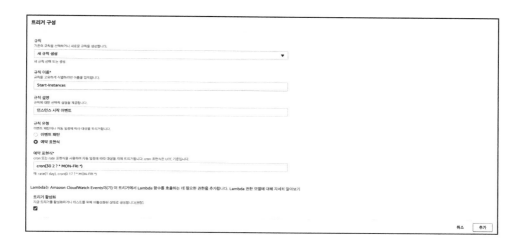

규칙 유형은 **예약 표현식**을 선택하고 유효한 Cron 표현식을 입력하자. 예제에서는 cron (30 2 ? * MON-FRI *) 표현식을 사용했다.

 Cron 표현식을 더 자세히 알아보려면 https://docs.aws.amazon.com/ko_kr/Amazon CloudWatch/latest/events/ScheduledEvents.html을 참고하자.

잊지 말고 **트리거 활성화** 체크박스도 선택하자. 이제 특정 시간에 EC2 인스턴스 집합을 시작하게 하는 간단한 이벤트 기반의 함수를 만들었다. 마찬가지로 다른 CloudWatch 이벤트를 기반으로 EC2 인스턴스를 중지하는 함수 또한 만들 수 있다. 실제로 조금 전 사용했던 코드에서 ec2.startInstances 메소드를 ec2.stopInstances로 변경해서 재사용할 수 있다.

```
ec2.stopInstances(params, function(err, data) {
  if (err) console.log(err, err.stack);
  else console.log(JSON.stringify(data));
});
```

원한다면 환경변수에 인스턴스 ID를 받거나 런타임에 이벤트 매개변수를 전달하도록 함수를 수정할 수 있으니 필요하다면 수정해서 사용하자. 다음으로 Lambda 함수를 사용해 EBS 볼륨의 주기적인 스냅숏을 만드는 예제를 살펴보겠다.

Lambda를 사용한 주기적인 EBS 볼륨 스냅숏

이번에 살펴볼 예제는 이전과 같은 방식으로 인스턴스 백업을 AMI 형식으로 수행한다. 게다가 인스턴스에 backup 태그가 있으면 인스턴스 EBS 볼륨 스냅숏을 만든다. 시작하기에 앞서 Lambda 함수는 스냅숏과 AMI 생성 및 스냅숏 속성 변경 등 관련 권한 설정이 필요하다. 다음과 같이 함수의 IAM 역할을 설정하자.

```
{
  "Version": "2012-10-17",
  "Statement": [
    {
      "Sid": "myEC2Permissions",
      "Effect": "Allow",
      "Action": [
        "ec2:Describe*"
      ],
      "Resource": [
        "*"
      ]
    },
    {
      "Sid": "myEC2AMIPermissions",
      "Effect": "Allow",
      "Action": [
        "ec2:CreateImage",
        "ec2:Describe*",
        "ec2:ModifyImageAttribute",
        "ec2:ResetImageAttribute"
```

```
        ],
        "Resource": [
          "*"
        ]
      },
      {
        "Sid": "myEC2SnapshotPermissions",
        "Effect": "Allow",
        "Action": [
          "ec2:CreateSnapshot",
          "ec2:ModifySnapshotAttribute",
          "ec2:ResetSnapshotAttribute"
        ],
        "Resource": [
          "*"
        ]
      },
      {
        "Sid": "myLogsPermissions",
        "Effect": "Allow",
        "Action": [
          "logs:CreateLogGroup",
          "logs:CreateLogStream",
          "logs:PutLogEvents"
        ],
        "Resource": [
          "*"
        ]
      }
    ]
}
```

IAM 역할을 설정하고 나면, 이제 함수 코드가 실제로 어떻게 동작하는지 간략히 살펴보자. 우선 코드 시작 부분을 보면 인스턴스 ID와 EBS 볼륨 ID라는 두 개의 배열을 갖고 있다.

코드는 먼저 backup 태그가 있는 인스턴스를 걸러낸 다음 응답으로 반환된 모든 인스턴스 ID를 instanceIds 배열에 추가한다. 또한 describeVolumes 메소드를 호출해서 특정 인스턴스의 모든 EBS 볼륨 ID를 가져와 해당하는 volumeIds 배열에 추가한다. 다음으로 createImage 함수를 호출하면서 instanceIds 배열에 있는 각 인스턴스 ID를 제공해 AMI를 생성한다. 아울러 createImage 함수 호출과 함께 createSnapshot 함수 또한 병렬로 호출한다. createSnapshot 함수에는 volumesIds 배열에 있는 각 볼륨 ID를 제공해서 스냅숏을 생성한다.

생각보다 간단하다! 이제 전체 함수 코드를 살펴보겠다.

```
'use strict';
console.log('함수 준비');
const aws = require('aws-sdk');
const async = require('async');
const ec2 = new aws.EC2({
  apiVersion: '2016-11-15'
});
let instanceIDs = [];
let volumeIDs = [];

function createImage(instanceID, createImageCB) {
  let date = new Date().toISOString().replace(/:/g, '-').replace(/\..+/, '');
  // console.log("AMI name: "+instanceID+'-'+date);
  let createImageParams = {
    InstanceId: instanceID, /* 필수 */
    Name: 'AMI-' + instanceID + '-' + date /* 필수 */
  };
  ec2.createImage(createImageParams, function(createImageErr, createImageData)
  {
    if (createImageErr) {
      console.log(createImageErr, createImageErr.stack); // 오류 발생
      createImageCB(createImageErr);
    } else {
```

```javascript
        console.log("createImageData: ", createImageData); // 성공 응답
        createImageCB(null, "AMI 생성 완료!!");
      }
    });
  }
  function createSnapShot(volumeID, createSnapShotCB) {
    let createSnapShotParams = {
      VolumeId: volumeID,
      /* 필수 */
      Description: 'Snapshot of volume: ' + volumeID
    };
    ec2.createSnapshot(createSnapShotParams,
      function(createSnapShotErr, createSnapShotData) {
        if (createSnapShotErr) {
          console.log(createSnapShotErr, createSnapShotErr.stack); // 오류 발생
          createSnapShotCB(createSnapShotErr);
        } else {
          console.log("createSnapShotData: ", createSnapShotData); // 성공 응답
          createSnapShotCB(null, "SnapShot 생성 완료!!");
        }
      });
  }
  exports.handler = (event, context, callback) => {
    instanceIDs = [];
    volumeIDs = [];
    let describeTagParams = {
      Filters: [{
        Name: "key",
        Values: [
          "backup"
        ]
      }]
    };
    let describeVolParams = {
      Filters: [{
        Name: "attachment.instance-id",
```

```
    Values: []
  }]
};
ec2.describeTags(describeTagParams,
  function(describeTagsErr, describeTagsData) {
  if (describeTagsErr) {
    console.log(describeTagsErr, describeTagsErr.stack); // 오류 발생
    callback(describeTagsErr);
  } else {
    console.log("tags : ", JSON.stringify(describeTagsData)); // 성공 응답
    for (let i in describeTagsData.Tags) {
      instanceIDs.push(describeTagsData.Tags[i].ResourceId);
      describeVolParams.Filters[0].Values.push(
        describeTagsData.Tags[i].ResourceId);
    }
    console.log("instanceIDs : " + instanceIDs);
    console.log("describeVolParams : ", describeVolParams);
    ec2.describeVolumes(describeVolParams,
     function(describeVolErr, describeVolData) {
      if (describeVolErr) {
        console.log(describeVolErr, describeVolErr.stack); // 오류 발생
        callback(describeVolErr);
      } else {
        console.log("describeVolData :", describeVolData); // 성공 응답
        for (let j in describeVolData.Volumes) {
          volumeIDs.push(describeVolData.Volumes[j].VolumeId);
        }
        console.log("volumeIDs : " + volumeIDs);

        async.parallel({
          one: function(oneCB) {
            async.forEachOf(instanceIDs,
              function(instanceID, key, imageCB) {
              createImage(instanceID, function(createImageErr,
                createImageResult) {
                if (createImageErr) {
```

```
                imageCB(createImageErr);
              } else {
                imageCB(null, createImageResult);
              }
            });
          }, function(imageErr) {
            if (imageErr) {
              return oneCB(imageErr);
            }
            oneCB(null, "AMIs 생성 완료!");
          });
        },
        two: function(twoCB) {
          async.forEachOf(volumeIDs, function(volumeID, key, volumeCB) {
            //console.log("volumeID in volumeIDs: "+volumeID);
            createSnapShot(volumeID, function(createSnapShotErr,
              createSnapShotResult) {
              if (createSnapShotErr) {
                volumeCB(createSnapShotErr);
              } else {
                volumeCB(null, createSnapShotResult);
              }
            });
          }, function(volumeErr) {
            if (volumeErr) {
              return twoCB(volumeErr);
            }
            twoCB(null, "스냅숏 생성 완료!");
          });
        }
      }, function(finalErr, finalResults) {
        if (finalErr) {
          callback(finalErr);
        }
        callback(null, "완료!!");
      });
```

```
        }
      });
    }
  });
};
```

IAM 역할을 설정하고 코드까지 준비했으니 이제 트리거를 생성할 수 있다. CloudWatch 일정 이벤트를 사용해 Lambda 함수를 트리거 해보자. 요구 사항에 따라 Cron 표현식 또는 고정 비율 표현식을 사용할 수 있다. 이번 예제에서는 다음과 같이 간단히 고정 비율로 설정했다.

함수를 테스트하기 전에 트리거를 활성화해야 한다. 함수를 테스트하려면 간단히 backup 태그와 함께 새로운 인스턴스를 만들거나 기존 인스턴스 집합에 backup 태그를 설정하자. Cron 표현식 또는 고정 비율에 의해 함수가 트리거되면 다음과 같이 새로운 AMI와 EBS 볼륨 스냅숏이 만들어진 것을 확인할 수 있다.

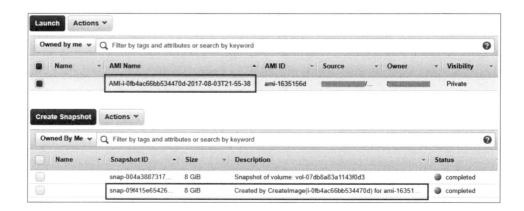

명심해야 할 사항이 하나 있다! 지금까지 정말 유용하게 사용할 수 있는 인스턴스 백업 유틸리티를 만들긴 했지만, 자동 백업 삭제 시스템을 마련하는 것 또한 중요하다. 늘어나는 AMI와 EBS 볼륨의 백업을 삭제하지 않는다면 AWS 비용 또한 그만큼 늘어나게 된다.

이번 예제도 어렵지 않게 해결했다. 이제 AWS 계정을 더 효율적으로 관리하고 프로세스의 일부 비용을 줄일 수 있는 간단하면서도 유용한 인프라 관리 사례를 살펴보자.

EC2 태그와 Lambda를 사용한 거버넌스 지원

거버넌스governance는 클라우드 관리자라면 항상 직면하는 주요 문제다. 특히 비용과 규정 준수 목적으로 EC2 인스턴스를 관리하고자 하면 골치 아프기 마련이다. 이번 절에서는 AWS CloudTrail 및 CloudWatch와 Lambda 함수를 사용해서 EC2 인스턴스와 관련된 자원에 자동으로 태그를 붙이는 예제를 살펴보자. 이렇게 해서 사용자는 오직 자원 태그가 설정된 자원만 사용할 수 있다.

동작 방법은 다음과 같다. 먼저 AWS 계정 내에 발생하는 모든 API 호출과 이벤트를 추적하는 CloudTrail의 추적trail을 생성한다. 다음으로 IAM에 임시 사용자를 만든다. 해당 IAM은 태그 생성 권한뿐만 아니라 자원을 생성하고 사용할 수 있는 권한 또한 갖는다. 다시 말하면 임시 사용자가 기본적으로 태그 생성 권한을 갖고 태그를 직접 조작할 수 있다는 의미다. 하지만 이번 예제에서는 태그 생성 권한은 필요가 없다. 다음으로 태그 킷값을 사용해 자동으로 자원에 태그를 지정하는 함수를 만든다.

- Owner: 현재 사용자의 이름 또는 자원 작성자의 이름
- PrincipalId: 현재 사용자의 aws:userid 값

코드는 다음 이벤트에도 트리거될 수 있다.

- EBS 볼륨 생성
- 스냅숏 생성

- AMI 생성
- 인스턴스 실행

우선 CloudTrail에서 간단한 추적을 만들어보자. CloudTrail의 http://docs.aws.
amazon.com/ko_kr/awscloudtrail/latest/userguide/cloudtrail-create-and-
update-a-trail-by-using-the-console.html 문서를 참고할 수 있다. 예제에서는 추
적 매개변수에 다음 값을 제공했다.

- Trail name: 적절한 추적 이름을 지정한다. 예제에서는 taggerTrail이라는 이름
  을 지정했다.
- Apply trail to all regions: 모든 리전에 추적을 적용하려면 Yes 옵션을 선택한다.
- Read/Write events: AWS 계정에서 발생하는 작업에 해당하는 이벤트로, 예제
  에서는 All 옵션을 선택했다.
- Storage location: S3 버킷을 선택해 추적 로그를 저장하거나 새로 생성할 수
  있다.

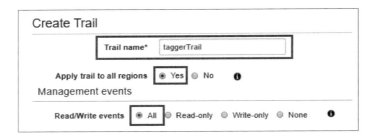

추적을 만들고 나면 이제 IAM 사용자를 위한 정책을 만들어야 한다. 정책에는 기본적으
로 특정 EC2 자원의 소유자가 인스턴스를 시작, 중지, 재부팅, 종료할 수 있도록 명시해
야 한다. 권한이 없다면 해당 작업을 수행할 수 없다. 모든 사용자가 인스턴스를 실행하
고 "Describe"로 시작하는 모든 작업을 수행할 수 있도록 지정하자. IAM을 사용해 다음
정책을 만들고 사용자 또는 사용자 그룹에 연결한다.

```json
{
  "Version": "2012-10-17",
  "Statement": [
    {
      "Sid": "LaunchEC2InstancesPermissions",
      "Effect": "Allow",
      "Action": [
        "ec2:Describe*",
        "ec2:RunInstances"
      ],
      "Resource": [
        "*"
      ]
    },
    {
      "Sid": "AllowActionsIfYouAreTheOwnerPermissions",
      "Effect": "Allow",
      "Action": [
        "ec2:StopInstances",
        "ec2:StartInstances",
        "ec2:RebootInstances",
        "ec2:TerminateInstances"
      ],
      "Condition": {
        "StringEquals": {
          "ec2:ResourceTag/PrincipalId": "${aws:userid}"
        }
      },
      "Resource": [
        "*"
      ]
    }
  ]
}
```

IAM 정책을 만들고 추적도 활성화했으면 이제 Lambda 함수와 트리거를 설정할 차례다. 우선, 다음을 참고해서 Lambda 함수의 IAM 역할을 만들자.

```json
{
  "Version": "2012-10-17",
  "Statement": [
    {
      "Sid": "Stmt1501655705000",
      "Effect": "Allow",
      "Action": [
        "cloudtrail:LookupEvents"
      ],
      "Resource": [
        "*"
      ]
    },
    {
      "Sid": "Stmt1501655728000",
      "Effect": "Allow",
      "Action": [
        "ec2:CreateTags",
        "ec2:Describe*"
      ],
      "Resource": [
        "*"
      ]
    },
    {
      "Sid": "Stmt1501655809000",
      "Effect": "Allow",
      "Action": [
        "logs:CreateLogGroup",
        "logs:CreateLogStream",
        "logs:PutLogEvents"
      ],
```

```
    "Resource": [
      "*"
    ]
  }
 ]
}
```

이제 예제에서 사용할 Lambda 함수를 작성하자. 함수 코드는 이해를 돕기 위해 간단히 여러 갈래로 나누어 설명하겠다. 전체 코드는 https://github.com/masteringAWSLambda/Mastering-AWS-Lambda에서 찾을 수 있다.

우선 코드는 ID 배열을 사용해 태그 생성에 필요한 모든 자원 ID를 저장한다. 코드는 region, eventname(RunInstances와 같은 사용자가 만드는 API 호출), PrincipalId 등의 매개변수를 event에서 가져온다.

```
Id = [];
region = event.region;
detail = event.detail;
eventname = detail.eventName;
arn = detail.userIdentity.arn;
principal = detail.userIdentity.principalId;
userType = detail.userIdentity.type;
if (userType === 'IAMUser') {
  user = detail.userIdentity.userName;
} else {
  user = principal.split(':')[1];
}
```

다음은 CloudWatch 이벤트에서 자원 ID를 찾는 코드다. RunInstances, CreateVolume 등 각 API 호출에 대해 수신된 이벤트에 따라 자원 ID를 찾을 수 있다. 이벤트 이름을 확인하고 모든 자원 ID를 적절히 수집해 id 배열에 추가하기 위해 swtich문을 사용했다.

```
switch (eventname) {
  case "CreateVolume":
    id.push(detail.responseElements.volumeId);
    console.log("id array: " + id);
    createTag(function(err, result) {
      if (err) {
        callback(err);
      } else {
        callback(null, "태그 완료!!");
      }
    });
    break;
  case "RunInstances":
    runInstances(function(err, result) {
      if (err) {
        callback(err);
      } else {
        createTag(function(createTagErr, createTagResult) {
          if (createTagErr) {
            callback(err);
          } else {
            callback(null, "태그 완료!!");
          }
        });
      }
    });
    break;
  case "CreateImage":
    id.push(detail.responseElements.imageId);
    console.log("id : " + id);
    createTag(function(err, result) {
      if (err) {
        callback(err);
      } else {
        callback(null, "태그 완료!!");
```

```
        }
      });
      break;
   case "CreateSnapshot":
      id.push(detail.responseElements.snapshotId);
      console.log("id array: " + id);
      createTag(function(err, result) {
        if (err) {
          callback(err);
        } else {
          callback(null, "태그 완료!!");
        }
      });
      break;
   default:
      console.log("선택된 옵션이 없다!!!");
      callback(null, "선택된 옵션이 없다!!!");
}
```

다음에 살펴볼 runInstances와 createTag 함수는 좀 더 복잡하기에 메소드로 분리하고 핸들러에서 호출한다. 각 함수는 다음과 같다.

```
function createTag(tagCB) {
  async.forEachOf(id, function(resourceID, key, cb) {
    var tagParams = {
      Resources: [
        resourceID
      ],
      Tags: [{
          Key: "Owner",
          Value: user
        },
        {
          Key: "PrincipalId",
```

```
            Value: principal
          }
        ]
      };
      ec2.createTags(tagParams, function(tagErr, tagData) {
        if (tagErr) {
          console.log("자원에 태그 실패 : " + tagParams.Resources
            + ". 오류 : " + tagErr); // 오류 발생
          cb(tagErr);
        } else {
          console.log("태그 성공"); // 성공 응답
          cb(null, "태그 성공!");
        }
      });
    }, function(err) {
      if (err) {
        console.log(err);
        tagCB(err);
      } else {
        console.log("태그 완료!");
        tagCB(null, "완료!!");
      }
    });
}
function runInstances(runCB) {
  let items = detail.responseElements.instancesSet.items;
  async.series({
    one: function(oneCB) {
      async.forEachOf(items, function(item, key, cb) {
        id.push(item.instanceId);
        cb(null, "added");
      }, function(err) {
        if (err) {
          console.log(err);
          oneCB(err);
        } else {
```

```javascript
        console.log("id : " + id);
        oneCB(null, "완료!!");
      }
    });
  },
  two: function(twoCB) {
    describeParams = {
      InstanceIds: []
    };
    async.forEachOf(id, function(instanceID, key, cb) {
      describeParams.InstanceIds.push(instanceID);
      cb(null, "added");
    }, function(err) {
      if (err) {
        console.log(err);
        twoCB(err);
      } else {
        console.log("describeParams: ", describeParams);
        twoCB(null, "완료!!");
      }
    });
  },
  three: function(threeCB) {
    ec2.describeInstances(describeParams, function(err, data) {
      if (err) {
        console.log(err, err.stack); // an error occurred
        threeCB(err);
      } else {
        console.log("data: ", JSON.stringify(data)); // successful response
        let reservations = data.Reservations;
        async.forEachOf(reservations, function(reservation, key, resrvCB) {
          console.log("******** forEachOf 내부는
            비동기 방식으로 동작한다! *************");
          let instances = reservation.Instances[0];
          console.log("Instances: ", instances);
          // 모든 볼륨 ID를 가져온다.
```

```
let blockdevicemappings = instances.BlockDeviceMappings;
console.log("blockdevicemappings: ", blockdevicemappings);
// 모든 ENI ID를 가져온다.
let networkinterfaces = instances.NetworkInterfaces;
console.log("networkinterfaces: ", networkinterfaces);
async.each(blockdevicemappings,
  function(blockdevicemapping, blockCB) {
  console.log("************** blockdevicemappings는
    비동기 방식으로 동작한다! ***********");
  id.push(blockdevicemapping.Ebs.VolumeId);
  console.log("blockdevicemapping ID : " + id);
  blockCB(null, "added");
}, function(err) {
  if (err) {
    console.log(err);
    resrvCB(err);
  } else {
    //console.log("describeParams: ", describeParams);
    async.each(networkinterfaces,
      function(networkinterface, netCB) {
      console.log("******** networkinterfaces는
        비동기 방식으로 동작한다! *******");
      id.push(networkinterface.NetworkInterfaceId);
      console.log("networkinterface ID : " + id);
      netCB(null, "added");
    }, function(err) {
      if (err) {
        console.log(err);
        resrvCB(err);
      } else {
        //console.log("describeParams: ", describeParams);
        resrvCB(null, "Done!!");
      }
    });
    //resrvCB(null, "완료!!");
  }
```

```
          });
        }, function(err) {
          if (err) {
            console.log(err);
            threeCB(err);
          } else {
            //console.log("describeParams: ", describeParams);
            threeCB(null, "완료!!");
          }
        });
      }
    });
  }
}, function(runErr, results) {
  // 결과 : {one: 1, two: 2}
  if (runErr) {
    console.log(runErr);
    runCB(runErr);
  } else {
    console.log("runInstances의 ID : " + id);
    runCB(null, "모든 ID 획득");
  }
});
}
```

휴! 다소 복잡한 코드다. 하지만 이제까지 해온 대로 설정을 테스트하면서 코드를 검증할 수 있다. 우선 CloudTrail에서 로그를 받을 때마다 Lambda 함수를 트리거할 수 있는 CloudWatch 이벤트 규칙을 만들고 설정해야 한다. CloudWatch 대시보드의 **규칙** 탭에서 **규칙 생성**을 선택한다. 규칙을 생성하기 위한 화면이 나오면 사용할 트리거를 구성하자.

우선 **이벤트 소스** 항목에 다음과 같이 **이벤트 패턴**이 기본값으로 선택돼 있는지 확인한다. **서비스 이름**에는 EC2를 선택하고 **이벤트 유형**에는 AWS API Call via CloudTrail을 선택한다.

다음으로 함수를 트리거할 작업을 지정한다. 예제에서는 다음과 같이 EC2 인스턴스의 CreateImage, CreateSnapshot, CreateVolume, RunInstances를 선택했다.

특정 작업을 직접 지정하지 않고 **이벤트 패턴 미리보기** 상자에 다음 코드를 복사해도 무방하다.

```
{
  "source": [
    "aws.ec2"
  ],
  "detail-type": [
    "AWS API Call via CloudTrail"
  ],
```

```
  "detail": {
    "eventSource": [
      "ec2.amazonaws.com"
    ],
    "eventName": [
      "CreateImage",
      "CreateSnapshot",
      "CreateVolume",
      "RunInstances"
    ]
  }
}
```

다음으로 **대상** 항목에 다음과 같이 생성된 함수를 지정한다.

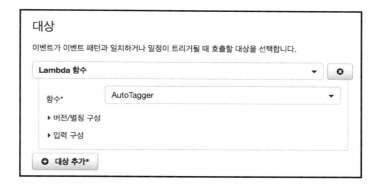

이제 동작을 살펴보겠다. 설정을 테스트하려면 간단히 새로운 EC2 인스턴스를 시작하면
된다. 인스턴스가 실행되면 Owner와 PrincipalId 두 태그가 할당된다. 인스턴스와 관련
된 EBS 볼륨과 ENI^Elastic Network Interface 또한 해당 태그가 설정돼야 한다. 앞서 설명한 대
로 인스턴스에서 다음과 같이 할당된 태그를 확인할 수 있다.

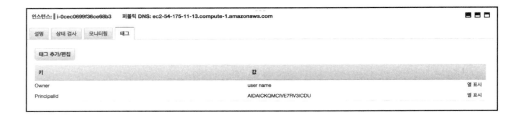

지금까지 Lambda 함수를 사용해 인프라 관리 방법을 알아봤다. 다음 절에서는 Lambda 함수를 활용해 데이터를 변환하는 간단한 예제를 살펴보겠다.

데이터 변환

데이터를 시시각각 변환할 수 있는 기능 또한 AWS Lambda를 활용한 주요 사용 사례다. S3 버킷에 크기가 제각각인 CSV 파일이 업로드되는 데이터 스트림이 있다고 가정해보자. 애플리케이션에서 해당 데이터를 JSON 파일로 변환한 다음 DynamoDB에 업로드해야 한다면 어떻게 해야 효율적일까? EC2 인스턴스를 활용하면 S3에 주기적으로 CSV 파일이 있는지 확인해서 파일을 가져와 변환한 다음 DynamoDB에 업로드할 수 있다. 하지만 장시간 동안 S3에 업로드되는 파일이 없다면 어떻게 될까? 이러한 방식은 잠재적으로 문제를 일으킬 수 있다. EC2 인스턴스를 24시간 내내 실행하고 있어야 할까? 게다가 S3에서 파일이 있는지 확인하거나 가져오는 방식은 특정 논리 집합이 필요한 데다가 관리까지 해야 하는 부담이 있다. 이쯤 되면 여러분 머릿속에 하나 떠오르는 게 있을 것이다. 그렇다. 바로 Lambda 함수를 사용하면 된다!

이번에 살펴볼 예제에서는 CSV 파일을 저장할 수 있는 간단한 S3 버킷을 만들어보자. Lambda 함수는 CSV를 JSON 파일로 변환하고 DynamoDB 테이블에 변환된 데이터를 저장한다. 이렇게 하려면 S3 버킷에 대한 트리거를 구성해야 한다. Lambda 함수의 트리거로 S3 객체 생성 이벤트를 활용하면 새로운 CSV 파일이 S3에 업로드될 때마다 Lambda 함수를 트리거한다. 동작 방식은 이후에 더 자세히 설명하겠다.

우선 새로운 S3 버킷을 만들기로 하자. 버킷에는 원하는 이름을 지정해도 되지만 모든 CSV 파일은 버킷 안에 csv 디렉터리에 위치해야 한다. S3 버킷을 만들고 나면 같은 리전에 다음과 같이 간단한 DynamoDB 테이블을 구성한다.

ID	Name	Age
1	John	23
2	Sarah	45

다음으로 버킷과 같은 리전에 Lambda 함수를 생성한다. 다음 코드를 index.js 파일에 복사하자.

```javascript
'use strict';
console.log('Loading function');
const aws = require('aws-sdk');
const async = require('async');
const s3 = new aws.S3({
  apiVersion: '2006-03-01'
});
const csv = require("csvtojson");
const jsonfile = require('jsonfile');
const fs = require('fs');
const docClient = new aws.DynamoDB.DocumentClient();
exports.handler = (event, context, callback) => {
  async.auto({
      download: function(callback) {
        console.log('수신 이벤트 :', JSON.stringify(event, null, 2));
        const bucket = event.Records[0].s3.bucket.name;
        let key = decodeURIComponent(
          event.Records[0].s3.object.key.replace(/\+/g, ' '));
        const downloadParams = {
          Bucket: bucket,
          Key: key
        };
```

```javascript
        // 실제 키 이름에서 csv/ 제거
        key = key.replace('csv/', '');
        // 파일은 Lambda의 /tmp 디렉터리에 다운로드된다.
        let csvFile = "/tmp/" + key;
        let file = fs.createWriteStream(csvFile);
        s3.getObject(downloadParams).createReadStream()
          .on('error', function(err) {
          console.log("S3에서 파일을 다운로드하던 중 오류 발생 : ", err);
          callback(err);
        }).pipe(file);
        file.on('finish', function() {
          file.close(); // close()는 비동기 방식으로 완료 후에 호출된다.
          console.log("다운로드 완료! " + csvFile);
          callback(null, {
            'csvFile': csvFile,
            'bucketName': bucket,
            'key': key
          });
        });

        file.on('error', function(err) {
          console.log("S3에서 Id3 파일을 다운로드하던 중 오류 발생 : ", err);
          callback(err);
        });
      },
      csvtojson: ['download', function(results, callback) {
        console.log("csvtojson 함수 내부");
        let csvFile = results.download.csvFile;
        csv()
          .fromFile(csvFile)
          .on("end_parsed", function(jsonArrayObj) {
            // 파싱이 끝나면 결과가 여기에 표시된다.
            console.log(jsonArrayObj);
            // 마지막 파일은 .json 확장자를 갖는다.
            let keyJson = results.download.key.replace(/.csv/i, ".json");
            console.log("Final file: " + keyJson);
```

```javascript
    // json 파일을 Lambda 함수의 /tmp 디렉터리에 저장한다.
    let jsonFile = "/tmp/" + keyJson;
    jsonfile.writeFile(jsonFile, jsonArrayObj, function(err) {
      if (err) {
        console.error(err);
        callback(err);
      }
    });
    callback(null, {
      'keyJson': keyJson,
      'jsonFile': jsonFile
    });
  });
}],
sendToDynamo: ['download', 'csvtojson', function(results, callback) {
  console.log("sendToDynamo 함수 내부");
  console.log("DynamoDB 에서 데이터를 가져오고 있는 중...");
  fs.readFile(results.csvtojson.jsonFile, function(err, data) {
    if (err) {
      console.log(err);
      return callback(err);
    }
    let obj = JSON.parse(data);
    async.forEachOf(obj, function(obj, key, cb) {
      let params = {
        TableName: process.env.TABLE_NAME,
        Item: {
          "ID": obj.ID,
          "Name": obj.Name,
          "Age": obj.Age
        }
      };
      docClient.put(params, function(err, data) {
        if (err) {
          console.error("추가 불가 : ", data.Name,
            ". 오류 JSON :", JSON.stringify(err, null, 2));
```

```
            cb(err);
          } else {
            console.log("PutItem 성공");
            cb(null, "PutItem 성공");
          }
        });
      }, function(err) {
        if (err) {
          console.log(err);
          callback(err);
        } else {
          callback(null, "완료!!");
        }
      });
    });
  }]
},
function(err, results) {
  if (err) {
    console.log("오류 발생!");
  } else {
    console.log(results);
  }
});
};
```

코드는 길지만 어렵진 않다. 먼저 S3 버킷의 /csv 디렉터리에서 CSV 파일을 AWS
Lambda로 다운로드한다. 파일은 /tmp 디렉터리로 다운로드되며, 해당 파일은 함수의
로컬 파일시스템에서만 사용할 수 있다. 파일을 다운로드하고 나면 새로운 JSON 파일
로 변환한다. 변환한 JSON 파일 또한 /tmp 디렉터리에 저장한다. 파일을 변환했으니
sendToDynamoDB 함수를 호출해서 JSON 파일을 읽어 이전에 만들어둔 DynamoDB 테
이블에 데이터를 보낸다.

예제에 필요한 기능을 사용하려면 함수에 필요한 권한을 할당해야 한다. S3 버킷에서 CSV 파일을 가져오고 DynamoDB 테이블에 데이터를 저장할 수 있는 권한과 Cloud Watch에 로그를 기록할 수 있는 권한이 필요하다. 다음을 참고해서 필요한 IAM 역할을 만들자. <버킷_이름> 및 <테이블_이름> 필드는 알맞은 값으로 변경해야 한다.

```
{
  "Version": "2012-10-17",
  "Statement": [
    {
      "Sid": "myS3Permissions",
      "Effect": "Allow",
      "Action": [
        "s3:GetObject"
      ],
      "Resource": [
        "arn:aws:s3:::<버킷_이름>/*"
      ]
    },
    {
      "Sid": "myLogsPermissions",
      "Effect": "Allow",
      "Action": [
        "logs:CreateLogGroup",
        "logs:CreateLogStream",
        "logs:PutLogEvents"
      ],
      "Resource": [
        "*"
      ]
    },
    {
      "Sid": "myDynamodbPermissions",
      "Effect": "Allow",
      "Action": [
```

```
      "dynamodb:PutItem"
    ],
    "Resource": [
      "arn:aws:dynamodb:us-east-1:<계정ID>:table/<테이블_이름>"
    ]
  }
 ]
}
```

함수를 생성하고 설정을 완료하면 이제 남은 마지막 단계는 트리거를 구성하는 일이다. 트리거를 구성할 때 다음과 같이 **접두사**에 csv/ 값을 지정해야 한다.

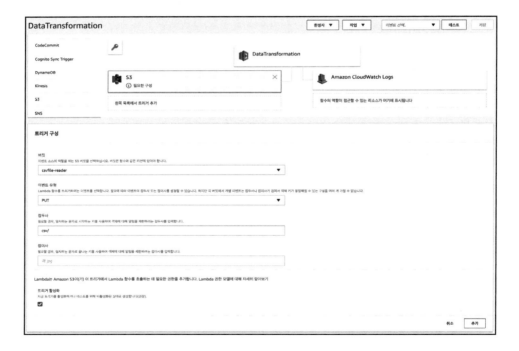

이제 /csv 디렉터리에 간단한 CSV 파일을 업로드해서 전체 설정을 테스트해보자. CSV 파일은 앞서 설명한 대로 표로 나타낸 데이터 형식이어야 한다. 파일을 업로드하고 Dynamo

320

DB 테이블에 데이터가 문제없이 저장됐는지 확인하자. 다음과 같이 CloudWatch에서 함수 로그를 확인해도 무방하다.

```
                              No older events found at the moment. Retry
▶  01:18:02    2017-08-01T19:48:02.925Z undefined Loading function
▶  01:18:03    START RequestId: 543b871e-76f2-11e7-91a1-95668a5ada79 Version: $LATEST
▶  01:18:03    2017-08-01T19:48:03.323Z 543b871e-76f2-11e7-91a1-95668a5ada79 Received event: [ "Records": [ { "eventVersion": "2.0", "eventSource": "aws.s3", "awsRegion": "us-eas
▶  01:18:04    2017-08-01T19:48:04.222Z 543b871e-76f2-11e7-91a1-95668a5ada79 Download complete! /tmp/sampleFile.csv
▶  01:18:04    2017-08-01T19:48:04.222Z 543b871e-76f2-11e7-91a1-95668a5ada79 Inside csvtojson function
▶  01:18:05    2017-08-01T19:48:04.662Z 543b871e-76f2-11e7-91a1-95668a5ada79 [ [ ID: '1', Name: 'John', Age: '23' }, [ ID: '2', Name: 'Sarah', Age: '45' } ]
▶  01:18:05    2017-08-01T19:48:05.182Z 543b871e-76f2-11e7-91a1-95668a5ada79 Final file: sampleFile.json
▶  01:18:05    2017-08-01T19:48:05.182Z 543b871e-76f2-11e7-91a1-95668a5ada79 Inside sendToDynamo function
▶  01:18:05    2017-08-01T19:48:05.182Z 543b871e-76f2-11e7-91a1-95668a5ada79 Importing data into DynamoDB. Please wait.
▶  01:18:05    2017-08-01T19:48:05.465Z 543b871e-76f2-11e7-91a1-95668a5ada79 PutItem succeeded
▶  01:18:05    2017-08-01T19:48:05.523Z 543b871e-76f2-11e7-91a1-95668a5ada79 PutItem succeeded
▶  01:18:05    2017-08-01T19:48:05.523Z 543b871e-76f2-11e7-91a1-95668a5ada79 { download: { csvFile: '/tmp/sampleFile.csv', bucketName: 'udita', key: 'sampleFile.csv' }, csvtojson: { k
▶  01:18:05    END RequestId: 543b871e-76f2-11e7-91a1-95668a5ada79
▶  01:18:05    REPORT RequestId: 543b871e-76f2-11e7-91a1-95668a5ada79 Duration: 2216.29 ms Billed Duration: 2300 ms Memory Size: 128 MB Max Memory Used: 41 MB
                              No newer events found at the moment. Retry.
```

▎ 요약

이제 책의 마지막 장을 남겨두고 있다. 마지막 장을 더 살펴보기 전에 9장에서 다룬 내용을 요약해보기로 하자.

먼저 AWS 인프라를 관리하기 위해 일반적으로 사용하는 AWS Lambda의 사용 사례를 살펴봤다. 그리고 EC2 인스턴스를 필요한 시간에만 동작하게 해서 불필요한 운영 비용을 절약하는 Lambda 함수를 살펴봤다. 아울러 비용 청구와 거버넌스를 위해 인스턴스의 EBS 볼륨을 주기적으로 백업하고, EC2 인스턴스에 태그를 지정하는 인프라 관리 방안을 알아봤다. 마지막으로 Lambda 함수를 사용해 CSV 파일의 데이터를 변환해서 DynamoDB 테이블에 저장하는 예제를 살펴봤다.

지금까지 살펴본 예제를 유용하게 사용하길 바란다. 이 책의 마지막 10장에서는 AWS Lambda로 기대할 수 있는 부분을 간략히 살펴보겠다.

10

AWS Lambda의 미래

지금까지 꽤 먼 거리를 여행했지만 아직도 더 가야 할 길이 남아 있다. 이제 이 책의 마지막 장을 앞두고 있다! 지금까지 잘 따라왔다면 더할 나위 없이 훌륭하다! 1장부터 9장까지는 AWS Lambda와 관련 도구, 서비스를 사용해 서버리스 애플리케이션을 작성하고 테스트, 배포, 모니터링 및 관리 방법을 살펴봤다. 마지막 10장에서는 향후 몇 년간 AWS Lambda에서 기대할 수 있는 사항을 소개하고, 이에 따라 AWS Lambda가 클라우드 환경에서 컴퓨팅 방식을 어떻게 변화시킬지 살펴보겠다.

10장에서는 AWS Lambda를 기반으로 하거나 다음과 같이 AWS Lambda를 사용한 최신 제품을 살펴본다.

- **Lambda@Edge**: CloudFront 이벤트를 기반으로 CloudFront 엣지 로케이션에서 Lambda 함수를 트리거한다.

- **AWS Snowball Edge**: Snowball 장치에 TB 규모의 데이터를 저장하고 Lambda 함수를 활용해 데이터 스트림을 로컬에서 분석하고 처리한다.
- **Lambda bot & Amazon Lex**: Lambda 함수를 사용해 Lex 챗봇 프레임워크가 생성한 요청을 수행한다.
- **AWS Greengrass**: IoT 장치에서 로컬 이벤트로 Lambda 함수를 실행해 실시간에 가까운 응답 및 처리를 한다.

모두 흥미로워 보인다! 이제 본격적으로 알아보자.

■ Lambda@Edge를 사용한 엣지 콘텐츠 처리

Lambda@Edge는 2016년 AWS re:Invent 행사에서 소개됐다. 하지만 지금까지는 미리 보기 방식[1]만 지원했다. Lambda@Edge 서비스는 Lambda 함수를 CloudFront 이벤트의 응답으로 엣지 로케이션^{edge location}에서 실행할 수 있다. Lambda@Edge를 이용하면 개인화된 콘텐츠를 위해 서버를 전 세계적으로 설치하거나 구성, 확장할 필요가 없다. 모든 작업은 AWS Lambda 서비스에서 처리한다. 필요한 작업은 단지 함수를 작성하고 배포하기만 하면 된다!

이 책을 쓰는 시점에 Lambda@Edge는 다음 CloudFront 이벤트에 대한 쓰기 기능을 지원한다.

- **최종 사용자 요청**^{Viewer request}: CloudFront가 최종 사용자로부터 요청을 수신할 때
- **최종 사용자 응답**^{Viewer response}: CloudFront가 최종 사용자에게 응답을 반환하기 전
- **오리진 요청**^{Origin request}: CloudFront가 오리진에 요청을 전달하기 전
- **오리진 응답**^{Origin response}: CloudFront가 오리진으로부터 응답을 수신할 때

---

1   2017년 7월에 정식 출시돼 현재는 누구나 사용할 수 있다. - 옮긴이

그럼 Lambda@Edge를 어디에 활용할 수 있을까? 구체적인 사용 사례가 여럿 존재하지만 여기서는 일부만 설명한다.

- CloudFront의 최종 사용자 또는 오리진 요청 이벤트가 발생할 때 Lambda 함수를 사용해 사용자가 정의한 HTTP 응답을 생성할 수 있다. 또한 Lambda 함수는 헤더나 권한 토큰을 검사하고 CloudFront가 오리진으로 요청을 전달하기 전에 헤더를 추가해서 콘텐츠에 대한 접근 권한을 제어할 수 있다.
- Lambda 함수는 헤더를 추가, 삭제 또는 수정할 수 있고, CloudFront가 다른 객체를 반환하도록 URL 경로를 재작성할 수 있다.
- 사용자가 A/B 테스트를 위해 사이트의 다른 버전을 볼 수 있도록 쿠키를 검사하고 URL을 재작성하는 Lambda 함수를 작성할 수 있다.
- CloudFront는 User-Agent 헤더를 기반으로 최종 사용자에게 다양한 객체를 반환할 수 있다. 이는 사용자가 콘텐츠를 보기 위해 사용하는 장치에 대한 정보를 포함한다. 예를 들어 CloudFront는 장치의 화면 크기에 따라 다른 이미지를 반환할 수 있다. 마찬가지로 Lambda 함수는 Referer 헤더 값을 고려해서 CloudFront가 사용 가능한 최저 해상도 이미지를 봇에 반환하게 할 수도 있다.

어떻게 이러한 일이 가능할까? 사실 정말 쉽고 간단한 작업이다. 먼저 AWS Lambda 관리 대시보드나 책의 앞부분에서 살펴본 APEX, 서버리스 등의 도구를 사용해 함수를 작성한다. 함수를 만들고 나면 Lambda 함수에 CloudFront 트리거를 구성할 수 있다. CloudFront의 배포 ID와 캐시 동작을 지정해서 전역적으로 복제할 수 있다. 적절한 값을 지정하고 나면 엣지 로케이션에서 기본적으로 함수를 실행할 트리거를 구성할 수 있다. 이러한 트리거는 앞에서 언급한 대로 최종 사용자의 요청/응답, 오리진 요청/응답 4가지 중 하나로 발생할 수 있다. 트리거가 생성되면 AWS Lambda는 함수를 전 세계의 모든 AWS 리전과 CloudFront 엣지 로케이션에 복제한다.

전 세계에 복제 함수가 배포되고 나면 해당 기능을 삭제하지 않고서는 변경할 수 없다.

Lambda@Edge에서 간단한 둘러보기 예제를 살펴보자. 이번 절에서는 Lambda@Edge를 활용해 S3를 사용하는 정적 호스팅 웹사이트 중 한 군데로 404 Not Found HTTP 리다이렉션을 만드는 방법을 알아보겠다.

먼저 함수를 작성해야 한다. AWS 관리 콘솔에 로그인하고 메인 대시보드에서 AWS Lambda 서비스를 선택한다. 다음으로 AWS Lambda 대시보드에서 **함수 생성**을 선택한다. 블루프린트 선택 화면에서 기존의 Lambda@Edge 템플릿을 사용하기로 하자. 다음과 같이 필터에 Edge라고 입력하고 **cloudfront-response-generation** 템플릿을 선택하면 된다.

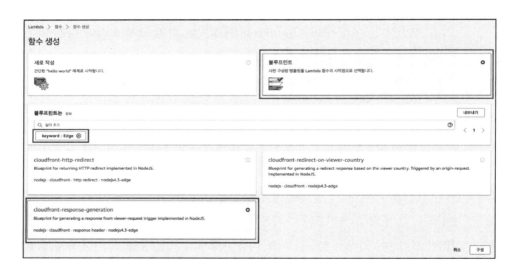

또는 **새로 작성**을 선택해서 다음 코드를 붙여 넣어도 된다.

```
'use strict';
let content = `
```

326

```
<\!DOCTYPE html>
<html lang="en">
  <head>
    <meta charset="utf-8">
    <title>404 - Not Found</title>
  </head>
  <body>
    <p>현재 페이지가 응답할 수 없습니다. 잠시 후 다시 시도하세요.</p>
  </body>
</html>
`;

exports.handler = (event, context, callback) => {
  const response = {
    status: '404',
    statusDescription: 'Not Found',
    headers: {
      'cache-control': [{
        key: 'Cache-Control',
        value: 'max-age=100'
      }],
      'content-type': [{
        key: 'Content-Type',
        value: 'text/html'
      }],
      'content-encoding': [{
        key: 'Content-Encoding',
        value: 'UTF-8'
      }],
    },
    body: content,
  };
  callback(null, response);
};
```

다음으로 트리거 설정에서 Lambda@Edge를 활성화하려는 특정 **배포 ID**를 선택해야한다. 예제에서는 S3에서 정적 웹사이트를 호스팅하며, 해당 콘텐츠는 특정 CloudFront 배포 ID를 사용해 전 세계에 복제된다. CloudFront 이벤트 목록에서는 함수에 적용할 적절한 이벤트를 선택하면 된다. 예제에서는 다음과 같이 **뷰어 요청**을 선택했다.[2]

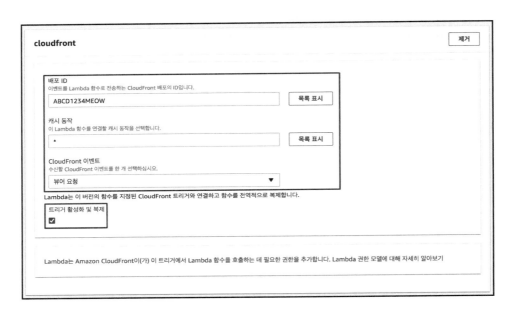

잊지 말고 **트리거 활성화 및 복제** 버튼을 선택해야 한다. 함수 구성 화면에서는 적절한 정보를 제공해야 한다. 다만 다음과 같이 현재 Lambda@Edge 함수에 적용할 수 있는 목록에는 제한 사항이 있다.

- 함수는 메모리를 최대 128MB까지 사용할 수 있다.
- 함수에 업로드할 수 있는 압축되지 않은 코드 크기와 관련 라이브러리는 1MB로 제한된다. 배포 패키지는 반드시 zip 또는 jar 형식으로 압축해야 한다.

---

2 블루프린트 템플릿을 선택했다면 함수 생성 단계에서 트리거를 설정할 수 있다. 또한 CloudFront 이벤트의 '뷰어 요청(Viewer Request)'은 이전에 언급한 '최종 사용자 요청'이다. Lambda@Edge 문서와 AWS 콘솔의 한글 번역이 서로 다른 부분이 있으니 혼동하지 말자. 책에서 CloudFront 용어는 AWS 문서를 따른다. - 옮긴이

- CloudFront 오리진 요청 및 응답 이벤트의 최대 실행 제한 시간은 3초다. 이러한 이벤트에 대해 함수는 네트워크 호출을 할 수 있다.
- CloudFront 최종 사용자 요청 및 응답 이벤트의 최대 실행 제한 시간은 1초다. 이러한 이벤트에 대해 함수는 네트워크 호출을 할 수 없다.
- /tmp 공간을 사용할 수 없다.
- 환경변수, DLQ$^{Dead\ Letter\ Queues}$, Amazon VPC는 지원되지 않는다.

함수 생성 단계에서 Lambda@Edge IAM 역할에 적절한 값을 지정하고, 다음과 같이 정책 템플릿 목록에서 **기본 Edge Lambda 권한** 옵션을 선택해야 한다.

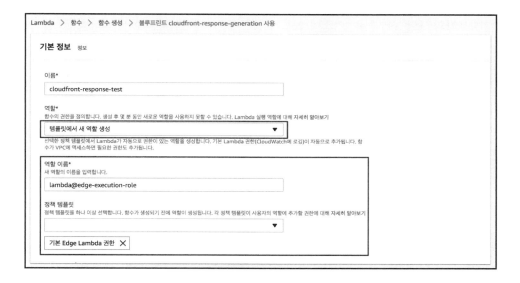

함수를 배포하면 함수가 CloudFront 엣지 로케이션에 전파돼 복제되기까지 몇 분이 걸린다. 배포 상태가 InProgress 상태가 되면 CloudFront 대시보드의 Distribution Status 항목을 통해 상태를 확인할 수 있다. 상태가 Deployed로 변경되면 즐겨 찾는 웹 브라우저를 열고 정적 웹사이트의 URL을 입력해보자. 잘못된 페이지의 URL을 입력하면 이전에 구성한 맞춤형 오류 응답 페이지가 나와야 한다. 마찬가지로 비슷한 방식으로 CloudFront의 최종 사용자 요청 또는 오리진 요청이 발생할 때 사용자가 지정한 HTTP 응답을 생성할 수 있다. 여전히 Lambda@Edge를 활용해 수행할 수 있는 작업이 많이 있다. 대기 시간 및 압축 최적화, 보안 추가 작업 등 Lambda@Edge의 추가적인 활용 사례를 살펴보려면 http://docs.aws.amazon.com/ko_kr/AmazonCloudFront/latest/DeveloperGuide/lambda-at-the-edge.html을 참고하자.

■ AWS Lambda와 Lex를 사용한 차세대 챗봇 제작

현재 전 세계적으로 챗봇chatbot 열풍이 불고 있다. 실제로도 각 클라우드 제공 업체는 일반 사용자와 개발자에게 음성 및 텍스트 기반의 애플리케이션과 대화식 인터페이스를 구축하기 위한 챗봇 프레임워크를 제공하고 있다. Amazon Lex는 아마존의 지능형 개인 비서인 Alexa를 사용한 강력하고 확장 가능한 챗봇 프레임워크다.

Lex는 기본적으로 필요한 모든 통합 기능을 갖춘 준비된 프레임워크를 제공한다. 봇을 만들기 위해 Lex를 배우거나 전문 지식을 습득할 필요가 전혀 없다! Lex 관리 콘솔을 사용해 기본적인 대화 흐름을 지정한 다음, 필요한 인프라와 서비스를 제공하고 대화에 대한 응답을 조정하기만 하면 남은 작업은 모두 Lex가 처리한다. 이를 통해 다양한 모바일, 웹 애플리케이션, 기타 채팅 플랫폼에서 빠른 속도로 챗봇을 생성, 테스트, 배포할 수 있다.

Amazon Lex는 AWS Lambda와 사전 통합 기능을 제공하므로 챗봇 대화를 기반으로 사용자에 따른 행동을 실행할 수 있다. Lex와 Lambda는 완전히 서버리스 기반으로 엄청나게 효율적이다. 다시 말하면 애플리케이션 구동에 필요한 인프라를 전혀 신경 쓸 필요가 없다! 프레임워크를 만들고, Lambda 함수를 적절히 통합하면 즉시 사용할 수 있는 완벽한 챗봇을 만날 수 있다.

요약하자면 Lex가 제공하는 주요 기능은 다음과 같다.

- **AWS 플랫폼과의 통합**: Lex는 AWS 서비스에 대한 상호 운용성을 갖추고 있기 때문에 추가 운영에 따른 부담 없이 손쉽게 확장할 수 있다.
- **학습 및 사용 편의성**: Lex는 음성 언어 이해SLU, Speech Language Understanding 시스템을 만들 수 있는 자동 음성 인식ASR, Automatic Speech Recognition 및 자연 언어 이해LNU, Natural Language Understanding 기술을 제공한다. Amazon Lex는 SLU를 통해 자연어 음성 및 텍스트 입력을 받아들이고, 입력 이면의 의도를 이해하고 적절한 비즈니스 함수를 호출해서 사용자 의도를 수행한다.
- **Lambda의 지원**: 챗봇의 로직 실행을 뒷받침하는 핵심부, 즉 Lambda는 기본적으로 확장 또는 기본 인프라 요구 사항에 대한 걱정 없이 사용자의 의도를 충족할 수 있는 코드를 작성할 수 있게 한다.
- **원활한 통합**: Lex는 페이스북 메신저, 슬랙, 트윌리오와 같은 다른 메시징 프레임워크와 함께 즉시 사용할 수 있는 통합 기능을 제공한다.

이제 Lex의 개념과 용어를 살펴보자.

- **봇Bot**: Lex의 상위 레벨인 봇은 몇 가지 작업을 수행하는 엔티티다. 이러한 작업은 레스토랑 테이블 예약에서부터 음식 주문하기까지 다양한 작업이 모두 가능하다. 봇은 내부적으로 Amazon Alexa가 사용하는 기술인 ASR 및 NLU 기능에 의해 구동된다.
- **의도Intent**: 이름에서 알 수 있듯 사용자가 원하는 행위를 나타낸다. 예를 들어 레스토랑 테이블을 예약하는 봇은 테이블의 예약 여부 확인, 테이블 예약, 그날의 스페셜 요리 알림이라는 3가지 의도를 가질 수 있다. 각 의도는 사용자가 봇이 취해야 할 행동의 종류, 예를 들어 "테이블을 예약하고 싶어" 또는 "오늘 밤 스페셜 요리를 알려줘" 등 특정 단어나 구문이 필요하다. 이러한 특정 단어나 구문이 생성되면 사용자의 의도를 충족시키기 위해 여러 Lambda 함수를 선택할 수 있다.

- **슬롯**Slot: 슬롯은 사용자의 의도를 수행하기 위해 제공해야 하는 일부분으로, 단순한 매개변수에 지나지 않는다. 예를 들어 "테이블을 예약하고 싶어"와 같은 의도가 있다면 Lex는 봇에게 값을 제공할 수 있는 메시지를 사용자에게 표시할 것이다. 해당 슬롯값이 없으면 봇은 의도를 수행할 수 없다. 또한 Lex는 몇 가지 내장형 슬롯 유형을 제공한다. AMAZON.NUMBER라는 내장형 슬롯 유형은 주문한 피자 개수에 사용할 수 있다.

이러한 사항을 염두에 두고 Lex와 Lambda를 사용하는 간단한 예제를 빠르게 살펴보자. 먼저 AWS 관리 콘솔에 로그인해서 대시보드에서 Lex 서비스를 선택한다. 책을 쓰는 시점에서 Lex는 버지니아 북부 리전에서만 제공된다.[3] 즉 관련된 Lambda 함수 또한 버지니아 북부 리전에 만들어야 한다.

기본 Bots 화면에서 **Create**를 선택하자. 선택하면 다음 화면을 볼 수 있다. 여기에서 3가지 샘플 Lex 예제 중 하나를 선택하거나 **Custom bot**을 선택해 맞춤형 챗봇을 만들 수 있다. 예제에서는 간단한 커피 주문 챗봇을 만들기 위해 **Custom bot**을 선택했다.

Custom bot	BookTrip	OrderFlowers	ScheduleAppointment

Bot name	GetMeACoffee
Language	English (US)
Output voice	None. This is only a text based appli... ▼
Session timeout	5 min ▼ ❶
IAM role	AWSServiceRoleForLexBots ❶ Automatically created on your behalf
COPPA	Please indicate if your use of this bot is ❶ subject to the Children's Online Privacy Protection Act (COPPA). Learn more ◯ Yes ◉ No

---

3   2017년 12월 기준으로 아일랜드에서도 제공된다. – 옮긴이

다음으로 Bot name 필드에 적절한 이름을 입력한다. 대화형 봇을 만들려면 Output voice 목록을 선택하면 된다. 예제에서는 순전히 텍스트 기반 애플리케이션으로 사용하기 위해 None 값을 선택했다.

봇의 Session timeout 값은 봇이 컨텍스트를 삭제하기 전에 컨텍스트를 유지하는 시간을 구성하는 데 사용한다. 나머지 세부 정보를 입력하고 Create를 선택해 봇을 만든다. 봇을 만들었으니 이제 Slot types와 Intents를 만들어야 한다. 먼저 슬롯 유형 옵션 옆에 있는 + 기호를 선택하자. 다음과 같이 Add slot type 상자가 표시된다.

예제에서는 다음과 같은 이름으로 세 가지 슬롯 유형을 만들었다.

- beverageType: latte, coffee, mocha, chai
- beverageSize: small, medium, large, extra large
- beverageStrength: single, double, triple, quad, quadruple

슬롯 유형을 작성한 다음 Save slot type을 선택해 저장한다. 슬롯을 사용하면 의도 생성 단계로 넘어가자. 의도를 만들려면 Intent 항목 옆에 있는 + 기호를 선택한다. Add intent 상자가 나타나면 Create new intent 옵션을 선택하고 적절한 이름을 지정한 다음 Add 버튼을 선택한다. 이제 화면에 표시된 대로 의도를 작성해야 한다. 여기에 커피를 주문할 수 있는 몇 가지 구문을 작성할 수 있다. 예제에서는 다음과 같이 서로 다른 값을 가진 세 가지 구문을 만들었다.

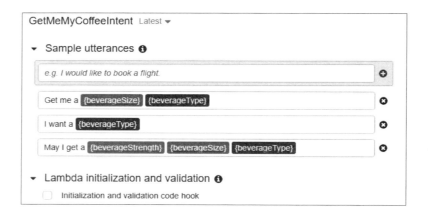

구문을 구성하고 나면 Slots 항목으로 이동하자. 여기에는 조금 전 만들었던 Slot types과 의미 있는 Name 및 Prompt를 지정할 수 있다. 슬롯 유형은 이전 단계에서 생성했다. 이름은 단순히 슬롯의 표시자 역할을 한다.

Required	Name	Slot type	Prompt
Yes	beverageType	beverageType	What kind of beverage would you like? For example, mocha, chai, and so on.
Yes	beverageSize	beverageSize	What size? Small, medium, or large?
Yes	beverageStrength	beverageStrength	What kind of milk or creamer?

원한다면 Confirmation prompt를 선택해서 다음과 같이 사용자가 주문하거나 취소할 때 확인을 위한 적절한 사용자 지정 메시지를 제공할 수 있다.

마지막으로 Fulfillment 항목을 살펴보자. 우선은 Return parameters to client를 선택해 저장한 다음, 대시보드의 오른쪽 위에 위치한 Build 옵션을 선택해 챗봇을 테스트해보자. 빌드가 완료되는 데 몇 분이 걸리고, 오류가 없으면 Test Bot이 나타난다. 해당 봇을 사용해 앞서 만들었던 Sample utterances를 입력해서 의도를 테스트할 수 있다. 다음에 표시된 것처럼 비슷한 성공 응답을 받아야 한다.

ReadyForFulfillment beverageSize:small beverageStrength:single beverageType:coffee

조금 전 살펴본 예제는 Lex 프레임워크 자체에서 생성한 간단한 응답이다. 이제는 챗봇을 Lambda 함수와 통합할 준비를 마쳤으니 같은 버지니아 북부 리전에서 간단한 Lambda 함수를 만들어보자. 다음 코드를 사용해 새로운 Lambda 함수를 생성하자.

```
'use strict';
function close(sessionAttributes, fulfillmentState, message) {
  return {
    sessionAttributes,
    dialogAction: {
      type: 'Close',
      fulfillmentState,
      message,
    },
  };
}
function dispatch(intentRequest, callback) {
  console.log('request received for userId=${intentRequest.userId},
  intentName=${intentRequest.currentIntent.intentName}');
  const sessionAttributes = intentRequest.sessionAttributes;
```

```
  const slots = intentRequest.currentIntent.slots;
  const type = slots.beverageType;
  const size = slots.beverageSize;
  const strenght = slots.beverageStrength;
  callback(close(sessionAttributes, 'Fulfilled', {
    'contentType': 'PlainText',
    'content': `Okay, I have placed your ${size} ${type} order!`
  }));
}
exports.handler = (event, context, callback) => {
  try {
    dispatch(event,
      (response) => {
        callback(null, response);
      });
  } catch (err) {
    callback(err);
  }
};
```

코드는 기본적으로 다음 세 부분으로 구성된다. 첫 번째로 close() 함수는 fulfillment State 객체 상태의 성공 및 실패 여부를 보고한다. 두 번째로 dispatch() 함수는 슬롯에서 데이터를 받아 이를 처리하고 마지막에 성공 메시지를 callback()으로 제공한다. 마지막은 지정된 의도에 따라 수신 요청을 라우팅하는 핸들러다.

함수 생성 단계에서 **템플릿에서 새 역할 생성** 옵션을 선택하고 적절한 역할 이름을 지정하자. 함수를 생성하고 코드 편집기에 코드를 붙여넣기만 하면 끝이다. 해당 Lambda 함수를 챗봇에 연결할 때 Lex가 자동으로 역할을 생성하고 할당한다. 생성한 함수를 테스트하기 위해 **테스트 이벤트 구성**을 선택해서 다음 이벤트를 입력한다.

```
{
  "messageVersion": "1.0",
  "invocationSource": "FulfillmentCodeHook",
```

```
    "userId": "user-1",
    "sessionAttributes": {},
    "bot": {
      "name": "GetMyCoffeeChatBot",
      "alias": "$LATEST",
      "version": "$LATEST"
    },
    "outputDialogMode": "Text",
    "currentIntent": {
      "name": "GetMyCoffee",
      "slots": {
        "type": "Chai",
        "size": "small",
        "strength": "single"
      },
      "confirmationStatus": "None"
    }
}
```

요구 사항에 따라 type, size, strength 매개변수를 수정할 수 있다. 이벤트 구성을 완료하면 저장 버튼을 선택하고 테스트를 실행하자. 다음과 비슷한 실행 결과를 받아야 한다.

⊘ 실행 결과: 성공 (로그)

▼ 세부 정보

아래 영역은 함수 실행에서 반환한 결과를 보여줍니다. 함수에서 반환하는 결과에 대해 자세히 알아보기

```
{
  "sessionAttributes": {},
  "dialogAction": {
    "type": "Close",
    "fulfillmentState": "Fulfilled",
    "message": {
      "contentType": "PlainText",
      "content": "Okay, I have placed your undefined undefined order!"
    }
  }
}
```

이제 챗봇을 함수에 통합할 수 있다. Lex 대시보드로 돌아가 Fulfillment 항목을 Return

parameters to client에서 AWS Lambda function으로 변경하자. 옵션을 선택하면 제공되는 목록에서 새로 만든 Lambda 함수를 선택하면 된다. 함수를 선택하면 다음과 같은 대화 상자가 표시된다. 해당 대화 상자는 기본적으로 Lex가 호출하는 데 필요한 권한을 함수에 제공한다. OK 버튼을 선택하자.

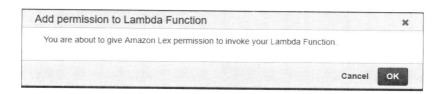

마지막으로 Build 옵션을 선택해 챗봇의 빌드를 완료하자. 다시 한 번 Test Bot을 사용해 챗봇을 테스트해보자. 주문이 성공적으로 완료되면 Lambda 함수를 사용해 성공 메시지가 전달된 것을 볼 수 있다. 이는 Lambda 함수가 슬롯에 전달된 매개변수를 받아 주문 처리에 대한 요약 정보를 성공적으로 반환했다는 것을 의미한다. Lex와 Lambda를 사용하면 예제에서 살펴본 바와 유사한 챗봇을 만들 수 있다. 게다가 AWS Mobile Hub, Cognito 등 다른 AWS 서비스 혹은 트윌리오, 슬랙, 페이스북 메신저와 같은 메시징 플랫폼과 통합할 수 있다. 메시징 플랫폼에서 Lex를 활용하는 방법은 http://docs.aws.amazon.com/ko_kr/lex/latest/dg/example1.html을 참고하자.

■ Lambda와 Greengrass를 사용한 엣지 데이터 처리

Greengrass는 AWS IoT를 사용하는 최신 제품이다. 간단히 말해 Greengrass는 AWS IoT 서비스의 확장 버전으로, AWS 클라우드 기능을 로컬 IoT 장치로 확장해서 정보의 원천에 가까운 데이터를 수집하고 분석할 수 있도록 특별히 설계됐다. 개발자는 Greengrass를 사용해 서버리스 코드를 작성하고 실행할 수 있다. 특히 AWS Greengrass를 사용하는 개발자는 클라우드에서 AWS Lambda를 사용해 서버리스 코드를 작성하거나 애플리케이션을 로컬에서 실행하기 위해 장치에 편리하게 배포할 수 있다. 다음은 다양한 기기를 AWS Cloud와 연결하는 Greengrass Core SDK를 묘사한 AWS Greengrass의 기본 아키텍처를 보여준다.

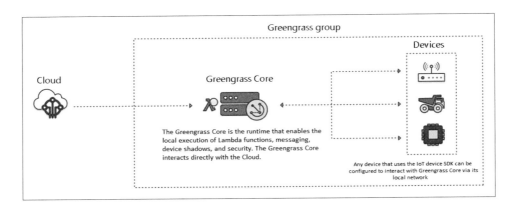

AWS Greengrass Core 소프트웨어의 구성 요소는 다음과 같다.

- 장비와 Lambda 함수 및 AWS IoT 간에 메시지를 라우팅하는 메시지 관리자. 메시지 발송 및 수신 관리자는 클라우드에 연결이 끊어지거나 손실되면 지능적으로 메시지를 버퍼링하고 다시 보낼 수 있다.
- 사용자 정의 Lambda 함수를 실행하는 Lambda 런타임.
- 사용 중인 장치를 나타내는 섀도우의 로컬 사본을 제공하는 사물 섀도우thing shadows 서비스의 구현. 사물 섀도우는 클라우드와 동기화하도록 구성할 수 있다.
- 신규 또는 업데이트된 AWS Greengrass 그룹 구성의 알림을 받는 배포 에이전트. 신규 또는 업데이트 구성이 감지되면 배포 에이전트는 구성 데이터를 다운로드하고 AWS Greengrass Core를 다시 시작한다.

게다가 메시지 관리자 및 로컬 Lambda 런타임 외에도 Greengrass는 로컬 IoT 장치에 대한 그룹 관리 및 검색 서비스와 같은 기능도 제공한다. 로컬 장치를 Greengrass에 연결하고 로컬 장치를 사용해 간단한 Lambda 함수를 실행하는 예제를 살펴보자. 이번 예제에서는 라즈베리 파이^{Raspberry Pi}를 사용한다.

먼저 Greengrass를 위한 장치 구성 및 제작을 살펴보겠다. 구성 단계의 자세한 설명은 이 책에서는 소개하지 않는다. 더욱 자세한 설명은 AWS에서 제공하는 쉽고 간단한 안내서인 http://docs.aws.amazon.com/ko_kr/greengrass/latest/developerguide/prepare-raspi.html을 참고하자.

장치 준비를 완료하면 다음은 AWS IoT 대시보드에서 Greengrass Core 소프트웨어를 다운로드하고 장치로 전송하는 단계다. AWS 계정에 로그인하고 서비스에서 AWS IoT 를 선택하면 IoT 대시보드가 표시된다. 대시보드에서 IoT 장치 관리를 위한 다양한 옵션을 보려면 **시작하기** 버튼을 선택한다. GreenGrass Core 소프트웨어의 다른 버전을 보려면 좌측 패널 하단의 **Software** 옵션을 선택한다.

화면에서 다음과 같이 올바른 버전의 Greengrass Core 소프트웨어를 다운로드한다.

소프트웨어를 다운로드한 다음 IoT 장치로 다운로드 파일을 전달한다. 예제에서는 라즈베리 파이 장치로 전달했다. 다음 명령을 사용해 소프트웨어 콘텐츠를 추출하자.

```
# sudo tar -zxvf greengrass-<platform_version>.tar.gz —C /
```

추출이 완료되면 IoT 대시보드를 사용해 Greengrass 그룹을 만들어야 한다. Green grass 그룹은 로컬 장치 환경을 나열하고 설명하는 컨테이너다. 그룹은 그룹 내 모든 장치가 통신하는 AWS Greengrass Core 장치와 그룹에 속한 장치 목록, Lambda 함수 목록을 갖고 있다. 또한 AWS Greengrass Core와 Lambda 함수, 장치 간에 메시지 전달 방식을 정의하는 구독 테이블을 포함한다.

AWS IoT 대시보드에서 그룹을 만들기 위해 **Greengrass** 옵션을 선택한다. **Greengrass 그룹** 화면에서 **그룹 생성**을 선택한 다음, **간편 생성** 옵션으로 그룹 설정을 진행하면 AWS Greengrass Core가 AWS IoT와 AWS Greengrass 인증에 사용할 인증서와 키 쌍을 생성한다.

인증서와 개인 키를 다운로드하고 IoT 장치로 전송한다. 다음으로 Greengrass 코드인 config.json 파일을 열고 각 필드를 알맞게 변경한다.

```
# sudo nano /greengrass/configuration/config.json
```

위의 명령은 다음 코드를 연다.

```
{
  "coreThing": {
    "caPath": "rootca.pem",
    "certPath": "<CRT_파일명>",
    "keyPath": "<개인키_파일명>",
    "thingArn": "<장치_ARN>",
    "iotHost": "<IoT_Host_접두사>.iot.[AWS_리전].amazonaws.com",
    "ggHost": "greengrass.iot.[AWS_리전].amazonaws.com",
    "keepAlive": 600
  },
  "runtime": {
    "cgroup": {
      "useSystemd": "yes"
    }
  }
}
```

전체 단계 목록과 루트 CA 인증서를 얻는 방법은 http://docs.aws.amazon.com/ko_
kr/greengrass/latest/developerguide/gg-setup.html을 참고하자. 인증서가 준비되
고 모든 설정을 완료하면 이제 Greengrass Core 데몬 서비스를 시작할 준비가 됐다. 다
음 명령을 사용해 서비스를 시작하자. 다음과 같이 화면에 비슷한 결과가 표시돼야 한다.

```
# sudo ./greengrassd start
```

```
pi@raspberrypi:/greengrass $
pi@raspberrypi:/greengrass $ sudo ./greengrassd start
Setting up greengrass daemon
Validating execution environment
Found cgroup subsystem: cpu
Found cgroup subsystem: cpuacct
Found cgroup subsystem: blkio
Found cgroup subsystem: memory
Found cgroup subsystem: devices
Found cgroup subsystem: freezer
Found cgroup subsystem: net_cls

Starting greengrass daemon.....
Greengrass daemon started with PID: 1815
pi@raspberrypi:/greengrass $
```

축하한다! 이제 Greengrass와 장치를 설정하는 마무리 단계다. 다음으로 IoT 장치를 Greengrass 그룹에 추가해야 한다. Greengrass 그룹에서 **디바이스** 옵션을 선택하고 화면에서 **디바이스 추가** 버튼을 선택한다. **기존 IoT 사물 선택** 옵션을 선택하고 화면에 나오는 목록에서 새로 추가한 장치를 선택하고 **완료** 버튼을 누른다. Greengrass와 동기화하는데 몇 분이 걸린다. 장치의 터미널에서 /greengrass/var/log/system/runtime.log 파일에서 상태를 확인할 수 있다. 처리가 완료되면 Greengrass를 설정한 리전과 같은 리전에 Lambda 함수를 만들기로 하자.

Lambda 대시보드에서 **함수 생성** 버튼을 선택하고 필터 상자에 greengrass를 입력한다. greengrass-hello-world라는 블루프린트 템플릿을 선택해 구성을 진행하자.

설정 화면에서 적절한 이름을 지정하고 함수 실행을 위해 `lambda_basic_execution` 역할을 선택한다. 이번 예제 함수는 트리거 구성이 필요 없다. 이 책을 쓰는 시점에는 Greengrass는 Python 언어만 지원하지만, 나중에 더 많은 언어가 추가될 수 있다.

이제 IoT 대시보드로 돌아가 Greengrass 그룹에서 **Lambda** 옵션을 선택한다. **기존 Lambda 함수 사용** 옵션을 선택하고 조금 전 생성한 함수를 선택하면 된다. 함수가 표시되지 않으면 Lambda 함수와 Greengrass가 같은 리전에 있는지 확인하자.

Lambda 함수를 테스트하려면 먼저 Lambda 함수를 배포해야 한다. Greengrass 그룹에서 **작업** 버튼을 눌러 **배포** 옵션을 선택하기만 하면 된다. 배포 상태가 성공적으로 완료될 때까지 기다린 다음 IoT 대시보드에서 **테스트** 옵션을 선택한다. 구독 설정에서 주제에 hello/world를 입력해 구독한 다음, hello/world 주제를 게시한다. `hello-world` Lambda 함수가 AWS Greengrass Core 장치에서 실행 중인 경우 hello/world 주제에 메시지를 게시하고 AWS IoT 콘솔에 다음과 같이 표시된다.

지금까지 Greengrass와 Lambda를 고수준의 활용 방법을 살펴봤다. Lambda를 활용하면 IoT 장치에서 모든 종류의 사전 처리 작업을 수행할 수 있다. Greengrass 서비스의 자세한 내용과 장치를 활용하는 방법은 http://docs.aws.amazon.com/ko_kr/greengrass/latest/developerguide/gg-storyline.html을 참고하자.

■ Snowball Edge 소개

AWS Snowball 서비스가 생소한 사용자를 위해 간단히 설명하자면, Snowball은 대량의 데이터를 온프레미스^{on-premise}에서 AWS로 전송하는 데 사용하는 외부 애플리케이션이다. AWS에서 Snowball 장치를 받은 다음, 사내의 모든 데이터를 꺼내어 리전 운송 업체를 통해 AWS로 전송한다. Snowball 서비스는 테라바이트처럼 대량의 데이터를 안전하고 빠른 속도로 AWS에 전송하고 싶을 때 유용하다. 특히 로컬 네트워크에 데이터 대역폭 제한이나 지리학적인 제한이 있는 경우 유용하다.

Snowball Edge는 같은 애플리케이션 기능을 제공하지만, 로컬에서 Lambda 함수를 실행하고 NFS를 지원하는 인터페이스, 클러스터 지원 등의 몇 가지 추가 기능을 제공하는 서비스의 확장이다. 실제로 이러한 어플라이언스^{appliance}라고 부르는 기기를 클러스터링하고 표준 스토리지 인터페이스를 사용해 전체 인프라와 애플리케이션 집합을 통합할 수 있다. 기기의 실제 모습은 다음과 같다.

하지만 해당 기기는 우리의 관심사가 아니다. Amazon Lambda 함수를 로컬에서 실행하는 어플라이언스의 지원만이 의미가 있을 뿐이다. Snowball 서비스는 데이터를 클라우드로 옮기기 전에 로컬에서 데이터를 분석하고 처리할 수 있는 IoT 사용 사례에 무척 유용하다. 하지만 어플라이언스에서 Lambda의 역할은 무엇일까? 바로 AWS Greengrass가 그림으로 들어가는 곳이다. Snowball은 Greengrass를 활용해 로컬에서 데이터를 처리하기 위해 디바이스에서 Lambda 함수를 원격으로 실행한다.

이 책을 쓰는 시점에 Snowball Edge는 Python 언어만 지원한다. Snowball Edge의 자세한 내용과 활용 방안은 http://docs.aws.amazon.com/ko_kr/snowball/latest/developer-guide/using-appliance.html을 참고하자.

▌ 요약

이제 긴 여정을 마무리할 때다. 책을 집필하는 내내 정말 멋진 여행이었다고 말하고 싶다. 이 책을 통해 꽤 많은 부분을 접했다고 생각할지 모르지만, 빙산의 일각이라고 말해주고 싶다. 서버리스 패러다임은 예측할 수 없을 정도로 빠르게 진화하고 있으며 머지않아 서버리스 컴퓨팅이 가상화 시스템에서 실행되는 대부분 작업을 대체할 것이다.

지금까지 배운 내용을 요약해보면 먼저 서버리스 컴퓨팅의 개념을 배우고 이벤트 중심 처리를 살펴봤다. 이어 Lambda를 서비스에 활용하는 여러 방법을 천천히, 그러나 점진적으로 다뤘다. 그리고 테스트, 배포, 관리 및 모니터링 또한 살펴봤다. 게다가 실제로 사용하기 쉬운 예제를 모든 장에 걸쳐 제공했다. 이 책을 시작으로 서버리스와 AWS Lambda를 활용해 더 많은 일을 할 수 있기를 진심으로 바란다. 그럼 다음에 만날 때까지, 건투를 빈다!

찾아보기

에이콘출판의 기틀을 마련하신 故 정완재 선생님 (1935-2004)

실전 예제로 배우는 AWS Lambda

서버리스 애플리케이션 구축 방법

발 행 | 2018년 2월 28일

지은이 | 요한 와디아 · 우디타 굽타
옮긴이 | 장 준 호

펴낸이 | 권 성 준
편집장 | 황 영 주
편 집 | 조 유 나
디자인 | 박 주 란

에이콘출판주식회사
서울특별시 양천구 국회대로 287 (목동)
전화 02-2653-7600, 팩스 02-2653-0433
www.acornpub.co.kr / editor@acornpub.co.kr

한국어판 ⓒ 에이콘출판주식회사, 2018, Printed in Korea.
ISBN 979-11-6175-120-7
ISBN 978-89-6077-210-6 (세트)
http://www.acornpub.co.kr/book/aws-lambda-master

이 도서의 국립중앙도서관 출판시도서목록(CIP)은 서지정보유통지원시스템 홈페이지(http://seoji.nl.go.kr)와
국가자료공동목록시스템(http://www.nl.go.kr/kolisnet)에서 이용하실 수 있습니다.(CIP제어번호: CIP2018005802)

책값은 뒤표지에 있습니다.